FRAUEN IM MITTELPUNKT

Contemporary German Women Writers

FRAUEN IM MITTELPUNKT

Contemporary German Women Writers

Edited by
Patricia Herminghouse
UNIVERSITY OF ROCHESTER

SUHRKAMP PUBLISHERS
NEW YORK, INC.

Under the editorship of

SIGRID BAUSCHINGER
Universtiy of Massachusetts, Amherst

JEFFREY L. SAMMONS
Yale University

MARIA TATAR
Harvard University

Library of Congress Cataloging in Publication Data
Frauen im Mittelpunkt/contemporary German women writers.
  Bibliography: p.
  Contents: Das Schilfrohr / Anna Seghers — Das Pferd und die Jungfer / Marieluise
Fleißer — Das dicke Kind / Marie Luise Kaschnitz — [etc.]
    1. German fiction—20th century. 2. German fiction—Women authors.
3. Short stories, German. 4. Women—Fiction. 5. German language—Readers.
I. Herminghouse, Patricia.
PT1334.A49   1987   438.6'421   85-9865

ISBN 3-518-02973-8   Printed in USA
Cover art by Ngaio Schiff © 1985

Contents

Preface

The title of this anthology reflects its two-fold purpose: Designed to introduce students of German to the impressive range and quality of post-war literature by and about women in the countries whose language they have been studying, it offers an alternative to the almost exclusive focus on male writers in most readers available to students at the second- and third-year level. At the same time, it offers an authentically female perspective on the life, experience, and fantasies of both younger and older women of the modern period. A conscious effort has been made to include texts by women from East and West Germany, Austria, and Switzerland, but also to represent the three major generations of post-war women writers: those born before World War I (Anna Seghers, Marie Luise Kaschnitz, Marieluise Fleißer), those born in the era between the two world wars (Ilse Aichinger, Ingeborg Bachmann, Christa Wolf, Gabriele Wohmann, Irmtraud Morgner), and those whose formative years fall into the post-war era (Barbara Frischmuth, Karin Struck, Gertrud Leutenegger).

The texts have been arranged chronologically, according to the ages of their authors, but they could be read in quite different constellations. One could choose to read them in conjunction with a study of the culture of a particular country: East Germany (Seghers, Wolf, Morgner), West Germany (Kaschnitz, Fleißer, Wohmann, Struck), Austria (Aichinger, Bachmann, Frischmuth) or Switzerland (Leutenegger). Alternatively, one might prefer to group them thematically by topics such as the war experience (Seghers, Fleißer, Wolf), youth and childhood (Kaschnitz, Wolf, Frischmuth, Struck, Leutenegger), male-female relations (Seghers, Fleißer, Aichinger, Bachmann, Wohmann, Morgner, Frischmuth, Struck). It may be necessary to read them in the order of difficulty, in which case the editor's experience suggests the following groupings: easiest (Seghers, Kaschnitz, Frischmuth), moderate (Fleißer, Wohmann, Morgner), more difficult (Aichinger, Bachmann, Wolf), and most difficult (Struck and Leutenegger).

The editor is indebted to several undergraduate classes and proseminars at Washington University in St. Louis, who used and critiqued these texts in the classroom setting. In addition, I owe thanks to Deborah Lund and Walther Glogauer for invaluable assistance in preparing the vocabulary. A Washington University grant from the Joyce Foundation for the improvement of undergraduate instruction aided in the original preparation of individual texts for classroom use. Finally, the wise advice and continuing encouragement of Professor Sigrid Bauschinger of the University of Massachusetts must be acknowledged with gratitude.

Patricia Herminghouse
University of Rochester

Introduction

The task of assembling an anthology of contemporary German women writers is fraught with perils. Within the constraints imposed by the aims of this series, one quickly recognizes the impossibility of offering a comprehensive survey and the folly of allowing one's own taste free rein. Despite a decision to choose texts representing three generations of post-war women writers and four German-speaking states, some important women have, of necessity, been excluded — both older writers with established reputations and exciting younger ones whose works have not yet been admitted to the canon. Choices were in part guided by the need to choose texts of manageable length for intermediate and intermediate / advanced language learners and by the wish to give the anthology some sort of thematic unity. By focusing on texts which are also primarily about women, the anthology hopes to offer students some basis for comparing and contrasting works of these writers and their distinctive insights into women's experience. The desire to represent a broad spectrum was thus more decisive than traditional aesthetic categories in making selections for the present anthology.

This attempt to show something of the amazing breadth and variety of contemporary literature by women writing in German may have a startling effect on readers who are not accustomed to regarding women as active participants in the German literary scene. That women write is nothing new, but neither is their lack of resonance in the literary establishment, at least until very recently. By consciously regarding women in their own right rather than in contrast or comparison to men, the volume hopes to stimulate some reevaluation of our notions of women's contributions to contemporary German literature and to reexamine our assumptions about writers and writing.

The vast increase in our appreciation and understanding of women's literary tradition owes an immense debt to the resurgence of the feminist movement in the last decade. Although few of the women represented here would classify themselves as "feminists," most do reflect, in one way or another, an increasing consciousness of their special status as women writers and a tendency to explore in unorthodox ways the problematic relationships between women and society. Among the handicaps under which most of them began to write was an almost total lack of any sense of a female literary tradition. Few among them, even those with formal training in German literary history, could have identified many of their literary predecessors. So little is known about the literary subculture in which women have engaged in reading and writing that, to this day, it often suffices to refer to its better-known representatives by their first names only: Bettina (von Arnim), Karoline (Schlegel), Annette (von Droste-

Hülshoff), Lou (Andreas-Salomé). Most of the women who wrote, in fact, did so anonymously or hidden behind (usually male) pseudonyms. These very practices testify to the discomfort caused by a woman who tried to realize her creative potential. The gender of the author, if she happened to be female, was a major obstacle to the achievement of recognition and acceptance. The persistent tendency of critics to pay more attention to her personal life than to her literary achievements and to devote more study to women as figures in literature rather than as producers of literature appears to be based in a long-standing assumption that women are intended to function as art objects, rather than to create them. The German language does not even have an appropriate term for women's literature: For over a century, the word "Frauenliteratur" has carried pejorative connotations, referring to popular, cliché-ridden literature of the pulp magazine and mass-market paperback sort written by women about women — and for women, i.e., literature which was not regarded seriously. Thus it is not surprising that until very recently most women writers of talent have avoided being identified with any general conception of "Frauenliteratur." Only since the rise of feminist criticism in the mid-1970s has the term been rehabilitated to designate literature written by women which attempts to reflect authentically the experience and perceptions of women, although not necessarily only for an audience of women.

The post-World War II era witnessed the emergence of a large body of literature produced by women as well as some significant changes in their situation as writers. Like the "Trümmerfrauen" who cleared the rubble of war from the German landscape and began the task of rebuilding their destroyed cities, women writers emerged who made more contributions to the equally devastated literary landscape. To begin with, there were, quite simply, fewer men able to write in the post-war period.

With the end of the Third Reich, the conditions under which women wrote had improved in some ways, too. There was at least no longer any official disapproval of women venturing out of the domestic and into the public sphere, and indeed legislative and educational reforms, including the proclamation of the legal equality of women with men in the constitutions of both German states in 1949, held some promise of diminishing the historical oppression of women. Slowly, however, the recognition has dawned — especially in the German Democratic Republic, where reform efforts were especially thorough-going — that emancipation is not just a matter of legal change and that power structures which alienate and exploit women, while somewhat less effective than before, continue to hamper them in their attempts to reach their own potential.

Some of the women represented here were among the first to win recognition and success for their literary contributions in the post-war years. Writers such as Anna Seghers and Marieluise Fleißer had, of course, established substantial reputations before the Hitler era, but others came to public attention through their participation in Gruppe 47, which was guided by Hans Werner Richter in its attempt to make a new beginning for German literature. Perhaps it was only natural that women, who were in some ways less directly burdened with guilt than the men who had joined Hitler's party or fought in his armies, would find it easier to express themselves poetically, but one is struck by the apparent lack of consciousness of their own "femaleness" on the part of these writers. Critics and readers, too, might express amazement or admiration of the exceptional woman who could produce literature which met the male-defined standards of the time, but there seems to have been little articulation or even perception of the increasing number of women writers or of the significance of gender in literary production. If one looks at the stories by Seghers, Kaschnitz, or Fleißer in this anthology, one can detect a common thread of empathy with the lot of the oppressed, the downtrodden, the victims of the war and its aftermath, in which women and children seem to emerge as particularly disadvantaged and vulnerable, yet surprisingly resilient and strong.

In another, generally later, constellation of stories, the focus seems to shift from the sympathetic portrayal of the weak and vulnerable to a more critical view of social mores, especially as represented in relations between men and women. Here satire and fantasy are employed in new ways by authors such as Ilse Aichinger, Ingeborg Bachmann, Gabriele Wohmann, and Barbara Frischmuth, all of whom offer grotesque depictions of the way in which women's lives are deformed by the expectations, needs, and demands of others. Yet even among these writers one looks in vain for much sense of community with other women writers, despite the fact that the literary industry had begun to discover that women writers had indeed become a highly marketable commodity.

Not until the 1970s, in the wake of the student movement in Germany and impulses from the Anglo-American women's movement, can one detect positive consciousness of a unique and distinctive "Frauenliteratur," much of it strongly autobiographical in nature. This autobiographical tendency, evident already in Frischmuth's earlier work, characterizes almost all of the works from the 1970s included here, but is particularly apparent in Christa Wolf and Karin Struck. Notable, too, is the way in which many women also begin a conscious search for language and for literary forms more appropriate to specifically female ways of thinking and experiencing than forms in which "man" and his perceptions had been the norm. Much attention has been paid to this "Überwindung der Sprachlosigkeit," the need some women writers have felt to "find their own voice," to break through to ways in which they can write authentically from their own experience. Among the women included here, Wolf and Morgner have given particular attention to this problem.

Although it cannot be documented here, it is important to note that the women's movement has also effected other important changes in literary life in West Germany, in particular, changes which are less feasible in the state-controlled publishing system of East Germany or in Switzerland and Austria, with their smaller populations and more traditional outlooks, which tend to resist feminist impulses. While the early feminist texts — mostly translations of American and British bestsellers—were marketed in West Germany by mass publishers, women's journals, publishing houses, and bookstores began to appear on the literary landscape, offering the possibility of a semi-autonomous literary culture which was primarily under the control of women. Although all of the writers included here have continued to publish in traditional channels, much of the resonance some of them enjoy among contemporary readers owes a considerable debt to the well-developed network of women readers, publishers, editors, and critics that emerged in the 1970s.

It would be foolish to venture any serious predictions about the future of women's literature in the German-speaking countries save one: future generations of women writing in the German language will have to take into account the achievements of the women represented here in a way that these women were unable to do. The groundwork for a women's tradition has finally been laid.

"Ich erzähle von ganz unheroischen Menschen, von scheinbar unheroischen, von ganz unauffälligen Menschen, die vielleicht schwach oder schwächlich wirken. Aber durch bestimmte geistige und seelische Kräfte werden sie wirksam, in gewissen Momenten, wenn es darauf ankommt, tun sie etwas ganz Starkes, manchmal zeigen sie, daß sie, obwohl sie schwach scheinen, eine große Kraft haben. Sie widerstehen, sie widersetzen sich, und ihre Weigerung übt dann große Wirkung aus."

(Aus einem Interview mit Günter Caspar, 1964)

ANNA SEGHERS

More than any other writer, Anna Seghers is honored and respected as a kind of mother figure in the literary tradition of the German Democratic Republic. Born as Netty Reiling in Mainz in 1900, she studied art history and sinology at the University of Heidelberg and was among the first women to earn a Ph.D. there with her dissertation on "Jude und Judentum in Werke Rembrandts" (1924). In the same year, she published her first story, "Die Toten auf der Insel Djal," the tale of a Dutch captain, whose name, Seghers, she had borrowed from an artistic contemporary of Rembrandt. In an interview with Christa Wolf she explained many years later, "Ich schrieb sie in der Ich-Form, als ob dieser Kapitän mein Großvater war. . . Nun mußte ich diese Geschichte irgendwie zeichnen und da dachte ich mir, als Enkelin des Alten müßte ich mich auch Seghers nennen." In the following year she married László Rádvanyi, a Hungarian political émigré, but she retained the pseudonym throughout her professional career until her death at the age of 82 in 1983.

In the year in which she published her first novel, *Aufstand der Fischer von St. Barbara* (1928), for which she won the Kleist Prize, the highest literary honor awarded in the Weimar Republic, Seghers also became a member of the Communist party. Much of her subsequent life and writing mirror the consequences of this decision. Following her arrest after the National-Socialist takeover in 1933, she fled to Paris, where she continued to write but also worked actively in the community of exiled writers, participating and speaking out courageously at meetings of the International Congress of Writers for the Defense of Culture (1935, 1937, 1938). The German occupation of France in 1940 forced her to flee once again, this time with her two children, taking a circuitous route from Marseille via San Domingo and Ellis Island to Mexico City. There, together with a number of other political exiles, she helped to produce an important journal, *Freies Deutschland,* and was elected president of their organization, the Heinrich Heine Club. Although much of her effort was devoted to political work and essays in the fight against National-Socialism, she also continued to write fiction. Indeed, many of her most famous subsequent works reflect the stages of her exile, particularly her experiences in Latin America: *Transit* (1943), *Der Ausflug der toten Mädchen* (1948), *Die Toten bleiben jung* (1949), *Das wirkliche Blau* (1967), and some of the stories in the anthology from which this selection has been taken, *Die Kraft der Schwachen* (1965).

Seghers's most famous novel, *Das siebte Kreuz,* was written during her Parisian exile. Although an excerpt was published in a Soviet journal in 1939, it first reached the reading public in 1942 in an English translation, *The Seventh Cross,* published in New York and offered as a Book-of-the-Month Club selection. In 1944 it was made into a Hollywood film starring Spencer Tracy, which can still be seen on late-night television. It was finally published when she returned to Germany in 1947 and immediately earned her the prestigious Georg Büchner Prize. Since then, more than a million copies have been sold in East Germany alone—a significant figure, given a total population of only 17 million in that country—making it one of the classics of GDR literature.

Like many members of the left who spent the war years in exile, Seghers chose to return to the Soviet-occupied zone of Germany, which became the German Democratic Republic in 1949, shortly after the founding of the Federal Republic of Germany in the West. From the very beginning, she was active in literary and cultural affairs, serving as speaker at the first German Writers' Congress in 1949 and then as president of the East German Writers' Union from its founding in 1952 until she retired in 1977. Regarding herself as an advocate of humanism and morality, she participated in peace conferences and traveled widely in the cause of international understanding. She received almost every major literary prize awarded in the GDR and many from foreign countries as well. In 1981, she was finally made an honorary citizen of her hometown, Mainz, in the Federal Republic of Germany.

Anna Seghers's work is characterized by sympathy with the simple, seemingly insignificant persons—those who don't have it easy in life and yet, with no grand gestures, struggle for their vision of a just and decent society. Marta Emrich, the main character of "Das Schilfrohr," is just such a person: a simple, apolitical woman whose fundamental decency, rather than any sophisticated political analysis, leads her to aid a fugitive from the Nazis. But although it is Steiner whose teaching develops her political consciousness, it is she rather than he who actually acts according to these principles. Seghers has often been criticized for her portrayal of women, limited to their traditional roles as wife, mother, and helper—as contrasted to the activist role that she herself has always played. How do you explain this contradiction? What might have motivated her to portray the typical rather than the atypical woman? What is her primary concern in relating the story of Marta Emrich? What does the postcard Marta finally receives from West Germany tell us about the two main characters?

Das Schilfrohr

Ein kleines Anwesen an einem See hinter Berlin[1] gehörte schon lange vor dem Krieg[2] der Familie Emrich.
Sie bauten hauptsächlich Gemüse an. Ihr einstöckiges, gut gehaltenes Haus war vom Ufer durch einen schmalen Rasen getrennt, der einzige Streifen unausgenutzten Bodens. Das Ufer war flach, es fiel ganz allmählich ab, dicht stand das Schilf, wie fast überall um den See herum. Vom Bootssteg führte der mit Kiesel bestreute Weg zu der Glasveranda, mit der man in einer Zeit des Wohlstandes das Haus erweitert hatte. Meistens wurde der Weg benutzt, der von der Landstraße her durch die Gärtnerei ins Haus führte. Von dem kleinen Vorplatz gelangte man sowohl in die Wohnstube wie in die Küche, aus der Küche stieg man durch eine Luke in den Keller. Die Kellertür nach der Seeseite wurde nicht mehr benutzt, sie war mit allerhand Vorräten verstellt, und auch das Kellerfenster war so verstellt, daß es kaum Tageslicht durchließ.
Die Familie Emrich hatte früher im nächsten Dorf auch eine Wirtschaft besessen und die Schmiede, die ihr gegenüber lag. Dort hatte man Pferde beschlagen und Pflüge und Ackergerät repariert.
Kurz vor dem Krieg war Vater Emrich an den Folgen eines Huftritts verstorben.[3] Man sagt: »Ein Unglück kommt selten allein.« Vielleicht war er eine Spur weniger achtsam als sonst gewesen, verstört durch den Tod seiner Frau, der ihn kurz zuvor überrascht hatte.–
Die beiden Söhne wurden eingezogen. Der Krieg verlängerte ihren Dienst ins Ungewisse. Einer erlebte den Einmarsch in Polen, der andere die Landung in Narvik.[4]
Inzwischen hatten entfernte Verwandte Wirtschaft und Schmiede gekauft. Die einzige Tochter, Marta Emrich, besorgte das Anwesen. Sie setzte ihren Ehrgeiz darein,[5] möglichst alles selbst zu erledigen. Nur manchmal nahm sie eine Hilfe auf Taglohn, zum Beispiel um das Haus zu streichen, damit es ordentlich aussähe, wenn einer der Brüder auf Urlaub käme. Sie besorgte nicht nur zum größten Teil die Gemüsegärtnerei, sie tapezierte die Zimmer, und sie teerte das Boot, das meistens unbenutzt am Steg lag. Vom See aus wirkte das weiße Haus mit Heckenrosen freundlich und einladend.

1 *hinter Berlin* : in the countryside surrounding Berlin (territory of the German Democratic Republic)
2 *vor dem Krieg* : refers to World War II
3 *war . . . an den Folgen eines Huftritts verstorben* : died as a consequence of being kicked (by a horse)
4 *Narvik* : a port in southern Norway
5 *Sie setzte ihren Ehrgeiz darein* : she took pride in

Marta mühte sich ab vom ersten Sonnenstrahl bis zur Dunkelheit, nicht nur weil sie sparen wollte, um keine Schulden zu machen, da die Geschwister schon ihre Einkünfte aus der Wirtschaft und aus der Schmiede eingebüßt hatten, nicht nur weil sie sich sagte, dazu bin ich da, sondern auch, um ihr Alleinsein zu vergessen.

Ein Bauernsohn aus dem nächsten Dorf, ihr Großvetter, der als ihr Verlobter gegolten hatte, war einer der wenigen Toten an der Maginot-Linie.[6] Durch ihn wären vielleicht Wirtschaft und Schmiede wieder mit dem Besitz der Emrich verbunden worden. Zwar hatte man noch keine öffentliche Verlobung gefeiert, doch als die Nachricht »Gefallen« eintraf, fühlte sich Marta verlassen und beinahe hoffnungslos. Sie hatte nie viel Worte gemacht, jetzt wurde sie ganz verschlossen.

Sie war kerngesund und gewohnt, sich in allen Lagen allein zu helfen. Sie war sechsundzwanzig Jahre alt, im dritten Kriegsjahr. Sie war grobknochig, mit breitem und flachem Gesicht. Mit den Ereignissen in der Welt stand sie durch die Feldpostbriefe der Brüder in Verbindung und durch verschiedene Veranstaltungen im Dorf. Sie hißte die Fahne bei jedem Sieg wie die Nachbarn.

Ihr jüngerer Bruder fiel an der Ostfront. Obwohl er ihr Lieblingsbruder gewesen war, gutmütiger als der ältere, fühlte sie diesen Tod nicht so stark wie den des Verlobten. Er kam ihr mehr vor wie eine Urlaubssperre auf ungewisse Zeit.[7] —

Im Spätsommer 1943, an einem regendunstigen Abend, sonderte sie im Keller Kartoffeln und Rüben aus, um Futter für den Morgen zu richten. Sie hörte plötzlich ein leises, ungewohntes Geräusch im Schilf und dann in der Hecke. Ihr war es,[8] als sei ein Schatten vorbeigeflitscht. Blitzschnell ging es ihr durch den Kopf, daß man das Haus für leer halten könnte, weil kein Licht, bis auf die Kellerfunzel, brannte. Sie rief laut: »Wer ist denn da?«

Da niemand antwortete, stieg sie durch die Luke hinauf in die Küche, und sie ging durch die kleine Stube in die Glasveranda und von dort ins Freie.

Auf dem schmalen Landstreifen zwischen See und Haus stand ein fremder junger Mensch; er war, soweit sie es erkennen konnte, ganz ordentlich angezogen. Seine Gesichtszüge konnte sie in der Dämmerung nicht unter-

---

6 *Maginot-Linie* : a line of fortifications built by France along her eastern border in the 1930s
7 *auf ungewisse Zeit* : for an indefinite period
8 *Ihr war es* : it seemed to her

scheiden. Er fragte rasch: »Wohnt hier eine Frau Schneider?« Marta erwiderte: »Gibt es hier nicht«, und sie fügte hinzu: »Auch nicht im Dorf.« Sie musterte den unbekannten Mann und fragte dann: »Wie sind Sie denn hergekommen?« Er erwiderte: »Mit dem Boot.« — »Wieso?« fragte Marta, denn sie sah durch die Dämmerung hindurch, daß kein zweites an ihrem Steg lag. »Ach«, sagte der Fremde, »ich bin längst vorher ausgestiegen. Ich hoffte, sie wohnt schon im zweitnächsten Dorf, die Frau Schneider, und dann hab ich mich durchgefragt.«

Man hörte ein Motorrad auf der Landstraße. Er faßte Marta an der Hand, er sagte leise, aber fest: »Verrat mich nicht, wenn jemand fragt.«

Marta zog ihre Hand zurück, sie sagte böse: »Ach so, du hast was ausgefressen.«[9]

Das Motorrad hielt nicht an, es fuhr weit fort. Der fremde Mensch faßte sie wieder an der Hand, er sagte schnell mit leiser, heißer, eindringlicher Stimme: »Ich hab nichts Schlechtes getan. Im Gegenteil.«

Jetzt hörten sie ein Motorgeräusch auf dem See. Der Mann fuhr fort: »Seh ich denn wie ein schlechter Mensch aus?«

Sie versuchte wieder, sein Gesicht zu erkennen, als ob ein Gesicht je für den Mann, der es trägt, gebürgt hätte.[10] Das wußte sie auch; denn sie hatte lange genug allein gelebt und mit allerlei Menschen umgehen müssen. Sie glaubte aber, mit dieser Art von Gesicht hätte sie niemals etwas zu tun gehabt.

Das Motorboot hatte sich schon entfernt. »Warum sind die dann hinter Ihnen her? Wenn Sie nichts angestellt haben?« Er sprach ohne zu stocken weiter, sehr schnell, immer im gleichen heftigen Ton: »Man hat etwas gegen den Krieg verteilt, da, wo ich in Arbeit bin. Und heute sind sie auf mich verfallen.« — »Na, hören Sie mal«, sagte Marta, »wenn da was dran ist, gehören Sie wirklich eingesperrt.«[11]

Der fremde Mann sprach ohne zu stocken im gleichen heißen Ton über all ihre Worte weg.[12] Seine Stimme war zugleich flehend und drohend. Sie hätte vielleicht, sagte er, niemand im Krieg verloren und nie auf einen gewartet, bis die Nachricht gekommen sei: »Gefallen.« — Darauf erwiderte Marta, und beide drückten sich nebeneinander an die Mauer, er gehöre für so ein Gerede eingesperrt, ja eingesperrt, wenn nicht ins Zuchthaus, dann in ein Irrenhaus. Er fragte, ob man warten solle, bis alle Männer gefallen

---

9 *du hast was ausgefressen* : you've been up to no good
10 *als ob ein Gesicht je für den Mann, der es trägt, gebürgt hätte* : as if the face worn by a man had ever been a guarantee of his character
11 *wenn da was dran ist, . . . eingesperrt* : if there's any truth to that, you really should be locked up (in jail)
12 *sprach . . . über all ihre Worte (hin)weg* : kept talking without listening to what she was saying

seien, er habe nicht gewartet, er nicht, und jetzt seien die hinter ihm her. Er sagte: »Haben Sie denn kein Herz im Leib? Sie. Lassen Sie mich aus-schnaufen hier in der Hecke, Sie brauchen gar nichts davon zu wissen.« Sie hatte vielleicht einen Augenblick gezögert. »Gehn Sie rein ins Haus, gehen Sie!« sagte er. »Sie haben gar nichts von mir gemerkt. Sie wissen nichts von mir. So gehen Sie doch schon.«

Dann wandte sich Marta ab und ging zurück, als ob sie kein Wort miteinander gesprochen hätten, und machte sich an die unterbrochene Arbeit.[13] —

So fing es an. Sie stand nur früher als sonst auf, um nachzusehen, ob er noch in der Hecke saß. Sie hoffte etwas,[14] er hätte sich inzwischen davon-gemacht. Sie wäre sogar bereit gewesen, am ersten Morgen, sich einzubil-den, niemand sei vorbeigekommen. Er saß aber zusammengekauert am alten Platz. Sie ging wortlos ins Haus, kam nochmals zurück und brachte ihm etwas Warmes. Sie sah zu, wie er gierig schluckte, sich verschluckte, sich, von Husten geschüttelt, in die Hand biß, damit nichts zu hören sei. Dann sah er sie an, es war jetzt hell genug, um sein Gesicht zu erkennen. Er sagte nichts, er bewegte nur etwas die Lippen und sah sie an mit seinem festen Blick. Sie sagte nichts, sie ging ins Haus zurück, als habe niemand da gehockt, sie ging ihrer Arbeit nach wie alle Tage.—

In diesem Sommer half ihr ein Junge im Tageslohn. Er kam aus dem Dorf, er hinkte seit einer Kinderlähmung. Er erzählte Marta, die Polizei sei auf der Suche nach einem Taschendieb, sie hätten in jedem Dorf rund um den See herum gewarnt. Nachmittags, es war früh dunstig, bedeutete Marta dem Fremden,[15] ihr durch die Kellertür zu folgen. Sie hatte schon ihren Wintervorrat an Holz und Kohle gelagert. Sie machte jetzt einen winzigen Unterschlupf frei, sie sagte nichts, als sei ihr Tun und Lassen[16] erst wirk-lich, wenn sie dazu etwas äußere.

Der kleine Tagelöhner war enttäuscht, als der Monat August zu Ende ging und Marta ihn nicht für den Monat September bestellte. Doch niemand wunderte sich, es war längst bekannt, daß Marta Emrich allein mit jeder Arbeit zu Rande kam,[17] ja geradezu darauf erpicht war, allein zu Rande zu kommen.

Was es an lautloser Kleinarbeit gab, an Schälen und Schnitzeln, auch bisweilen an Reparaturen, besorgte der Flüchtling — er hieß Kurt Steiner

13 *sich an die Arbeit machen* (colloq.) : to get to work
14 *etwas* : (here) somewhat
15 *bedeutete . . . dem Fremden* : indicated to the stranger
16 *ihr Tun und Lassen* : what she was doing (and not doing)
17 *zu Rande kommen* : to manage (to get done)

— in seinem Unterschlupf zwischen den Holzstapeln. Manchmal ließ Marta die Kellerluke offen, sie schaltete ihr Radio ein. Nach und nach faßte sie Mut, hinunterzusteigen, sie hörte sich seine Erklärungen an. Ihm fielen viele Beispiele ein, um ihr das Gehörte verständlich zu machen, Ereignisse aus der Welt und aus seinem eigenen Leben. Sie kamen Marta, die nur ihr eigenes Dasein kannte, wie Märchen und Sagen vor. Anfangs war sie ganz benommen von seiner eindringlichen Stimme, dann horchte sie auch auf den Sinn seiner Worte, sie widersprach ihm und fragte und dachte nach.

Einmal nachts, als alles ringsum erstarrt war im Winterschlaf, in Eis und Schnee, führte sie ihn herauf ins Haus. Auf Augenblicke, im Schein der Taschenlampe, sah er die Stube, auf die sie stolz war. Und frisch und gut war ihr Bett.

Zitternd, an ihn geschmiegt, verfolgte sie nachts durch die Ladenritzen einen Luftangriff auf Berlin.

Nach und nach wurde Marta Emrich vertraut mit den Gedanken ihres Gefährten Kurt Steiner. Sie war davon überzeugt, daß ihre Handlungsweise gut und richtig gewesen war. Sie würde dasselbe noch einmal tun mit Wissen und Wollen.

Sie empfand nur ein Schuldgefühl, weil sie die Nachricht, ihr älterer Bruder Karl sei an der Ostfront in Gefangenschaft geraten, mit einer gewissen Erleichterung aufnahm. Denn sie hätte sich keinen Rat gewußt,[18] wie sie Kurt Steiner verbergen könnte, wenn der Bruder auf Urlaub gekommen wäre. Karl war besonders schroff und hart, ja tückisch. Er war einer von denen, die mit Freuden selbst einen Flüchtling am Genick packen würden.—

Im Frühjahr kam eine neue, eine furchtbare Gefahr. Über den Zaun erzählte ihr eine Bauersfrau, die Dörfer rund um den See würden abgesucht nach desertierten Soldaten. Kein Keller, kein Garten, kein Busch würde dabei ausgelassen, erzählte die Nachbarin, halb angstvoll, halb gehässig.

Kurt Steiner erbleichte, als ihm Marta davon berichtete. Er stieß hervor: »Jetzt war alles umsonst, jetzt ist alles aus.« Er brütete. Er sagte mit leeren Augen: »Ich muß weg, sonst wirst du auch noch geschnappt.«

Plötzlich fiel Marta eine Geschichte ein, die ihr jüngerer Bruder, ihr Lieb-

---

18 *sie hätte sich keinen Rat gewußt* : she wouldn't have known what to do

lingsbruder, einmal in einem bunten Heft gelesen und den Geschwistern erzählt hatte. Irgendwo in dieser Geschichte, sie wußte nicht mehr, wo sie spielte, hatte sich jemand gerettet, sie wußte nicht mehr vor wem und warum, indem er unter das Wasser getaucht war und durch ein Schilfrohr geatmet hatte, solange sie nach ihm suchten. Kurt Steiner sagte, das sei erfundenes Zeug, das sei in Wirklichkeit gar nicht möglich. Marta sagte: »Doch, es kann möglich sein, versuch's!« Er sagte: »Das kann ich nicht, nein, das geht nicht.« Marta sagte: »Du mußt, du mußt!« Und sie drängte ihn, es auszuprobieren, sofort, bevor sie noch kämen, nichts anderes bliebe ihm übrig, und deshalb sei es wohl möglich. Und sie zwang ihn, ins Wasser zu kriechen, und sie schnitt ein geeignetes Schilfrohr ab. Und es war noch nicht Nachmittag, da wurde es ernst mit ihren Proben. Das nächste Haus war umstellt worden und fruchtlos durchsucht; jetzt kamen sie in das Emrich-Haus, sie stiegen auch von der Küche durch die Kellerluke. Marta erschrak, als sie den Hohlraum zwischen den Holzstapeln fanden, sie könnten womöglich eine Spur, ein Härchen, ja einen Schatten entdecken. Sie stöberten aber nur wild und grimmig herum. »Wen sucht ihr denn?«, fragte Marta, die sich in all ihrer Furcht ein Gramm Spott bewahrte. »Mein jüngerer Bruder ist gefallen, mein älterer ist in Gefangenschaft.« — »Halt's Maul«, sagte die Feldpolizei, »ein Weib hat nicht bloß Brüder.« Marta spürte die Todesahnung; dann dachte sie: Ob er's durchhält, ob er Luft kriegt?[19]

Nachdem sie fruchtlos auch rund ums Haus gesucht hatten, zogen sie fluchend ab ins nächste Haus. Kurt Steiner kroch schließlich zurück in sein Kellerloch, das kam ihm fast wohnlich vor. Sie mußten aber dauernd auf eine neue Razzia gefaßt sein.[20] Er war am Verzweifeln, er sagte, der Tod sei ihm lieber als die unerträgliche Spannung. Er könne auch keine Razzia mehr ertragen, nur durch das Schilfrohr atmend.

Marta redete heftig auf ihn ein, jetzt sei das Ende des Krieges ganz nahe, gerade dafür hätte er sich in solche Gefahr begeben,[21] er müsse das Ende des Krieges miterleben. — Bald erfuhren die beiden, die Dörfer würden abermals durchgekämmt, sie hätten damit nachts begonnen.

Sie beschwor den Kurt Steiner, es noch einmal zu wagen. Was habe er alles gewagt, damit endlich Frieden sei! Und da wolle er elend verrecken drei Minuten vor Torschluß. Und er nahm es noch einmal auf sich, von ihrem Drängen bezwungen, es gelang ihm noch einmal, als sie wirklich kamen

---

19 *Ob er's durchhält, ob er Luft kriegt?* : Can he hold out; is he able to breathe?
20 *auf etwas gefaßt sein* : to be prepared for something
21 *sich in Gefahr begeben* : to expose oneself to danger

und suchten, durch das Schilfrohr zu atmen.—
Nach ein paar Wochen war Berlin eingenommen. Der Krieg war zu Ende.
Die beiden im Emrich-Haus weinten und lachten, sie aßen zusammen ein
Freudenmahl, und sie tranken Wein, und sie legten sich in das weiße kühle
Bett wie gewöhnliche Eheleute; kein Motorengeräusch erschreckte sie
mehr.
Die ganze Gegend war derartig überschwemmt von Flüchtlingen, die
Häuser waren so vollgestopft, daß niemand sich über Kurt Steiner wun-
derte, einer von vielen Fremden, die aufgetaucht waren. Nun, da ihr Herz
ruhig war und alle Gefahr überstanden, hütete Marta ihre Beete streng vor
den Tritten der Soldaten und vor den Kindern der Flüchtlinge.
Kurt Steiner sah lächelnd zu, wie sie sich mühte, das Ihre[22] wieder in Ordnung zu halten in dem heillosen Durcheinander. Er sah sie nun, wie sie
jeden Tag aussah, grobknochig, mit flachem und breitem Gesicht.
Nach einer Woche sagte er, nun müsse er in die Stadt, um seine Freunde
wiederzusehen.
Sie war verbissen in ihre Arbeit; dabei ließ sich leichter warten,[23] da er gar
zu lang wegblieb. Und endlich, unversehens, hörte sie seine Stimme. Er
war mit mehreren Menschen gekommen, in einem russischen Militärauto.
Er brachte einige Freunde an, die er wiedergefunden hatte. Auch zwei
Offiziere kamen. Einer sprach ganz gut deutsch, und er fragte Marta genau
aus. Offenbar hatte ihnen Kurt Steiner viel über seine Flucht erzählt und
über sein Versteck, und als der Offizier nun immer wieder Bescheid wissen
wollte, ob sich alles genau so verhalten hätte, erwiderte Marta kurz:
»Gewiß. So war es.« Die Offiziere betrachteten sie erstaunt, mit warmen
Augen. Dann zeigte Kurt Steiner seinen Freunden das Versteck im Keller
und auch die Stelle am Ufer, an der er mit dem Schilfrohr während der
Fahndung ausgeharrt hatte. Er verschwieg nicht, was er Marta verdanke. Sie
hätte ihm nicht nur das Leben gerettet, sie hätte ihm dauernd Mut
zugesprochen.
Marta hörte sich alles stumm an. Sein Ton war ihr fremd. Als sie etwas zum
Essen richten wollte, denn sie hatte verschiedenes gehamstert, sagte Kurt
Steiner: »Wo denkst du hin? Im Gegenteil. Wir haben dir ein Eßpaket mitgebracht. Wir fahren gleich alle wieder zurück.«
»Du auch?« fragte Marta. »Gewiß, ich muß«, sagte Kurt Steiner, »jetzt hab
ich in Berlin eine Arbeit, eine gute, in der neuen Verwaltung.« Er strich ihr

22 *das Ihre* : her possessions
23 *ließ sich leichter warten* : it was easier to wait

wie einem Kind übers Haar. Er rief noch einmal im Weggehen:[24] »Ich laß bald von mir hören!« Marta horchte dem Auto nach. Ihr Herz war früher leichter geworden, wenn sich das Motorengeräusch entfernt hatte, jetzt wurde es schwerer.

Sie hatte von klein auf[25] ihre Gedanken für sich behalten. Sie besaß gar nicht die Fähigkeit, sich auszusprechen. Den Leuten, mit denen sie umgehen mußte, um Gärtnerei und Haus zu besorgen, war ihre Einsilbigkeit bekannt. Es fiel niemand auf, daß sie jetzt noch weniger Worte machte.— Eines Tages erschien Kurt Steiner, um zu fragen, wie es ihr gehe. Er bot ihr allerlei Hilfe an. Marta erwiderte, was sie allen erwiderte: »Ich werd allein fertig.« Und als er ihr seine Dankbarkeit nochmals leidenschaftlich versicherte, sagte sie: »Schon gut, Kurt.« Sie machte sich steif, als er sie zum Abschied an sich ziehen wollte.—

Ihr Bruder Karl kam aus der Gefangenschaft. Er war grober und schroffer denn je.[26] Er fand für die Schwester kein einziges gutes Wort; er ärgerte sich über jede Veränderung in der Gärtnerei. Das Haus fand er zwar gut im Stande, aber er lobte nichts; es schien ihm freilich geeignet, um mit einer Frau aus ordentlicher Familie hineinzuziehen, einer Bauerntochter aus dem nächsten Dorf. Marta mußte ihr Zimmer abtreten, sie erhielt eine schmale Kammer. Das junge Paar nutzte Marta aus. Ihr Bruder war geradezu darauf erpicht, alles, was sie in seiner Abwesenheit bewirtschaftet hatte, von Grund auf zu verändern. Das tat er auch, weil er in Wut geriet über das »Soll«,[27] die neuen Abgaben, um zu beweisen, daß es unmöglich sei, den Überschuß zu erzielen, der »freie Spitzen«[28] hieß.—

Marta rief sich manchmal im stillen ins Gedächtnis zurück, was ihr Kurt Steiner erklärt hatte, obwohl er seit langem nicht mehr aufgetaucht war. Er hatte gesagt, so einer will immer mehr Land, er will auch fremdes Land, er braucht den Krieg.

Eines Sonntags, als sie still und allein auf der kleinen Bank saß, die ihr Bruder auf der Seeseite für seine Frau aufgestellt hatte — das Paar war zu den Schwiegereltern ins Dorf —, fuhr ein Motorboot auf den Steg zu.[29] Kurt Steiner sprang heraus, und er half einer jungen Person beim Aussteigen. Marta verstand sogleich, daß diese ungefähr so beschaffen war, wie sich Kurt seine Frau vorstellen mochte. Er begrüßte Marta vergnügt, er sagte, er hätte noch einmal den ganzen Fluchtweg zurücklegen und seiner

24 *im Weggehen* : as he was leaving, "over his shoulder"
25 *von klein auf* : since she was little
26 *denn je* : than ever
27 *"Soll"* : quota
28 *"freie Spitzen"* : (in the Soviet zone of occupation) agricultural production above the quota, which could be sold for a higher price
29 *auf den Steg zu* : towards the dock

Freundin erklären wollen. »Und hier ist auch gleich die Marta zur Stelle«, endete er. Diesmal erlaubte er Marta, Kaffee zu kochen, er hatte ihr echte Bohnen mitgebracht. Sie saßen eine Stunde beisammen. »Was wir erlebt haben, du und ich«, sagte er und nahm ihre Hand, »kann man nie im Leben vergessen.« — »Gewiß nicht«, erwiderte Marta. »Wenn du etwas brauchst, komm zu uns«, sagte Kurt, und er schrieb ihr auf, wo sie in Berlin wohnten.

Als der Bruder und seine Frau heimkamen, waren sie ungehalten, weil Marta inzwischen Gäste bewirtet hatte. Sie schnüffelten den Kaffeegeruch. Die Schwägerin schimpfte, weil Marta das Service benutzte, das zu ihrer Mitgift gehörte. Dann wurden sie neugierig, wollten durchaus erfahren, was für Leute Marta besucht haben könnten. Marta erwiderte: »Noch vom Krieg her, Bekannte.«[30]

Inzwischen war in den Dörfern etwas gegründet worden, was »Gegenseitige Bauernhilfe«[31] hieß. Der Bruder schimpfte: »Die können mich[32] — in so was tritt einer wie ich nicht ein.« Marta sagte: »So einer wie du, nein.« Sie radelte abends ins Dorf. In der Wirtschaft, die ihren Verwandten gehörte, gab es manchmal eine Versammlung. Dort hörte sie zu. Schüttelte auch mal den Kopf, wenn ihr etwas gegen den Strich[33] ging.

Der Bruder sagte: »Wenn du dich da herumtreibst, kannst du gleich anderswo wohnen.«

»Mich kannst du nicht rausschmeißen«, sagte Marta, »der Vater hat's uns Kindern vermacht. Auszahlen kannst du mich aber, wenn du Lust hast.« Dazu hatte Karl durchaus keine Lust. Er war erbost und erstaunt. Was diese Marta sich für einen Ton zugelegt hat.

Von nun an wurde Marta mal so, mal so[34] behandelt. Mal tückischfreundlich, mal als Aschenbrödel.[35] Obwohl ihr vor jeder Heimkehr bangte, war sie erleichtert, wenn sie davonradeln konnte in ihre Bauernversammlung. Doch satt wurde ihr Herz davon nicht. Ihr Leben war bitter.

Sie sehnte sich danach, den Kurt Steiner wiederzusehen. Sie konnte und konnte nicht abwarten, bis er von selbst kam. Sein Gesicht, das ihr anders dünkte[36] als alle ihr bekannten Gesichter, schnell einmal vor sich zu haben mit seinem hellbraunen Haarschopf, mit seinem festen Blick. Und seine Stimme zu hören. Sie hatte viel zu fragen. Ihr schien, er könne alles auf Erden erklären. Er war verheiratet, und er hatte wohl schon ein Kind.

---

30 *Noch vom Krieg her, Bekannte* : people I knew during the war
31 *Gegenseitige (Vereinigung der) Bauernhilfe* : farmers' cooperative, established 1946, which preceded collectivization of agriculture in the GDR
32 *Die können mich* (implied: *am Arsch lecken*) : "they know what they can do"
33 *gegen den Strich* : against the grain
34 *mal so, mal so* : sometimes one way, sometimes another
35 *Aschenbrödel* : Cinderella
36 *ihr anders dünkte* : seemed different to her

Er könnte unwillig werden, wenn sie plötzlich erschien. Er hatte sie aber selbst mit seiner Braut besucht, ihr aufgeschrieben, wo sie in Berlin wohnten.

Da ihr Bruder in amtlichen und schriftlichen Sachen äußerst unsicher, Marta aber seit Jahren gewohnt war, alles allein zu erledigen, fand sich[37] eine Gelegenheit. Marta erbot sich zum Besuch der Bauernbank in Berlin, ohne daß sie sich anmerken ließ, wieviel ihr an dieser Reise lag.[38] Dem Bruder war es nur recht.[39]

Sie kannte die Fahrt genau und kam pünktlich an. Von der Bank fuhr sie nach Weißensee[40] zu dem Haus, in dem Kurt Steiner wohnte. Als sie die Treppe hinaufstieg, dachte sie: Soll ich? Soll ich nicht?

Aber im zweiten Stock an der Wohnungstür stand ein fremder Name. Sie suchte umsonst die übrigen Türen ab. Schließlich fragte sie eine Frau, die gerade vom Markt kam, wo denn hier ein Kurt Steiner wohne. Die Frau sagte: »Der ist schon längst weg.« — »Wohin denn?« Die fremde Frau zuckte die Achseln. Da Marta angstvoll beharrlich mit ihren Augen fragte, beschrieb die Frau spöttisch mit der Hand einen weiten Bogen.[41]

Dann ging Marta zur Haltestelle. Sie war müde. Ihr war trübe zumut.[42] Sie dachte auch: Er hätte mir's schreiben können. Als trage sie plötzlich schwer an ihrer Enttäuschung, waren ihre Schultern schlaff, auch ihre Mundwinkel hingen. Je näher der Autobus ihrem Dorf kam, desto mehr Gesichter erkannte sie. Sie raffte sich auf, weil ihr war, die Leute starrten sie an. Sie hörte, daß einer zum anderen sagte: »Die war auch dort in der Wirtschaft, ganz allein.« Sie dachte: Ihr hättet ja dem Kurt Steiner schön mitgespielt.[43] Zur Gestapo[44] hättet ihr den geschleift. Dann dachte sie voll Leid: Er ist jetzt für immer fort.

Sie ging von der letzten Haltestelle ins Haus. Wenn sie nicht ständig die Zähne zusammenbiß, würde die ganze Trübnis gleich wieder über sie schwappen. Sie zeigte dem Bruder die Bankpapiere, und da er nichts davon verstand, verstand er auch nichts zu rügen, als nur: »Warum bist du nicht früher gekommen?«

Auf einmal empfand sie im Innern eine Genugtuung. Sie besaß etwas eigenes, davon gab sie nichts preis. Was ihr, nur ihr gehörte, war keine Sache, sondern etwas Erlebtes. Darauf war sie stolz mit Fug und Recht.[45] Sie straffte sich. —

37 *fand sich* : there was, turned up
38 *wieviel ihr an dieser Reise lag* : how much this trip meant to her
39 *Dem Bruder war es nur recht* : it was all right with her brother
40 *Weißensee* : outlying district of Berlin
41 The woman's gesture indicates that Steiner has gone to the West
42 *Ihr war . . . zumut(e)* : she felt
43 *Ihr hättet . . . mitgespielt* : you'd have really taken care of Kurt Steiner (ironic)
44 *Gestapo = Geheime Staatspolizei* : secret state police of the Nazis
45 *mit Fug and Recht* : justifiably, justly so

An die Gärtnerei stieß ein Stück verwahrlostes Land. Die ehemaligen Besitzer waren entweder im Krieg geblieben, oder sie waren aus Angst auf und davon.[46] Die Gemeinde überließ dieses Stück einem Umsiedler names Klein. Auf der Flucht hatte Eberhard Klein seine Frau verloren. Seinen einzigen kleinen Sohn versorgte er selbst. Er war düster, recht hilflos. Er war zwar Gärtner gewesen, er hatte aber immer mit guter Erde zu tun gehabt. Er konnte sich nicht befreunden mit dem mageren Boden am See. Und auch nicht mit der Gemütsart der Leute, die so karg wie ihr Boden war.

Emrich war scharf darauf aus[47] gewesen, das Stück zu erwerben, das nun Eberhard Klein bebaute. Darum zeigte er dem Klein die kalte Schulter. Und stellte der ihm eine Frage, gab er ihm dürftig Auskunft oder gar falsche. Klein glaubte zuerst, Marta sei von derselben Sorte. Mancher hatte ihm gesagt, sie sei grob, sie sei mürrisch. Doch einmal gab sie ihm ganz freundlich von selbst über den Zaun einen Rat, der das Beschneiden von Tomaten betraf. In der Bauernversammlung brachte sie, wenn auch scheu, eine vernünftige Meinung vor. Eberhard Klein horchte verwundert. Er dachte: Das sind genau meine Gedanken. Er fing auch an gewahr zu werden, wie gut und ruhig ihre Augen waren.—

Sie wurde bald seine Frau und seinem Kind eine gute Mutter. Sie lebten friedlich, einer Meinung, was die äußere Welt betraf und ihre eigene Arbeit und ihre kleine Familie.—

Einmal erhielt Marta aus Düsseldorf[48] eine Karte von Kurt Steiner. Er schrieb, er würde sie nie vergessen. Eberhard Klein fragte, wer der Mann auf der Karte sei. Marta erwiderte: »Manchmal haben wir uns geholfen, in der schweren Zeit, im Krieg.« Sie fügte hinzu: »Er hat mir mal echten Kaffee verschafft.« Klein fragte nichts mehr, und sie sagte nichts mehr.

Wenn sich jemand nach Marta erkundigte, das kam selten vor, dann hieß es: Sie ist die Schwester vom Emrich. Jetzt hat sie den Eberhard Klein zum Mann. —Wer mit den Kleins einer Meinung war,[49] sagte vielleicht noch: Die ist ordentlich.

Was hätte man andres sagen können, da man nichts andres wußte?

---

46 *auf und davon* : off and away
47 *scharf darauf aus* : to be set on, on
48 *Düsseldorf* : industrial city, capital of North Rhine-Westphalia (in Federal Republic of Germany)
49 *mit jmdm. einer Meinung sein* : to be of the same opinion as someone

"Eine wahre Geschichte, die eine Bekannte von mir erlebte, und in die ich mein eigenes verzweifeltes Lebensgefühl nach dem Krieg hineinbaute."
(Marieluise Fleißer über "Das Pferd und die Jungfer")

MARIELUISE FLEISSER

Best known as the most prominent woman dramatist in German literature, Marieluise Fleißer is almost always thought of in association with Ingolstadt, the Bavarian city where she was born in 1901. Beginning in 1919, she studied theater at the University of Munich and saw her first performance of a play by the young Bertolt Brecht in 1922. By 1924, she had made his acquaintance and two years later began work on her play, *Pioniere in Ingolstadt*, which premiered in Dresden in 1928 and subsequently at Berlin's Theater am Schiffbauerdamm in 1929, only a few months after the premiere of Brecht's famous *Dreigroschenoper*. The scandal which followed was almost inevitable, since her earlier play, *Fegefeuer in Ingolstadt* (1926), had already exposed the pettiness and prudery of life and education in her hometown. It was, in fact, never performed again until 1971, when she was seventy years old, at a time when younger film directors and dramatists like Rainer Werner Faßbinder, Martin Sperr, and Franz-Xaver Kroetz began to acknowledge the influence of her work. Her only novel, *Mehlreisende Frieda Geier*, was published in 1931, only a few years before she was forbidden to write any more by the Nazi regime. In 1972, she revised the novel for publication, giving it a new title, *Eine Zierde für den Verein*, and adding details from her experiences during the years of National-Socialism.

The political events of the National-Socialist era, the hostility of a home town which resented her portrayal of it, and her difficult personal life from 1935 to 1938 as the wife of a narrow-minded tobacco dealer who usually discouraged and sometimes forbade her to write — all of these factors explain why the largely autobiographical oeuvre of this talented woman remained relatively small. Her *Gesammelte Werke* in three volumes were finally made available to the reading public in 1972. She died in 1974 in Ingolstadt, which had eventually seen fit to award her its newly established prize for art in 1961. It was only in the last decade of her life that she once again attained the productivity and recognition which she had enjoyed in the 1920s.

"Das Pferd und die Jungfer" was written in 1949, but not published until 1952, when it won first prize in a contest sponsored by the Süddeutscher Rundfunk. The story has traces of the dialect-flavored language and harsh style which so offended the sensibilities of critics who could not reconcile such directness with their expectations of a "lady-like" style. But it was less her attempt to capture the Bavarian milieu than her unvarnished portrayal of what women have had to endure in that milieu which shocked her contemporaries. The first-person narrator of this story is a young woman who has developed a "tough" exterior in order to survive the war and the hard, cruel world in which she finds herself in the immediate post-war years. In what ways does her refusal to play the soft, feminine role mitigate or aggravate her plight in this society? How do you explain the powerful affinity which she feels toward the horse? Do you think that Fleißer has set up a deliberate parallel between what the man appears to have done to the horse in the stall and his accosting of the young woman? Try to analyze your own reactions to Fleißer's style in comparison to that of other women more or less contemporary to her, such as Anna Seghers and Marie Luise Kaschnitz.

Das Pferd und die Jungfer

»Du hättest das Pferd nicht kaufen sollen«, sagt mein Schwager, »das ist kein Pferd an einen Wagen.«

Ich sage kurz, ich wollte es haben.

»Warum machst du alles allein?« sagt mein Schwager, »ich wäre mit dir gegangen.«

Da kann ich nur lachen. Ich fühle mich nicht hereingelegt jedenfalls, ich hätte kein anderes genommen.

»Wer kauft eigentlich das Pferd?«

»Du natürlich.«

»Schön. Dann ist es gekauft und jetzt Schluß.«[1]

Mein Schwager sagt nichts mehr. Aber mich stößt der Bock, wenn mir alle hineinspucken dürfen,[2] gewöhnen kann ich mich nie. Wovon lebt der Mensch, frage ich. Ich bin nicht mehr ich selber, man nimmt es mir stündlich.

Ich hätte große Lust, ich gehe auf und davon mit meinem Pferd,[3] aber nichts ist wie früher, man bekommt keinen Zuzug.[4] Man bekommt nicht einmal Futter fürs Pferd, wenn man nicht wie mein Schwager die Wirtschaft hat. An die Wirtschaft bin ich gebunden und wäre gern wie der Vogel so frei, man muß das ganz nüchtern anschaun. Man muß sich vertragen, auch wo man nicht hinpaßt, aber kriechen doch auch nicht.

Und doch bückt man sich unter Zwang, das kommt von den falschen Plätzen. Man sucht sich den Platz ja nicht mehr aus. Da ist es gut, wenn man glaubt an sein festes Kreuz, an das innere Rückgrat nämlich, möge einen der Glaube nicht täuschen.[5] Man kann gleichgültig werden vom Bücken und innerlich tot, das ist die Gefahr, stumpf kann man werden. Man muß was suchen, daß man nicht abstirbt, man muß was haben, was man heftig verlangt, und sei's eine kurze Täuschung, ein Pferd zum Beispiel. Verlangen hält einen wach, sich täuschen ist besser als tot sein.

Das kann mein Schwager freilich nicht wissen, er sieht nicht hinein.

»Ihr sollt keine Last davon haben«, verspreche ich. »Ich mache alles mit dem Pferd ganz allein.«

Der Knecht schaut mich schief an.

»Und ich tue alles dafür«, wiederhole ich scharf, »denn es ist kein gewöhn-

---

1 *Schluß* : enough!, that's that.

2 *mich stößt der Bock, wenn mir alle hineinspucken dürfen* : it bugs me when everyone puts in his / her two cents (meddles in my affairs)

3 *Ich hätte große Lust . . . Pferd* : I would have very much liked to have gotten out of there with my horse

4 *Zuzug (=Zuzugsgenehmigung)* : permission to move to a new place

5 *möge einen der Glaube nicht täuschen* : if only this belief isn't deceiving

liches Pferd, es ist ein Pferd von der Steppe.«
Der Knecht verbeißt sich ein Lachen.
»Es geht bloß krumm«, sagt er grob.
»Es geht nicht krumm«, fahre ich auf. Ach, ich habe selber gesehn, wie widerwillig es mir in den Stall ging, vor Widerwillen war es ganz linkisch.
»Es hat«, sagt der Knecht, »seit der Krieg aus ist, den Besitzer schon dreimal gewechselt, keiner hält es aus mit dem Pferd. Der Krieg hat an ihm was verdorben.«
»Das ist Schicksal«, sage ich und bin nicht zu belehren. »Denn es hat zu mir kommen müssen, und ich halte es aus.«
»Das ist Schicksal«, lacht der Knecht voller Hohn und geht mir aus den Augen. Später auf der Treppe hält er mich auf.
»Und wenn es ein Schieber ist?«
»Was? Schiebt es?« frage ich erschreckt, »seit wann? Hast du selber gesehn, daß es schiebt?«
Der Knecht zuckt die Achseln.
»Da muß doch was schuld sein,[6] wenn keiner es haben will«, sagt er verstockt.
Ich stürze hinaus in den Stall und mir graust. Ein Schieber, das wäre das Ende, weil man mit so einem Pferd nichts mehr anfangen kann, für den Menschen ist es verloren.
Es schiebt mit dem Hirn an jedem Ding, wogegen sich anschieben läßt, versteckt den Kopf unter der Futterraufe und schiebt, es scheuert und schiebt an der Wand und hört nicht mehr auf. Es würde dir die Mauer vom Stall durch Sonne und Mond schieben, wenn es nur könnte, hört nicht, sieht nicht, reagiert nicht, wird nie mehr normal, du kannst es gleich auf der Stelle zum Tierarzt bringen, was anderes bleibt dir nicht übrig.
Das Pferd natürlich steht im Stall wie jeder andere Gaul, schiebt jedenfalls nicht in dem Moment. Mir ist ganz elend, ich weiß nicht, soll ich ihm glauben? Vielleicht macht es eben jetzt eine Pause. Es kann doch nicht die reine Bosheit sein von dem Knecht, er hat was gesehen, bestimmt.
In meinem Unglück nehme ich mir selber das Pferd vor. Ich verstehe davon ja nicht viel, weiß aber, daß solche Tiere auf nichts reagieren, und ich mache die Probe darauf. Ich trete ihm gegen den Huf, da wo die Haare anfangen und wo der Huf aufhört, das Pferd schlägt aus, wie es soll, Gott

---

6 *Da muß doch was schuld sein* : there must be something wrong

sei Dank. Es läßt sich auch von mir in die Ohren langen. Wäre es ein Schieber, täte es das nicht. Ich bin erleichtert, die Tränen brechen mir aus. Ich werde kindisch und bitte ihm ab. Dann kommt mir der Zorn. Man hat mir mein Pferd verleumdet.

Seitdem lebe ich nur für das Pferd, und es hat nichts gegen mich, es spitzt die Ohren und läßt sich was gefallen.[7] Es spitzte die Ohren schon gleich beim ersten Mal, als ich darauf zuging und es aushandeln wollte. Es war ein Gaul, wie man ihn träumt. Als es Aug in Aug vor mir stand, fuhr es in mich hinein wie ein Blitz, als habe der Gaul mir schon einmal gehört. Ich nahm ihn an auf der Stelle.

Eine Eigenheit hat das Pferd, daß es scharrt. Mitten in der Nacht schleiche ich mich an seinen Stall und horche von draußen. Das Pferd ist wie eine Uhr, es scharrt und scharrt, und ich horche darauf. Ich war auch drinnen im Anfang, ich habe zugeschaut, wie es das macht. Es zieht den einen Vorderfuß vorsichtig schürfend zurück, dann kommt die Pause, wo es den Fuß unbeeilt vorsetzt, und wieder scharrt es zurück, ohne Unterlaß, in einem Rhythmus, der gleich bleibt. Wenn es müde wird, nimmt es dafür den anderen Fuß, und so macht es die ganze Nacht, ob es schläft oder wach ist, und mißt seine Zeit, das Pferd kommt zu keiner wirklichen Ruhe.

»Mein Pferd,« sage ich, »schläft überhaupt nicht.«

Außer mir läßt es keinen heran und wird unberechenbar, wenn ein anderer im Stall ist, es schlägt nach dem Knecht, holt ihm solche Stücke Fleisch aus dem Arm.

Ich sage: »Bleibt um Gottes willen[8] weg von dem Gaul.«

Jede Fuhr, die über Land geht, nehme ich mit Absicht auf mich, ich nehme ihn so oft wie möglich nach draußen. Darauf wartet er nur, und alles vibriert an dem Gaul. Mit den Vorderfüßen ist er hoch in der Luft, wenn er anzieht.

Auf freier Landstraße ist das Pferd ein ganz anderer Gaul, wer es nicht sieht, glaubt es nie. Die wilde Freiheit jagt ihn dahin, ich kann ihn fast nicht mehr halten. Paßt ihm was nicht, macht er sich steif und geht krumm auf einmal,[9] er spricht mit dem Fuß und macht mich verrückt. Die Kinder wissen es schon, sie laufen neben mir her und deuten, wie krumm mein Gaul geht.

Den Stall mag er nicht und steht in seinem Eck, als sei ein Zauber auf ihn

---

7 *läßt sich was gefallen* : is tractable, takes a lot
8 *um Gottes willen* : for God's sake
9 *auf einmal* : suddenly

gelegt, er hat im Aug einen boshaften Schleier. Ich bürste ihn ab und rede in einem fort[10] auf ihn ein, ich bilde mir ein, daß der Gaul mich versteht. »Wir müssen schon dableiben«, sage ich voll Verstand, »denn wohin könnten wir laufen?«
Aber es kommt schon die Zeit, da gehen wir weg alle zwei,[11] ich weiß es, das Pferd muß es wissen. Ich habe es ihm mehr wie[12] einmal versprochen. Manchmal zweifle ich, daß es mich mag. Ein schwerer Widerstand steckt drin in dem Pferd, es muß was erlebt haben, was wir nicht wissen. Die Natur war in ihm wohl zu stark, man hat sie verbogen in lauter Pein,[13] jetzt macht sie in ihm was Verkehrtes. Das Pferd kann nichts dafür[14] jedenfalls, von wem sonst weiß man das so genau?
Ich denke viel darüber nach, mein eigenes Leben zieht auf diesen einen Punkt sich zusammen. Denn das Pferd ist wie Feuer so schön und in der stürzenden Welt ein Wunder für mich. Ich will es bewundern, ich glaube, sonst müßte ich hassen, ich kann nichts mehr glauben, ich wäre verloren, glaube ich.
Auch wenn ich nicht im Stall bin, beschäftigt es meine Gedanken. Es läutet, ich gehe zur Gassenschenke und nehme den Krug an.
»Dunkel,« frage ich, »oder hell?«[15]
»Wie immer.«
Ich bücke mich unter die Leiste vom Schiebefenster, ich sehe den Mann sonst nicht genau, der ein Stammkunde ist und darauf pocht. Da trifft mich sein zwinkerndes Auge.
»Na,« sagt er, »Amazonenfrau! Immer noch keinen Mann?«
»Ich mag keinen,« sage ich kalt, so was regt mich nicht auf.
Andere sagen zu mir noch ganz andere Sachen, und ich sitze einmal da an dem Tisch, einmal dort und sitze bei keinem zu lang. Über keinen denke ich nach, ich sehe jedes Glas, wenn es leer wird. Muß ich trinken, stelle ich mir Schaum hin und behaupte, der ist mir am liebsten.
Ich fühle mich unglaublich sicher, ich habe das Pferd jetzt, habe den Sperrkreis, in dem es wirkt. Wie eine Wand steht es zwischen mir und den anderen.
Zuviel Böses habe ich gesehn vor dem Krieg und darin und danach, das Böse von allen Seiten. Wie kann es das gleiche sein wie zuvor und wem soll man traun? Der spielt Fußball mit dir, dem du traust.[16] Es sank in mir auf

---

10 *in einem fort* : constantly, continuously
11 *alle zwei* : both, together
12 *wie* (colloq.) : here = *als*
13 *man hat sie verbogen in lauter Pein* : it (the horse's spirit) was broken through sheer torture
14 *kann nichts dafür* : can't help it
15 *Dunkel . . . oder hell?* : dark or light beer
16 *Der spielt Fußball mit dir, dem du traust* : Anyone you trust will just kick you around

den Grund, geht seitdem nicht mehr weg, wie ein Stein blieb es liegen. Will ich zum Menschen, heißt es springen über den Stein.[17] Es wühlt in mir, lohnt denn das Springen? Bitter zuweilen stößt es mir auf, es müßte um Gottes willen sich lohnen. Ich erkenne, daß das mein Wunsch ist. Die Erfahrung ist anders, die Menschen sind böse, sehe ich. Es gibt Gesichter, die gefallen einem vom Anschaun, man möchte hinzu wie die Motte ans Licht. Ich kanns übertäuben. Warum so nah? Daß er mich frißt? Ich bin auch nicht mehr so allein, ich habe das Pferd jetzt.

Und so schön ist mir keiner, daß mich nach ihm verlangt,[18] in die sichere Hölle vielleicht, und so redet keiner mir nach dem Mund, über den Weg trau ich keinem.[19] Ich weiß, wo die Roheit aufkommt mit der Gewohnheit,[20] zuviel ist geschehn, die Welt wird nicht besser, sehe ich. Ich bin auch sicher, ich habe das Pferd jetzt.

Ein Zirkus kommt in die Stadt draußen vor dem Tor auf der Wiese. Ich gehe nicht hin, habe ich vor. In so einer Stadt natürlich tritt man auf die Leute vom Zirkus, sie schwirren in allen Winkeln. Unverwechselbar sehen sie aus. Viel Zeit haben sie nicht, sie kommen nur kurz herein zum Anschaun und Angeschautwerden, sie haben in ihrem Gang eine Uhr, soundsoviel Minuten. Sie blicken dir fest ins Gesicht, denn sie treffen dich nie mehr, ihr Blick wandert dann weiter.

Sie könnten mich neugierig machen, die mit einem Zirkus ziehn, aber ich würde mich vorsehn. Sie leben im Dschungel und bleiben nicht hängen. Sie biegen und brechen. Was sich nicht freiwillig gibt, fällt zurück.

Einer kommt in die Schenke manchmal, wenn die Vorstellung aus ist, so ein Schwarzer[21] mit nach hinten gebürstetem Haar. Er sieht wie ein Dompteur aus, macht aber das andere auch. Seine Hautfarbe ist frisch und durchblutet.

Ein Zirkus hat zu wenig Leute gewöhnlich. Ein Mann muß dort für drei stehn. Mich wundert, wie oft dieser kommt, es wird ihm am Schlafen abgehn. Er hört sich herum, wie es scheint, und sucht was Bestimmtes.

Beim Austreten vorhin im Hof hat er mit dem Knecht gesprochen, nicht zum ersten Mal offenbar. Ich schnappte es zufällig auf, weil ich Fleisch aus dem Eisschrank brauchte. Jetzt sitzt er an seinem Tisch, ich mache mir in der Nähe zu schaffen.[22]

Ich weiß nicht, was ich habe an seinem Gesicht, ich schaue es forschend an

---

17 *heißt es springen über den Stein* : it means I've got to get over it
18 *daß mich nach ihm verlangt* : that I desire him
19 *über den Weg trau ich keinem* : I don't trust anyone farther than I can throw him
20 *wo die Roheit aufkommt mit der Gewohnheit* : how familiarity breeds contempt
21 *ein Schwarzer* : a black-haired man (which leads her to assume he is a gypsy)
22 *mache mir . . . zu schaffen* : to putter about, act busy

und mache eine Reise darin. Das Gesicht ist sehr fest und setzt gern durch, was es vorhat. Da hineinsehn ist nicht anders wie einen tiefen Trunk tun[23] für mich, und ich scheue den Trunk nicht, der Mann geht ja wieder fort. Er unterscheidet sich durchaus von allen.

Er mißt mich mit prüfendem Blick, leert sein Glas, ich muß Frisches bringen.

»Habt ihr kein Pferd für einen Zirkus?« fragt er nebenbei, und ich höre ihn gehn, ich bin mißtrauisch auf der Stelle.

»Wir haben kein Pferd.«

»So? Ich dachte.«

»Wir haben nur mein Pferd, und das ist nicht feil.«

»Wer spricht von kaufen? Ich will das Pferd ja nur leihn. Ich zahle sehr gut für den Tag.«

»Mein Pferd«, sage ich, »muß nichts verdienen.«

»Aber vielleicht macht es ihm Spaß. Wir haben Pferde, die arbeiten gern für den Zirkus.«

Ich antworte nicht mehr darauf. Die Katze ist aus dem Sack und will mir nicht gefallen.[24]

»Sie werfen Diskus?« fragt er mich auf den Kopf zu,[25] bilde ich es mir ein und lauert sein Blick, oder hat es nichts zu bedeuten?[26] Er würde dann aber nicht fragen.

Ich ärgere mich über den Knecht, der ihm was gesteckt haben muß.[27] Soviel gebe ich zu, ich habe es einmal getrieben.

»Man sieht es am Arm,« sagt er und betrachtet mich haargenau, ich stehe am Pranger, vielleicht bilde ich mir das nur ein. »Fast ein Männerarm, wenn man so hinschaut! Der Handteller, unglaublich!«

Ich starre gefroren. Es kann eine Bemerkung aus reinem Unverstand sein. Nein, der Knecht hat den Mund nicht gehalten.

»Warum sind Sie bei dem Sport nicht geblieben?«

Der Kerl fragt mir zuviel.

»Halt! Wohin laufen sie?«

Nun, das kann er sehen wohin. Ich muß ja kassieren, ich gehöre nicht ihm. Ich habe keine Lust mehr und setze mich an einen anderen Tisch, das waren schon zwei Sachen, die mir an ihm nicht paßten. Ich winke der Schwester, daß sie drüben bedient statt meiner,[28] sie macht das sehr

---

23 *nicht anders wie (=als) einen tiefen Trunk tun* : not any different than taking a deep drink, a long draught

24 *Die Katze ist aus dem Sack und will mir nicht gefallen* : he's let the cat out of the bag and I don't like it

25 *auf den Kopf zu* : suddenly, directly

26 *hat es nichts zu bedeuten* : doesn't it mean anything?

27 *der ihm was gesteckt haben muß* : who must have given him some ideas, a clue

28 *statt meiner* : instead of me

unauffällig, sie kennt meine Sprünge.[29]
Ich muß so sitzen, daß er mich anschaut, sein Blick liegt mir im Gesicht wie eine Hand. Das könnte schön sein von diesem Mann, jetzt aber nicht mehr. Außerdem geht es ihm bloß um[30] das Pferd.
Man muß wissen, mit dem Diskuswerfen hatte ich schönen Erfolg in einer Zeit, die auffällig kurz war. Es war eine Leistung wie von einem Mann, noch dazu war ich neu, ich war gar nicht so lang im Training, man konnte sich das nicht erklären. Meine Neider haben dann aufgebracht, daß das nicht mit rechten Dingen zugehen[31] kann, und ich sei in Frauenkleidern ein Mann, unglücklich schon von Geburt. Wie scharf so ein Neid sieht, wie plump kann er übertreiben.
Das weiß ich am besten, daß ich zuviel habe von einem Mann in meiner Art mich zu geben, in der Seele, wenn man so will.[32] Das ist kein Grund mich zu verlästern. Unglück ist es genug und mein schlechter Stern, ich bin zur alten Jungfer geboren.
Der Verein verlangte von mir, daß ich ein ärztliches Zeugnis beibringe. Ich trat aus dem Verein aus, ging in einen anderen, dorthin folgte mir das Gerücht sehr schnell. Auch dieser Verein verlangte ein Zeugnis. Ich trat abermals aus, warf die Scheibe ins Eck, sie war mir verleidet.
Von einem gewissen Standpunkt war es ja falsch. Nun hieß es, sie hat die Untersuchung zu scheun, aber ich konnte nicht helfen. Allem Spott hielt ich stand und wich nicht davon ab. Heutzutage wissen die Menschen nicht mehr, was Keuschheit ist, dachte ich, Sport hat seine Grenzen. Natürlich ist es schlimm, daß der Meute der Mund nicht gestopft ist. Ich lasse mich aber denen zum Spott nicht untersuchen.
Seitdem lebe ich im Zwielicht, ein bißchen anrüchig vielleicht, aber auf meine Art stolz, zwischen den Geschlechtern ein Niemand. Wen geht es was an außer mir[33] und wem falle ich zur Last? Ich bin da, keiner hat mich gefragt, ob ich will. Ich werde was machen aus meinem Leben, ich will schon was leisten.
Der Zirkusmensch steht zum Austreten auf, ich nütze seine Abwesenheit. Unter einem Vorwand rechne ich ab mit den Gästen. Dann ist für mich der Moment, wo ich ungesehen auf mein Zimmer verschwinde, ich lasse alle Arbeit der Schwester allein.
Bei halber Treppe hält es mich auf, das Pferd im Stall tut einen seltsamen

29 *sie kennt meine Sprünge* : she knows the way I do things
30 *geht es im bloß um das Pferd* : he's only concerned about the horse
31 *nicht mit rechten Dingen zugehen* : things aren't as they should be
32 *das ich zuviel habe von einem Mann . . . wenn man so will* : I'm much too masculine in my ways, in my spirit, if you want to put it that way.
33 *Wen geht es was an außer mir* : whom does it concern besides me

Schrei, da wiehert es wieder wie eine Trompete. Was ist mit dem Pferd los? Hinunter die Treppe, hinein in den Stall, finde ich den Zirkusmenschen bei dem Knecht, und sie machen was mit meinem Pferd. Der Zirkusmensch macht es.

Was es ist, kann ich nicht sehn. »Weg von dem Pferd!« schreie ich viel zu spät. Ich hätte gern gewußt, was der Mann mit dem Pferd tat.

Der Knecht verteidigt sich, er hat das Pferd nur gezeigt, das wird kaum verboten sein, wenn sonst nichts passiert ist.

»Es ist aber was passiert,« behaupte ich unnötig laut, ich vergesse nie, wie es schrie. Beweisen konnte ich nichts. Es gibt von Zigeunern so Tricks.

»Na«, sagt der Knecht ganz ohne Scham, »gegen Sympathie läßt sich nichts machen.«

Denn der Zirkusmensch geht aus dem Stall und das Pferd ihm nach, als zöge er es mit einem Duft, es ist nicht an der Kette. Es reibt sich an ihm und sprüht dicke Flocken von Schaum, der Mann wird ganz naß übers Gesicht und zwickt die Augen lachend zusammen, er kann in lauter Liebe sich baden.

An mir ging es vorbei wie an einem Pfahl. Ich könnte weinen, denn das ist mein Pferd. Der Mann schüttelt sich ab, die Spritzer springen mir gegen den Mund und ich wische nichts weg. Ich gehe auf mein Pferd zu, will es am Zügel fassen, ihm, wer sein Herr ist, zeigen.

Wie die Schlange fährt es herum, und ich springe weg mit einem Satz,[34] der Satan wollte mich beißen. Ich bebe am ganzen Leib vor seinem unerklärlichen Haß, die Knie geben unter mir nach, und es ist die eindeutige Niederlage vor einem Mann, oh, es ist schändlich.

Habe ich es nicht verteidigt vor diesem Mann? Mein Pferd, habe ich gesagt, muß nichts verdienen. Jetzt bringe ich es nicht einmal mehr in den Stall, bis es der Zirkusmensch selber zurückführt, im Augenwinkel männlichen Spott.

Ich stehe im Hof ganz betäubt. Der Mann kommt heran mit dem Knecht, sagt, es ist eine Sünde an so einem Pferd, ich soll es ihm einen Tag wenigstens lassen.

»Dann wird es bloß fremd,« wehre ich ab.

Der Mann redet lange Zeit auf mich ein, auch der Knecht, der ihm alles gesteckt hat.

---

34 *mit einem Satz* : with one bound

»Schieben Sie Ihren Satan doch ab,« schreit der geradeheraus, »man ist ja im Stall seines Lebens nicht sicher.«[35]

Ich weigere mich die ganze Zeit, ich bin so böse auf den Mann, wie ich ihm gar nicht zeige, mich schüttelts von innen heraus.[36] Mittendrin reiße ich alles ab und schlage die Tür hinter mir zu, ich bin im Stall, wo mich aber das Pferd nicht heranläßt, es ist aufsässig gegen mich wie gegen den Knecht. Ich rufe hinaus in den Hof, der Knecht muß mir auf der Stelle das Pferd an die Kette legen, das muß er sonst nicht.

Vielleicht bin ich verrückt, ich fürchte, daß es mir nicht mehr dableibt. Ich habe gelebt in dem Wahn, das Pferd und ich, wir gehören zusammen. So einer brauchte bloß kommen! Natürlich hat so ein Dompteur was im Griff, was ein Laie nicht in der Hand haben kann, es gibt von den Zigeunern so Tricks. Ich bin noch dazu eine Frau, aber das Pferd war mein höchstes Gut und in der stürzenden Welt ein Wunder für mich. Darum war es nicht fair von dem Mann. Da stehe ich und denke nach, ich schlucke und gehe nach oben.

Ich will den Schlüssel umdrehen zu meiner Tür, da warnt mich was, vielleicht ein Geräusch, das Herz schlägt mir bis in den Hals.[37] Bis ich mich umdrehe, hat der Mann mir doch abgepaßt und nimmt mich noch in den Arm nach allem, was er mir antat.[38] Ich mache mich steif, weiter nichts, ich wehre mich nicht so besonders.

Ich will nichts schmecken und schmecke auch nichts von dem Kuß, ohne Leben hänge ich in seinem Arm. Natürlich will er mich erpressen.

»So wach doch auf, Dummes,« sagt er und hält meine Brust in der Hand.

»Du siehst doch, ich glaubs doch nicht,«[39] sagt er und steht vor mir wie ein Dieb in der Nacht.

So können sie zu einem kommen, anders kommen sie nicht. Sie nehmen einem noch weg, was man hat. Ich kann nichts dafür, ich bin wachsendes Eis. Und der macht mich nicht schwach. Den kriege ich klein,[40] denke ich langsam, ich kann nämlich denken. Ganz sacht dränge ich ihn von mir ab, ich rate ihm höhnisch, er muß das schon glauben. Hier bitte, ein Freibrief![41] Er läßt mich los wie gestochen, ich könnte ihm heut noch dafür eine Ohrfeige geben.

Die Nacht ist nicht schön, aber ich habe ein Kopfkissen, wenn ich losschreien möchte, und ich habe mich in einer Weise entscheiden. Es ist

---

35 *ist . . . seines Lebens nicht sicher* : risks his life
36 *mich schüttelts von innen heraus* : I'm trembling inside
37 *das Herz schlägt mir bis in den Hals* : my heart is in my mouth
38 *nach allem, was er mir antat* : after everything that he had done to me
39 *"ich glaubs doch nicht"* : "I don't believe it"– the circus man indicates that he would not be assaulting her sexually if he had believed the rumors about her prowess in discus throwing being indicative of her masculine nature
40 *Den kriege ich klein* : I'll get him, show him
41 *Hier bitte, ein Freibrief!* : (cynically) Here's your chance!

doch gut, wenn man das tut, sonst vergißt man sich noch und glaubt an ein verfluchtes Glück.

Am anderen[42] Tag habe ich eine eilige Fuhr, da holt mich beinahe der Teufel.

Ich könnte daran ja gewöhnt sein, immer wird es auf der Landstraße eine Jagd, das Pferd will mich messen. Es fordert mich immer heraus, das ist seine Lust, das war meine Lust, so waren wir beide eine Paar. Heut bin ich dem Pferd nicht gewachsen.[43] Ich bin ganz woanders noch immer.

So schnell löst man sich nicht ab, auch wenn es entschieden ist und schon vorgezeichnet, bewältigt ist es noch nicht. Sichtrennenmüssen ist schwere Arbeit für mich, wo man gründlich sich loswühlen muß, ich bin noch am Wühlen.

Das Pferd spürt den Bruch zwischen mir und ihm. Es tut seinen Satz mittendrin,[44] als ob es den Wagen abschütteln möchte, ich fange den Wagen nicht völlig ab, heute nicht. Dann geht es los mit allen Schikanen, ich habe Gott sei Dank keine Flaschen.

Im schleudernden Wagen stemme ich mich zurück mit aller Kraft, noch habe ich die Zügel, spüre aber, ich werde ihm nicht Herr, das Pferd wird mir den Arm noch auskegeln, spüre ich.

»So wart' doch«, schreie ich ganz sinnlos, ich gebe ihm keine Namen, das nicht.

Habe ich es nicht geliebt, dieses Pferd, schön wie Feuer, und in der stürzenden Welt ein Wunder für mich? Nimmst du mir das Leben, denke ich.

Zur Angst habe ich keine Zeit, nur zu,[45] denke ich, im Nu kann es aus sein.[46] Ich habe einen kalten Mut in dem Moment und alles Leben im Arm, mir liegt soviel nicht am Leben,[47] das hier geht schnell, weiß ich.

Einmal hat es mich schon vom Sitz heruntergezogen, ein paar Schritt bin ich mitgelaufen sogar in einer häßlichen Hast zwischen den Hinterbeinen von einem Pferd, die mein armseliges Laufen gefährlich umgriffen, da war nicht viel Platz für den Fuß, es war häßlich, immer den Wagen hinter mir her. Wenn er mich faßte, kam ich unter das Rad, nur mitkommen, nicht stolpern! Ich weiß nicht durch welchen Ruck bekam ich mit dem Hintern den Wagen zu fassen, ich stemmte und schob mich hinauf, ich war König, ich war wieder droben.[48]

Das war aber eine Gunst, wie der Mensch sie nur einmal bekommt in sei-

---

42 *anderen* : (here) following, next
43 *Heut bin ich dem Pferd nicht gewachsen* : today I'm not up to handling the horse
44 *Es tut seinen Satz mittendrin* : it rears up and breaks gait
45 *nur zu* : just keep going, right on
46 *im Nu kann es aus sein* : it could be all over in no time
47 *mir liegt soviel nicht am Leben* : life doesn't mean that much to me
48 *ich war wieder droben* : I was on top again

nem Leben, wiederholen möchte ich das nicht. Die Tour ist mir verleidet, überfahren werden möchte ich nicht, dann schon lieber erstürzen. Ich seh mich noch laufen zwischen den Hinterbeinen von einem Pferd, dann klopft mir das Herz bis hinauf in den Hals, das ist eine Erfahrung.

So oder so, das Pferd ist für mich verdorben.

Noch am gleichen Tag schreibe ich an den Zirkus, das Pferd ist mir feil. Ich mache alles schriftlich und durch den Knecht, ich kann den Mann bei dem Handel entbehren. Er hat das Pferd draußen zur Probe, schickt es aber noch einmal heim, vielleicht um den Preis zu drücken. Dann nimmt er es doch, was sage ich, bekommt es von mir so gut wie geschenkt[49] gegen alte Währung in lumpigen Rentenmark,[50] die Währungsumstellung ist kurz danach, keiner gibt Sachwerte aus der Hand. Wenn das knapp an der Umstellung kein Streich war![51]

Das Pferd wenigstens hat seine Freude und ist stolz abends in der Vorstellung, wie man mir sagt. Es soll in seinem Schmuck und all dem Glanz um sich herum nur so steigen.

Nach einer Zeit schreibt der Zirkusmensch mir eine Karte von Aachen,[52] sie haben dort Winterquartier, der Gaul macht sich glänzend, wenn ich Lust habe, soll ich hinfahren und sie beide besuchen.

Ich hätte gern gesehn, was seitdem geworden ist aus meinem Pferd. Ich suche Aachen in meinem Atlas heraus und alle großen Stationen, an denen ich vorbeifahren müßte. Ich habe in Aachen mein zweites Ich, meine Gedanken sind dort. Ich müßte hinfahren, wenn ich täte, was einem so vorschwebt, natürlich tue ich das nicht. Ich wüßte gar nicht, wie es begründen.

49 *so gut wie geschenkt* : almost given away
50 *Rentenmark* : stabilized currency (in the Weimar Republic) based on land values, but devalued during World War II and quite worthless before 1948, when the new Deutsche Mark was introduced. 10 Rentenmark = 1 Deutsche Mark.
51 *Wenn das . . . kein Streich war!* : If that wasn't a coup so close to the revaluation!
52 *Aachen* : ancient city on the border to Belgium and the Netherlands, now an important industrial center of North-Rhine Westphalia

*"Alles, was Kinder sagen, tun, hat eine
Entsprechung im Verhalten Erwachsener
und ist doch auch etwas ganz für sich, in
das deine Erinnerung hinabreicht,
weshalb man den Kindern auch nie
eigentlich helfen, sie nur vor den
besonders vergeßlichen Erwachsenen zu
schützen versuchen kann."*

(Aus: Wohin denn ich, 1963)

MARIE LUISE KASCHNITZ

The literary career of Marie Luise Kaschnitz, spanning four decades
between 1933 and 1974, offers an interesting example of the ways in which
a woman writer comes to terms with the conflict between societal norms
and personal aspiration. Born to aristocratic parents in Karlsruhe in 1901,
she learned the book trade and worked for a rare book dealer in Rome,
where she met the Viennese archaeologist Guido Freiherr von Kaschnitz-
Weinberg, whom she married in 1925. Until his death in 1958, she followed him to wherever his work took him, to university cities in Germany
and to archaeological projects in Italy, Greece, Northern Africa, and
Turkey.

Although she published some short stories as early as 1928 as well as
some minor novels in the years before the war (*Liebe beginnt*, 1933, and
Elissa, 1937), Kaschnitz's major achievements are her published essays,
poetry, short stories, and radio plays of the post-war years. The volume of
fiction whose title story is presented here appeared in 1952; in 1955 she was
awarded the prestigious Georg Büchner Prize. Her fascination with the
theme of childhood and youth, particularly that of girls and young women
is also reflected in her somewhat enigmatic autobiographical novel, *Haus
der Kindheit*, which appeared in 1956, and the title story of another
anthology, *Lange Schatten*, 1960.

After more than thirty years of reconciling her literary activities with
what she regarded as her "main career" as wife and mother (like Anna
Seghers, she admitted to stealing into a café in order to write a little),
Kaschnitz was devastated by the death of her husband in 1958. But, as her
autobiographical notes in *Wohin denn ich* (1963) soon indicated, she
managed to transform her personal grief into a new literary productivity.
Subsequent volumes reflect the amazing courage which she found in her
seventh and eighth decades to question her own previous work and to find
her way to another, more harsh and terse style, one which reflected a
heightened awareness of events beyond the purely personal realm: the brutality of the urban landscape, world starvation, the slaughter in Vietnam,
the German terrorist movement and the hypocrisy it evoked. In

re-examining her own position and her need to do something with her remaining years in the world, she gives public voice to her private struggle to remain alive, active and communicative despite the inevitable proximity of old age and death. The frustrations she experiences in reconciling her social conscience with her private predilections thus constitute the material of the moving, diary-like volumes: *Tage, Tage, Jahre* (1968), *Steht noch dahin* (1970), and *Orte* (1973). In the year before her death in 1974 she commented on the emergence of her "bad conscience" as a writer: "Der Wunsch, das Schreckliche zu bannen, mag die Ursache meiner traurigen Gedichte und pessimistischen Geschichten gewesen sein.... Allerdings genüge mir, die schlimmen Dinge anzuzeigen. Eine Kämpferin war ich nie" (*Orte,* 1973).

In the years between 1958 and her death, Kaschnitz published over a dozen volumes of poetry and prose and was awarded most of the major honors bestowed by the German world of letters. In 1960 she held the chair for poetics at Frankfurt University, which also awarded her an honorary doctorate in 1968.

In reading "Das dicke Kind," try to analyze what it is about this child which so disturbs the narrator. Although she professes a sense of repulsion towards the silent presence of the girl, she is mysteriously compelled to follow her to the frozen lake. Analyze how Kaschnitz tempers the sense of the ominous and incomprehensible, almost supernatural in the relationship of the narrator and the girl in this story with profound psychological insights. Why does she repeatedly describe the fat child with the imagery of the caterpillar? How many examples of this can you find? Why does the narrator finally decide to save the girl, despite her initial hopes that the "Wassermann" would claim her life? What is this story "really" about?

Das dicke Kind

Es war Ende Januar, bald nach den Weihnachtsferien, als das dicke Kind zu mir kam. Ich hatte in diesem Winter angefangen, an die Kinder aus der Nachbarschaft Bücher auszuleihen, die sie an einem bestimmten Wochentag holen und zurückbringen sollten. Natürlich kannte ich die meisten dieser Kinder, aber es kamen auch manchmal Fremde, die nicht in unserer Straße wohnten. Und wenn auch die Mehrzahl von ihnen gerade nur so lange Zeit blieb, wie[1] der Umtausch in Anspruch nahm, so gab es doch einige, die sich hinsetzten und gleich auf der Stelle[2] zu lesen begannen. Dann saß ich an meinem Schreibtisch und arbeitete, und die Kinder saßen an dem kleinen Tisch bei der Bücherwand, und ihre Gegenwart war mir angenehm und störte mich nicht.

Das dicke Kind kam an einem Freitag oder Samstag, jedenfalls nicht an dem zum Ausleihen bestimmten Tag.[3] Ich hatte vor, auszugehen und war im Begriff,[4] einen kleinen Imbiß, den ich mir gerichtet hatte, ins Zimmer zu tragen. Kurz vorher hatte ich einen Besuch gehabt und dieser mußte wohl vergessen haben, die Eingangstüre zu schließen. So kam es, daß das dicke Kind ganz plötzlich vor mir stand, gerade als ich das Tablett auf den Schreibtisch niedergesetzt hatte und mich umwandte, um noch etwas in der Küche zu holen. Es war ein Mädchen von vielleicht zwölf Jahren, das einen altmodischen Lodenmantel und schwarze, gestrickte Gamaschen anhatte und an einem Riemen ein paar Schlittschuhe trug, und es kam mir bekannt, aber doch nicht richtig bekannt vor, und weil es so leise hereingekommen war, hatte es mich erschreckt.

Kenne ich Dich? frage ich überrascht.

Das dicke Kind sagte nichts. Es stand nur da und legte die Hände über seinem runden Bauch zusammen und sah mich mit seinen wasserhellen Augen an.

Möchtest Du ein Buch? fragte ich.

Das dicke Kind gab wieder keine Antwort. Aber darüber wunderte ich mich nicht allzu sehr. Ich war es gewohnt, daß die Kinder schüchtern waren und daß man ihnen helfen mußte. Also zog ich ein paar Bücher heraus und legte sie vor das fremde Mädchen hin. Dann machte ich mich daran, eine der Karten auszufüllen, auf welchen die entliehenen Bücher

---

1 *wie* (colloq) : here = *als*
2 *gleich auf der Stelle* : on the spot, immediately
3 *an dem zum Ausleihen bestimmten Tag* : on the day which was set for borrowing (books)
4 *im Begriff* : in the process, just about to

aufgezeichnet wurden.

Wie heißt Du denn? fragte ich.

Sie nennen mich die Dicke, sagte das Kind.

Soll ich Dich auch so nennen? fragte ich.

Es ist mir egal, sagte das Kind. Es erwiderte mein Lächeln nicht, und ich glaube mich jetzt zu erinnern, daß sein Gesicht sich in diesem Augenblick schmerzlich verzog. Aber ich achtete darauf nicht.

Wann bist Du geboren?, fragte ich weiter.

Im Wassermann,[5] sagte das Kind ruhig.

Diese Antwort belustigte mich und ich trug sie auf der Karte ein, spaßeshalber gewissermaßen, und dann wandte ich mich wieder den Büchern zu.

Möchtest Du etwas Bestimmtes? fragte ich.

Aber dann sah ich, daß das fremde Kind gar nicht die Bücher ins Auge faßte, sondern seine Blicke auf dem Tablett ruhen ließ, auf dem mein Tee und meine belegten Brote standen.

Vielleicht möchtest Du etwas essen, sagte ich schnell.

Das Kind nickte, und in seiner Zustimmung lag etwas wie ein gekränktes Erstaunen darüber, daß ich erst jetzt auf diesen Gedanken kam.[6] Es machte sich daran, die Brote eins nach dem andern zu verzehren, und es tat das auf eine besondere Weise, über die ich mir erst später Rechenschaft gab. Dann saß es wieder da und ließ seine trägen kalten Blicke im Zimmer herumwandern, und es lag etwas in seinem Wesen, das mich mit Ärger und Abneigung erfüllte. Ja gewiß, ich habe dieses Kind von Anfang an gehaßt. Alles an ihm hat mich abgestoßen, seine trägen Glieder, sein hübsches, fettes Gesicht, seine Art zu sprechen, die zugleich schläfrig und anmaßend war. Und obwohl ich mich entschlossen hatte, ihm zuliebe[7] meinen Spaziergang aufzugeben, behandelte ich es doch keineswegs freundlich, sondern grausam und kalt.

Oder soll man es etwa freundlich nennen, daß ich mich nun an den Schreibtisch setzte und meine Arbeit vornahm und über meine Schulter weg sagte, lies jetzt,[8] obwohl ich doch ganz genau wußte, daß das fremde Kind gar nicht lesen wollte? Und dann saß ich da und wollte schreiben und brachte nichts zustande, weil ich ein sonderbares Gefühl der Peinigung hatte, so, wie wenn man etwas erraten soll und errät es nicht, und ehe man

---

5 *Wassermann* : under the sign of Aquarius (the water bearer, Jan. 20–Feb. 18). Kaschnitz' birthdate was Jan. 31, 1901.

6 *daß ich erst jetzt auf diesen Gedanken kam* : that I only now got the idea

7 *ihm zuliebe* : for the child's sake

8 *über meine Schulter weg sagte, lies jetzt* : said over my shoulder, "get on with your reading"

es nicht erraten hat,[9] kann nichts mehr so werden wie es vorher war. Und eine Weile lang hielt ich das aus, aber nicht sehr lange, und dann wandte ich mich um und begann eine Unterhaltung und es fielen mir nur die törichtsten Fragen ein.

Hast Du noch Geschwister, fragte ich.

Ja, sagte das Kind.

Gehst Du gern in die Schule, fragte ich.

Ja, sagte das Kind.

Was magst Du denn am liebsten?

Wie bitte? fragte das Kind.

Welches Fach, sagte ich verzweifelt.

Ich weiß nicht, sagte das Kind.

Vielleicht Deutsch? fragte ich.

Ich weiß nicht, sagte das Kind.

Ich drehte meinen Bleistift zwischen den Fingern, und es wuchs etwas in mir auf, ein Grauen, das mit der Erscheinung des Kindes in gar keinem Verhältnis stand.

Hast Du Freundinnen? fragte ich zitternd.

O ja, sagte das Mädchen.

Eine hast Du doch sicher am liebsten? fragte ich.

Ich weiß nicht, sagte das Kind, und wie es dasaß in seinem haarigen Loden-mantel, glich es einer fetten Raupe, und wie eine Raupe hatte es auch gegessen und wie ein Raupe witterte es jetzt wieder herum.

Jetzt bekommst Du nichts mehr, dachte ich, von einer sonderbaren Rach-sucht erfüllt. Aber dann ging ich doch hinaus und holte Brot und Wurst, und das Kind starrte darauf mit seinem dumpfen Gesicht, und dann fing es an zu essen, wie eine Raupe frißt, langsam und stetig, wie aus einem inneren Zwang heraus, und ich betrachtete es feindlich und stumm.

Denn nun war es schon soweit,[10] daß alles an diesem Kind mich aufzure-gen und zu ärgern begann. Was für ein albernes, weißes Kleid, was für ein lächerlicher Stehkragen dachte ich, als das Kind nach dem Essen seinen Mantel aufknöpfte. Ich setzte mich wieder an meine Arbeit, aber dann hörte ich das Kind hinter mir schmatzen, und dieses Geräusch glich dem trägen Schmatzen eines schwarzen Weihers irgendwo im Walde, es brachte mir alles wässerig Dumpfe, alles Schwere und Trübe der Menschennatur

---

9 *ehe man es nicht erraten hat* : and until one has guessed it
10 *Denn nun war es schon soweit* : Because now it had gotten to the point

zum Bewußtsein und verstimmte mich sehr. Was willst Du von mir, dachte ich, geh fort, geh fort. Und ich hatte Lust, das Kind mit meinen Händen aus dem Zimmer zu stoßen, wie man ein lästiges Tier vertreibt. Aber dann stieß ich es nicht aus dem Zimmer, sondern sprach nur wieder mit ihm, und wieder auf dieselbe grausame Art.

Gehst Du jetzt aufs Eis? fragte ich.

Ja, sagte das dicke Kind.

Kannst Du gut Schlittschuhlaufen? fragte ich und deutete auf die Schlittschuhe, die das Kind noch immer am Arm hängen hatte.

Meine Schwester kann gut, sagte das Kind, und wieder erschien auf seinem Gesicht ein Ausdruck von Schmerz und Trauer und wieder beachtete ich ihn nicht.

Wie sieht Deine Schwester aus? fragte ich. Gleicht sie Dir? Ach nein, sagte das dicke Kind. Mein Schwester ist ganz dünn und hat schwarzes, lockiges Haar. Im Sommer, wenn wir auf dem Land sind, steht sie nachts auf, wenn ein Gewitter kommt und sitzt oben auf der obersten Galerie auf dem Geländer und singt.

Und Du? fragte ich.

Ich bleibe im Bett, sagte das Kind. Ich habe Angst.

Deine Schwester hat keine Angst, nicht wahr? sagte ich. Nein, sagte das Kind. Sie hat niemals Angst. Sie springt auch vom obersten Sprungbrett. Sie macht einen Kopfsprung, und dann schwimmt sie weit hinaus. . . .

Was singt Deine Schwester denn? fragte ich neugierig.

Sie singt, was sie will, sagte das dicke Kind traurig. Sie macht Gedichte.

Und Du? fragte ich.

Ich tue nichts, sagte das Kind. Und dann stand es auf und sagte, ich muß jetzt gehen. Ich streckte meine Hand aus, und es legte seine dicken Finger hinein, und ich weiß nicht genau, was ich dabei empfand, etwas wie eine Aufforderung, ihm zu folgen, einen unhörbaren dringlichen Ruf. Komm einmal wieder, sagte ich, aber es war mir nicht ernst damit,[11] und das Kind sagte nichts und sah mich mit seinen kühlen Augen an. Und dann war es fort, und ich hätte eigentlich Erleichterung spüren müssen. Aber kaum, daß ich die Wohnungstür ins Schloß fallen hörte, lief ich auch schon auf den Korridor hinaus und zog meinen Mantel an. Ich rannte ganz schnell die Treppe hinunter und erreichte die Straße in dem Augenblick,

11 *es war mir nicht ernst damit* : I didn't mean it, wasn't serious about it

in dem das Kind um die nächste Ecke verschwand.

Ich muß doch sehen, wie diese Raupe Schlittschuh läuft, dachte ich. Ich muß doch sehen, wie sich dieser Fettkloß auf dem Eise bewegt. Und ich beschleunigte meine Schritte, um das Kind nicht aus den Augen zu verlieren. Es war am frühen Nachmittag gewesen, als das dicke Kind zu mir ins Zimmer trat, und jetzt brach die Dämmerung herein. Obwohl ich in dieser Stadt einige Jahre meiner Kindheit verbracht hatte, kannte ich mich doch nicht mehr gut aus, und während ich mich bemühte, dem Kinde zu folgen, wußte ich bald nicht mehr, welchen Weg wir gingen, und die Straßen und Plätze, die vor mir auftauchten, waren mir völlig fremd. Ich bemerkte auch plötzlich eine Veränderung in der Luft. Es war sehr kalt gewesen, aber nun war ohne Zweifel Tauwetter eingetreten und mit so großer Gewalt, daß der Schnee schon von den Dächern tropfte und am Himmel große Föhnwolken ihres Weges zogen.[12] Wir kamen vor die Stadt hinaus, dorthin, wo die Häuser von großen Gärten umgeben sind, und dann waren gar keine Häuser mehr da, und dann verschwand plötzlich das Kind und tauchte eine Böschung hinab. Und wenn ich erwartet hatte, nun einen Eislaufplatz vor mir zu sehen, helle Buden und Bogenlampen und eine glitzernde Fläche voll Geschrei und Musik, so bot sich mir jetzt ein ganz anderer Anblick. Denn dort unten lag der See, von dem ich geglaubt hatte, daß seine Ufer mittlerweile alle bebaut worden wären: er lag ganz einsam da, von schwarzen Wäldern umgeben und sah genau wie in meiner Kindheit aus. Dieses unerwartete Bild erregte mich so sehr, daß ich das fremde Kind beinahe aus den Augen verlor. Aber dann sah ich es wieder, es hockte am Ufer und versuchte, ein Bein über das andere zu legen und mit der einen Hand den Schlittschuh am Fuß festzuhalten, während es mit der andern den Schlüssel herumdrehte. Der Schlüssel fiel ein paar Mal herunter, und dann ließ sich das dicke Kind auf alle Viere fallen[13] und rutschte auf dem Eis herum, und suchte und sah wie eine seltsame Kröte aus. Überdem wurde es immer dunkler, der Dampfersteg, der nur ein paar Meter von dem Kind entfernt in den See vorstieß, stand tiefschwarz über der weiten Fläche, die silbrig glänzte, aber nicht überall gleich, sondern ein wenig dunkler hier und dort, und in diesen trüben Flecken kündigte sich das Tauwetter an. Mach doch schnell, rief ich ungeduldig, und die Dicke beeilte sich nun wirklich, aber nicht auf mein Drängen hin,[14]

---

12 *ihres Weges zogen* : went on their way
13 *auf alle Viere fallen* : to fall down on one's hands and knees
14 *auf mein Drängen hin* : in response to my urging

sondern weil draußen vor dem Ende des langen Dampfersteges jemand winkte und »Komm Dicke« schrie, jemand, der dort seine Kreise zog,[15] eine leichte, helle Gestalt. Es fiel mir ein, daß dies die Schwester sein müsse, die Tänzerin, die Gewittersängerin, das Kind nach meinem Herzen,[16] und ich war gleich überzeugt, daß nichts anderes mich hierhergelockt hatte als der Wunsch, dieses anmutige Wesen zu sehen. Zugleich aber wurde ich mir auch der Gefahr bewußt,[17] in der die Kinder schwebten. Denn nun begann mit einem Mal dieses seltsame Stöhnen, diese tiefen Seufzer, die der See auszustoßen scheint, ehe die Eisdecke bricht. Diese Seufzer liefen in der Tiefe hin[18] wie eine schaurige Klage, und ich hörte sie und die Kinder hörten sie nicht.

Nein gewiß, sie hörten sie nicht. Denn sonst hätte sich die Dicke, dieses ängstliche Geschöpf, nicht auf den Weg gemacht, sie wäre nicht mit ihren kratzigen unbeholfenen Stößen immer weiter hinausgestrebt, und die Schwester draußen hätte nicht gewinkt und gelacht und sich wie eine Ballerina auf der Spitze ihres Schlittschuhs gedreht, um dann wieder ihre schönen Achter zu ziehen, und die Dicke hätte die schwarzen Stellen vermieden, vor denen sie jetzt zurückschreckte, um sie dann doch zu überqueren, und die Schwester hätte sich nicht plötzlich hoch aufgerichtet und wäre nicht davon geglitten, fort, fort, einer der kleinen einsamen Buchten zu.[19]

Ich konnte das alles genau sehen, weil ich mich daran gemacht hatte, auf dem Dampfersteg hinauszuwandern, immer weiter, Schritt für Schritt. Trotzdem die Bohlen vereist waren,[20] kam ich doch schneller vorwärts, als das dicke Kind dort unten, und wenn ich mich umwandte, konnte ich sein Gesicht sehen, das einen dumpfen und zugleich sehnsüchtigen Ausdruck hatte. Ich konnte auch die Risse sehen, die jetzt überall aufbrachen und aus denen wie Schaum vor die Lippen des Rasenden, ein wenig schäumendes Wasser trat. Und dann sah ich natürlich auch, wie unter dem dicken Kind das Eis zerbrach. Denn das geschah an der Stelle, an der die Schwester vordem getanzt hatte und nur wenige Armlängen vor dem Ende des Stegs. Ich muß gleich sagen, daß dieses Einbrechen kein lebensgefährliches war. Der See gefriert in ein paar Schichten, und die zweite lag nur einen Meter unter der ersten und war noch ganz fest. Alles was geschah, war, daß die Dicke einen Meter tief im Wasser stand, im eisigen

---

15 *seine Kreise zog* : was tracing circles (on the ice)
16 *nach meinem Herzen* : of my dreams, my ideal
17 *wurde ich mir auch der Gefahr bewußt* : I also became aware of the danger
18 *Diese Seufzer liefen in der Tiefe hin* : These sighs (groans) spread in the depths
19 *einer der kleinen einsamen Buchten zu* : towards one of the small, secluded coves
20 *Trotzdem die Bohlen vereist waren* : In spite of the fact that the planks were covered with ice

Wasser freilich und umgeben von bröckelnden Schollen, aber wenn sie nur ein paar Schritte durch das Wasser watete, konnte sie den Steg erreichen und sich dort hinaufziehen, und ich konnte ihr dabei behilflich sein. Aber ich dachte trotzdem gleich, sie wird es nicht schaffen, und es sah auch so aus, als ob sie es nicht schaffen würde, wie sie da stand, zu Tode erschrocken und nur ein paar unbeholfene Bewegungen machte, und das Wasser strömte um sie herum und das Eis unter ihren Händen zerbrach. Der Wassermann, dachte ich, jetzt zieht er sie hinunter, und ich spürte gar nichts dabei, nicht das geringste Erbarmen und rührte mich nicht. Aber nun hob die Dicke plötzlich den Kopf, und weil es jetzt vollends Nacht geworden und der Mond hinter den Wolken erschienen war, konnte ich deutlich sehen, daß etwas in ihrem Gesicht sich verändert hatte. Es waren dieselben Züge und doch nicht dieselben, aufgerissen waren sie von Willen und Leidenschaft, als ob sie nun, im Angesicht des Todes, alles Leben tränken, alles glühende Leben der Welt. Ja, das glaubte ich wohl, daß der Tod nahe und dies das letzte sei, und beugte mich über das Geländer und blickte in das weiße Antlitz unter mir, und wie ein Spiegelbild sah es mir entgegen aus der schwarzen Flut. Da aber hatte das dicke Kind den Pfahl erreicht. Es streckte die Hände aus und begann sich heraufzuziehen, ganz geschickt hielt es sich an den Nägeln und Haken, die aus dem Holze ragten. Sein Körper war zu schwer, und seine Finger bluteten, und es fiel wieder zurück, aber nur, um wieder von neuem zu beginnen. Und das war ein langer Kampf, ein schreckliches Ringen um Befreiung und Verwandlung, wie das Aufbrechen einer Schale oder eines Gespinstes, dem ich da zusah, und jetzt hätte ich dem Kinde wohl helfen mögen, aber ich wußte, ich brauchte ihm nicht mehr zu helfen — ich hatte es erkannt...

An meinen Heimweg an diesem Abend erinnere ich mich nicht. Ich weiß nur, daß ich auf unserer Treppe einer Nachbarin erzählte, daß es noch jetzt ein Stück Seeufer gäbe mit Wiesen und schwarzen Wäldern, aber sie erwiderte mir, nein, das gäbe es nicht. Und daß ich dann die Papiere auf meinem Schreibtisch durcheinandergewühlt fand und irgendwo dazwischen ein altes Bildchen, das mich selbst darstellte, in einem weißen Wollkleid mit Stehkragen, mit hellen wäßrigen Augen und sehr dick.

ILSE AICHINGER

Born in Vienna in 1921, Ilse Aichinger first came to public attention
when "Spiegelgeschichte," a short story from her anthology, *Rede unter
dem Galgen*, won the prize of the Gruppe 47 in 1952. A year earlier she
had first participated in the meetings of the group with a reading of "Der
Gefesselte," which had also been well-received. When Aichinger's 1952
anthology appeared in a West German edition in 1953, its title was, in fact,
changed to *Der Gefesselte*. It was also through Gruppe 47, a literary forum
organized and led since 1947 by the writer and publisher Hans Werner
Richter, that she met her late husband, poet and radio-play author Günter
Eich, whom she married in 1953.

Since the recognition accorded to her by Gruppe 47, her work has won
nearly a dozen prizes, including the Austrian State Prize in 1952, membership in the Berlin Academy of Art and the German Academy of Language
and Literature, and, most recently, the Petrarch Prize in 1982. Although
she completed her Abitur in 1939, Aichinger was not able to begin her
university studies until 1945, having spent the war years in nightmarish
attempts to save her Jewish mother from the Nazis. Much of this
experience is reflected in her only novel, *Die größere Hoffnung*, published
in 1948. After five semesters at the university, Aichinger gave up the study
of medicine in order to devote herself to her writing, taking a position with
her Vienna publisher, Bermann-Fischer and later with Fischer Verlag in
Frankfurt. In 1950, she became involved in the effort to build up the new
Ulm Academy of Design with Inge Scholl, sister of the organizers of the
"Weiße Rose" resistance in Munich who were killed by the Nazis. In the
years since her first literary success, Aichinger has also won recognition for
her radio plays and poetry. Her last major volume of poetry, *Verschenkter
Rat*, appeared in 1978.

"Spiegelgeschichte," written in 1948, offers a good example of
Aichinger's prose style, which — in a way which is sometimes reminiscent
of Kafka and evocative of the strong psychological tradition of Austria —
combines an unadorned, logical narrative style with grotesque, almost sur-
real elements, often drawn from her exploration of the human psyche: that
irrational inner space of dreams, visions, and hallucinations. Envisioning

her funeral and reflecting back from it upon her entire life, the story of the dying woman is governed by the inexorable logic of a mirror, which reverses everything it reflects. In reading the story, try to identify the narrative voice: is it the dying woman talking to herself in a feverish delirium or is it another person — some have even suggested an angel — addressing the dying woman? Your answer to this question will affect your understanding of the somewhat ambiguous final sentences of the story, which culminates in her birth. Although it is not specifically identified as such, it is obvious that the dying woman has undergone an illegal abortion, which results not only in a fatal infection but also in regret, the wish to bring her dead "child" back to life. The mirror itself is associated with this event. Is Aichinger concerned here with criticizing the young woman's decision or the events which led up to and resulted from the abortion? Here, too, your answer will affect your reading of the story as a social commentary.

Spiegelgeschichte

Wenn einer dein Bett aus dem Saal schiebt, wenn du siehst, daß der Himmel grün wird, und wenn du dem Vikar die Leichenrede ersparen willst, so ist es Zeit für dich, aufzustehen, leise, wie Kinder aufstehen, wenn am Morgen Licht durch die Läden schimmert, heimlich, daß es die Schwester[1] nicht sieht — und schnell!

Aber da hat er schon begonnen, der Vikar, da hörst du seine Stimme, jung und eifrig und unaufhaltsam, da hörst du ihn schon reden. Laß es geschehen! Laß seine guten Worte untertauchen in dem blinden Regen. Dein Grab ist offen. Laß seine schnelle Zuversicht erst hilflos werden, daß ihr geholfen wird. Wenn du ihn läßt, wird er am Ende nicht mehr wissen, ob er schon begonnen hat. Und weil er es nicht weiß, gibt er den Trägern das Zeichen. Und die Träger fragen nicht viel und holen deinen Sarg wieder herauf. Und sie nehmen den Kranz vom Deckel und geben ihn dem jungen Mann zurück, der mit gesenktem Kopf am Rand des Grabes steht. Der junge Mann nimmt seinen Kranz und streicht verlegen alle Bänder glatt, er hebt für einen Augenblick die Stirne, und da wirft ihm der Regen ein paar Tränen über die Wangen. Dann bewegt sich der Zug die Mauern entlang wieder zurück. Die Kerzen in der kleinen, häßlichen Kapelle werden noch einmal angezündet und der Vikar sagt die Totengebete, damit du leben kannst. Er schüttelt dem jungen Mann heftig die Hand und wünscht ihm vor Verlegenheit viel Glück. Es ist sein erstes Begräbnis, und er errötet bis zum Hals hinunter. Und ehe er sich verbessern kann, ist auch der junge Mann verschwunden. Was bleibt jetzt zu tun? Wenn einer einem Trauernden viel Glück gewünscht hat, bleibt ihm nichts übrig, als den Toten wieder heimzuschicken.

Gleich darauf fährt der Wagen mit deinem Sarg die lange Straße wieder hinauf. Links und rechts sind Häuser, und an allen Fenstern stehen gelbe Narzissen, wie sie ja auch in alle Kränze gewunden sind, dagegen ist nichts zu machen. Kinder pressen ihre Gesichter an die verschlossenen Scheiben, es regnet, aber eins davon wird trotzdem aus der Haustür laufen. Es hängt sich hinten an den Leichenwagen, wird abgeworfen und bleibt zurück. Das Kind legt beide Hände über die Augen und schaut euch böse nach. Wo soll denn eins sich aufschwingen, solang es auf der Friedhofsstraße wohnt?

---

1 *Schwester=Krankenschwester* : nurse

Dein Wagen wartet an der Kreuzung auf das grüne Licht. Es regnet schwächer. Die Tropfen tanzen auf dem Wagendach. Das Heu riecht aus der Ferne. Die Straßen sind frisch getauft, und der Himmel legt seine Hand auf alle Dächer. Dein Wagen fährt aus reiner Höflichkeit ein Stück[2] neben der Trambahn her. Zwei kleine Jungen am Straßenrand wetten um ihre Ehre.[3] Aber der auf die Trambahn gesetzt hat,[4] wird verlieren. Du hättest ihn warnen können, aber um dieser Ehre willen ist noch keiner aus dem Sarg gestiegen.

Sei geduldig. Es ist ja Frühsommer. Da reicht der Morgen noch lange in die Nacht hinein. Ihr kommt zurecht. Bevor es dunkel wird und alle Kinder von den Straßenrändern verschwunden sind, biegt auch der Wagen schon in den Spitalshof ein, ein Streifen Mond fällt zugleich in die Einfahrt. Gleich kommen die Männer und heben deinen Sarg vom Leichenwagen. Und der Leichenwagen fährt fröhlich nach Hause.

Sie tragen deinen Sarg durch die zweite Einfahrt über den Hof in die Leichenhalle. Dort wartet der leere Sockel schwarz und schief und erhöht, und sie setzen den Sarg darauf und öffnen ihn wieder, und einer von ihnen flucht, weil die Nägel zu fest eingeschlagen sind. Diese verdammte Gründlichkeit!

Gleich darauf kommt auch der junge Mann und bringt den Kranz zurück, es war schon hohe Zeit. Die Männer ordnen die Schleifen und legen ihn vorne hin, da kannst du ruhig sein, der Kranz liegt gut. Bis morgen sind die welken Blüten frisch und schließen sich zu Knopsen. Die Nacht über[5] bleibst du allein, das Kreuz zwischen den Händen, und auch den Tag über wirst du viel Ruhe haben. Du wirst es später lange nicht mehr fertig bringen, so still zu liegen.

Am nächsten Tag kommt der junge Mann wieder. Und weil der Regen ihm keine Tränen gibt, starrt er ins Leere und dreht die Mütze zwischen seinen Fingern. Erst bevor sie den Sarg wieder auf das Brett heben, schlägt er die Hände vor das Gesicht. Er weint. Du bleibst nicht länger in der Leichenhalle. Warum weint er? Der Sargdeckel liegt nur mehr lose, und es ist heller Morgen. Die Spatzen schreien fröhlich. Sie wissen nicht, daß es verboten ist, die Toten zu erwecken. Der junge Mann geht vor deinem Sarg her, als stünden Gläser zwischen seinen Schritten. Der Wind ist kühl und verspielt, ein unmündiges Kind.

2 *ein Stück* : a ways, a short distance
3 *wetten um ihre Ehre* : make a gentlemen's bet
4 *Aber der auf die Trambahn gesetzt hat* : but the one who bet on the streetcar
5 *Die Nacht über* : through the night

Sie tragen dich ins Haus und die Stiegen hinauf. Du wirst aus dem Sarg gehoben. Dein Bett ist frisch gerichtet. Der junge Mann starrt durch das Fenster in den Hof hinunter, da paaren sich zwei Tauben und gurren laut, geekelt wendet er sich ab.

Und da haben sie dich schon in das Bett zurückgelegt. Und sie haben dir das Tuch wieder um den Mund gebunden, und das Tuch macht dich so fremd. Der Mann beginnt zu schreien und wirft sich über dich. Sie führen ihn sachte weg. »Bewahret Ruhe!« steht an allen Wänden, die Krankenhäuser sind zur Zeit überfüllt, die Toten dürfen nicht zu früh erwachen.

Vom Hafen heulen die Schiffe. Zur Abfahrt oder zur Ankunft? Wer soll das wissen? Still! Bewahret Ruhe! Erweckt die Toten nicht, bevor es Zeit ist, die Toten haben einen leisen Schlaf. Doch die Schiffe heulen weiter. Und ein wenig später werden sie dir das Tuch vom Kopf nehmen müssen, ob sie es wollen oder nicht. Und sie werden dich waschen und deine Hemden wechseln, und einer von ihnen wird sich schnell über dein Herz beugen, schnell, solang du noch tot bist. Es ist nicht mehr viel Zeit, und daran sind die Schiffe schuld. Der Morgen wird schon dunkler. Sie öffnen deine Augen und die funkeln weiß. Sie sagen jetzt auch nichts mehr davon, daß du friedlich aussiehst, dem Himmel sei Dank dafür, es erstirbt ihnen im Mund. Warte noch! Gleich sind sie gegangen. Keiner will Zeuge sein, denn dafür wird man heute noch verbrannt.

Sie lassen dich allein. So allein lassen sie dich, daß du die Augen aufschlägst und den grünen Himmel siehst, so allein lassen sie dich, daß du zu atmen beginnst, schwer und röchelnd und tief, rasselnd wie eine Ankerkette, wenn sie sich löst. Du bäumst dich auf und schreist nach deiner Mutter. Wie grün der Himmel ist!

»Die Fieberträume lassen nach«, sagt eine Stimme hinter dir, »der Todeskampf beginnt!«

Ach die! Was wissen die?

Geh jetzt! Jetzt ist der Augenblick! Alle sind weggerufen. Geh, eh sie wiederkommen und eh ihr Flüstern wieder laut wird, geh die Stiegen hinunter, an dem Pförtner vorbei, durch den Morgen, der Nacht wird. Die Vögel schreien in der Finsternis, als hätten deine Schmerzen zu jubeln begonnen. Geh nach Hause! Und leg dich in dein eigenes Bett zurück, auch wenn es in den Fugen kracht und noch zerwühlt ist. Da wirst du schneller gesund! Da tobst du nur drei Tage lang gegen dich und trinkst dich satt am grünen Himmel, da stößt du nur drei Tage lang die Suppe weg, die dir die Frau von oben bringt, am vierten nimmst du sie. Und am siebenten, der der Tag der Ruhe ist, am siebenten gehst du weg. Die Schmerzen jagen dich, den Weg wirst du ja finden. Erst links, dann rechts und wieder links, quer durch die Hafengassen, die so elend sind, daß sie nicht anders können, als zum Meer zu führen. Wenn nur der junge Mann in deiner Nähe wäre, aber der junge Mann ist nicht bei dir, im Sarg warst du viel schöner. Doch jetzt ist dein Gesicht verzerrt von Schmerzen, die Schmerzen haben zu jubeln aufgehört. Und jetzt steht auch der Schweiß wieder auf deiner Stirne, den ganzen Weg lang, nein, im Sarg, da warst du schöner!

Die Kinder spielen mit den Kugeln am Weg. Du läufst in sie hinein, du läufst, als liefst du mit dem Rücken nach vorn, und keines ist dein Kind. Wie soll denn auch eines davon dein Kind sein, wenn du zur Alten gehst, die bei der Kneipe wohnt? Das weiß der ganze Hafen, wovon die Alte ihren Schnaps bezahlt.

Sie steht schon an der Tür. Die Tür ist offen, und sie streckt dir ihre Hand entgegen, die ist schmutzig. Alles ist dort schmutzig. Am Kamin stehen die gelben Blumen, und das sind dieselben, die sie in die Kränze winden, das sind schon wieder dieselben. Und die Alte ist viel zu freundlich. Und die Treppen knarren auch hier. Und die Schiffe heulen, wohin du immer gehst, die heulen überall. Und die Schmerzen schütteln dich, aber du darfst nicht schreien. Die Schiffe dürfen heulen, aber du darfst nicht schreien. Gib der Alten das Geld für den Schnaps! Wenn du ihr erst das Geld gegeben hast, hält sie dir deinen Mund mit beiden Händen zu. Die ist ganz nüchtern von dem vielen Schnaps, die Alte. Die träumt nicht von den Ungeborenen. Die unschuldigen Kinder wagen's nicht, sie bei den Heiligen zu verklagen, und die schuldigen wagen's auch nicht. Aber du — du wagst es!

»Mach mir mein Kind wieder lebendig!«

Das hat noch keine von der Alten verlangt. Aber du verlangst es. Der Spiegel gibt dir Kraft. Der blinde Spiegel mit den Fliegenflecken läßt dich verlangen, was noch keine verlangt hat.

»Mach es lebendig, sonst stoß ich deine gelben Blumen um, sonst kratz ich dir die Augen aus, sonst reiß ich deine Fenster auf und schrei über die Gasse, damit sie hören müssen, was sie wissen, ich schrei — —«

Und da erschrickt die Alte. Und in dem großen Schrecken, in dem blinden Spiegel erfüllt sie deine Bitte. Sie weiß nicht, was sie tut, doch in dem blinden Spiegel gelingt es ihr. Die Angst wird furchtbar, und die Schmerzen beginnen endlich wieder zu jubeln. Und eh du schreist, weißt du das Wiegenlied: Schlaf, Kindlein, schlaf! Und eh du schreist, stürzt dich der Spiegel die finsteren Trepen wieder hinab und läßt dich gehen, laufen läßt er dich. Lauf nicht zu schnell!

Heb lieber deinen Blick vom Boden auf, sonst könnt es sein, daß du da drunten an den Planken um den leeren Bauplatz in einen Mann hineinläufst, in einen jungen Mann, der seine Mütze dreht. Daran erkennst du ihn. Das ist derselbe, der zuletzt an deinem Sarg die Mütze gedreht hat, da ist er schon wieder! Da steht er, als wäre er nie weggewesen, da lehnt er an den Planken. Du fällst in seine Arme. Er hat schon wieder keine Tränen, gib ihm von den deinen. Und nimm Abschied! Du wirst es nicht vergessen, wenn er es auch vergißt: Am Anfang nimmt man Abschied. Ehe man miteinander weitergeht, muß man sich an den Planken um den leeren Bauplatz für immer trennen.

Dann geht ihr weiter. Es gibt da einen Weg, der an den Kohlenlagern vorbei zur See führt. Ihr schweigt. Du wartest auf das erste Wort, du läßt es ihm, damit dir nicht das letzte bleibt. Was wird er sagen? Schnell, eh ihr an der See seid, die unvorsichtig macht! Was sagt er? Was ist das erste Wort? Kann es denn so schwer sein, daß es ihn stammeln läßt, daß es ihn zwingt, den Blick zu senken? Oder sind es die Kohlenberge, die über die Planken ragen und ihm Schatten unter die Augen werfen und ihn mit ihrer Schwärze blenden? Das erste Wort — jetzt hat er es gesagt: es ist der Name einer Gasse. So heißt die Gasse, in der die Alte wohnt. Kann denn das sein? Bevor er weiß, daß du das Kind erwartest, nennt er dir schon die Alte, bevor er sagt, daß er dich liebt, nennt er die Alte. Sei ruhig! Er weiß nicht, daß du bei der Alten schon gewesen bist, er kann es auch nicht wissen, er weiß nichts von dem Spiegel. Aber kaum hat er's gesagt, hat er es auch vergessen. Im Spiegel sagt man alles, daß es vergessen sei. Und kaum hast du gesagt, daß du das Kind erwartest, hast du es auch verschwiegen. Der Spiegel spiegelt alles. Die Kohlenberge weichen hinter euch zurück, da seid ihr an der See und seht die weißen Boote wie Fragen an der Grenze eures Blicks, seid still, die See nimmt euch die Antwort aus dem Mund, die See verschlingt, was ihr noch sagen wolltet.

Von da ab geht ihr viele Male den Strand hinauf, als ob ihr ihn hinabgingt, nach Hause, als ob ihr weglieft, und weg, als gingt ihr heim.

Was flüstern die in ihren hellen Hauben? »Das ist der Todeskampf!« Die laßt nur reden.

Eines Tages wird der Himmel blaß genug sein, so blaß, daß seine Blässe glänzen wird. Gibt es denn einen anderen Glanz als den der letzten Blässe?

An diesem Tag spiegelt der blinde Spiegel das verdammte Haus. Verdammt nennen die Leute ein Haus, das abgerissen wird, verdammt nennen sie das, sie wissen es nicht besser. Es soll euch nicht erschrecken. Der Himmel ist jetzt blaß genug. Und wie der Himmel in der Blässe erwartet auch das Haus am Ende der Verdammung die Seligkeit. Vom vielen Lachen kommen leicht die Tränen. Du hast genug geweint. Nimm deinen Kranz zurück. Jetzt wirst du auch die Zöpfe bald wieder lösen dürfen. Alles ist im Spiegel. Und hinter allem, was ihr tut, liegt grün die See. Wenn ihr das Haus verlaßt, liegt sie vor euch. Wenn ihr durch die eingesunkenen Fenster wieder aussteigt, habt ihr vergessen. Im Spiegel tut man alles, daß es vergeben sei.

Von da ab drängt er dich, mit ihm hineinzugehen. Aber in dem Eifer entfernt ihr euch davon und biegt vom Strand ab. Ihr wendet euch nicht um. Und das verdammte Haus bleibt hinter euch zurück. Ihr geht den Fluß hinauf, und euer eigenes Fieber fließt euch entgegen, es fließt an euch vorbei. Gleich läßt sein Drängen nach. Und in demselben Augenblick bist du nicht mehr bereit, ihr werdet scheuer. Das ist die Ebbe, die die See von allen Küsten wegzieht. Sogar die Flüsse sinken zur Zeit der Ebbe. Und drüben auf der anderen Seite lösen die Wipfel endlich die Krone ab.[6] Weiße Schindeldächer schlafen darunter.

Gib acht, jetzt beginnt er bald von der Zukunft zu reden, von den vielen Kindern und vom langen Leben, und seine Wangen brennen vor Eifer. Sie zünden auch die deinen an. Ihr werdet streiten, ob ihr Söhne oder Töchter wollt, und du willst lieber Söhne. Und er wollte sein Dach lieber mit Ziegeln decken, und du willst lieber — — — aber da seid ihr den Fluß schon

---

6 *Und drüben auf der anderen Seite lösen die Wipfel endlich die Krone ab* : And over on the other side (of the river), one sees treetops instead of the crown (upper part, including branches) of the tree; i.e., one looks down on instead of up to the trees

viel zu weit hinauf gegangen. Der Schrecken packt euch. Die Schindel-dächer auf der anderen Seite sind verschwunden, da drüben sind nur mehr Auen und feuchte Wiesen. Und hier? Gebt auf den Weg acht. Es dämmert — so nüchtern, wie es nur am Morgen dämmert. Die Zukunft ist vorbei. Die Zukunft ist ein Weg am Fluß, der in die Auen mündet. Geht zurück! Was soll jetzt werden?

Drei Tage später wagt er nicht mehr, den Arm um deine Schultern zu legen. Wieder drei Tage später fragt er dich, wie du heißt, und du fragst ihn. Nun wißt ihr voneinander nicht einmal mehr die Namen. Und ihr fragt auch nicht mehr. Es ist schöner so. Seid ihr nicht zum Geheimnis geworden?

Jetzt geht ihr endlich wieder schweigsam nebeneinander her. Wenn er dich jetzt noch etwas fragt, so fragt er, ob es regnen wird. Wer kann das wissen? Ihr werdet immer fremder. Von der Zukunft habt ihr schon lange zu reden aufgehört. Ihr seht euch nur mehr selten, aber noch immer seid ihr einander nicht fremd genug. Wartet, seid geduldig. Eines Tages wird es so weit sein. Eines Tages ist er dir so fremd, daß du ihn auf einer finsteren Gasse vor einem offenen Tor zu lieben beginnst. Alles will seine Zeit.[7] Jetzt ist sie da.

»Es dauert nicht mehr lang«, sagen die hinter dir, »es geht zu Ende!« Was wissen die? Beginnt nicht jetzt erst alles?

Ein Tag wird kommen, da siehst du ihn zum erstenmal. Und er sieht dich. Zum erstenmal, das heißt: Nie wieder. Aber erschreckt nicht! Ihr müßt nicht voneinander Abschied nehmen, das habt ihr längst getan. Wie gut es ist, daß ihr es schon getan habt!

Es wird ein Herbsttag sein, voller Erwartung darauf, daß alle Früchte wieder Blüten werden, wie er schon ist, der Herbst, mit diesem hellen Rauch und mit den Schatten, die wie Splitter zwischen den Schritten liegen, daß du die Füße daran zerschneiden könntest, daß du darüber-fällst, wenn du um Äpfel auf den Markt geschickt bist, du fällst vor Hoff-nung und vor Fröhlichkeit. Ein junger Mann kommt dir zu Hilfe. Er hat die Jacke nur lose umgeworfen und lächelt und dreht die Mütze und weiß kein Wort zu sagen. Aber ihr seid sehr fröhlich in diesem letzten Licht. Du dankst ihm und wirfst ein wenig den Kopf zurück, und da lösen sich die aufgesteckten Zöpfe und fallen herab. »Ach«, sagt er, »gehst du nicht noch

---

7 *Alles will seine Zeit* : Everything in its time

zur Schule?« Er dreht sich um und geht und pfeift ein Lied. So trennt ihr euch, ohne einander nur noch einmal anzuschauen, ganz ohne Schmerz und ohne es zu wissen, daß ihr euch trennt.

Jetzt darfst du wieder mit deinen kleinen Brüdern spielen, und du darfst mit ihnen den Fluß entlanggehen, den Weg am Fluß unter den Erlen, und drüben sind die weißen Schindeldächer wie immer zwischen den Wipfeln. Was bringt die Zukunft? Keine Söhne. Brüder hat sie dir gebracht, Zöpfe, um sie tanzen zu lassen, Bälle, um zu fliegen. Sei ihr nicht böse, es ist das Beste, was sie hat. Die Schule kann beginnen.

Noch bist du zu wenig groß, noch mußt du auf dem Schulhof während der großen Pause in Reihen gehen und flüstern und erröten und durch die Finger lachen. Aber warte noch ein Jahr, und du darfst wieder über die Schnüre springen und nach den Zweigen haschen, die über die Mauern hängen. Die fremden Sprachen hast du schon gelernt, doch so leicht bleibt es nicht. Deine eigene Sprache ist viel schwerer. Noch schwerer wird es sein, lesen und schreiben zu lernen, doch am schwersten ist es, alles zu vergessen. Und wenn du bei der ersten Prüfung alles wissen mußtest, so darfst du doch am Ende nichts mehr wissen. Wirst du das bestehen? Wirst du still genug sein? Wenn du genug Furcht hast, um den Mund nicht aufzutun, wird alles gut.

Du hängst den blauen Hut, den alle Schulkinder tragen, wieder an den Nagel und verläßt die Schule. Es ist wieder Herbst. Die Blüten sind lange schon zu Knospen geworden, die Knospen zu nichts und nichts wieder zu Früchten. Überall gehen kleine Kinder nach Hause, die ihre Prüfung bestanden haben, wie du. Ihr alle wißt nichts mehr. Du gehst nach Hause, dein Vater erwartet dich, und die kleinen Brüder schreien so laut sie können und zerren an deinem Haar. Du bringst sie zur Ruhe und tröstest deinen Vater.

Bald kommt der Sommer mit den langen Tagen. Bald stirbt deine Mutter. Du und dein Vater, ihr beide holt sie vom Friedhof ab. Drei Tage liegt sie noch zwischen den knisternden Kerzen, wie damals du. Blast alle Kerzen aus, eh sie erwacht! Aber sie riecht das Wachs und hebt sich auf die Arme und klagt leise über die Verschwendung. Dann steht sie auf und wechselt ihre Kleider.

Es ist gut, daß deine Mutter gestorben ist, denn länger hättest du es mit den kleinen Brüdern allein nicht machen können. Doch jetzt ist sie da. Jetzt besorgt sie alles und lehrt dich auch das Spielen noch viel besser, man kann es nie genug gut können.[8] Es ist keine leichte Kunst. Aber das schwerste ist es noch immer nicht.

Das schwerste bleibt es doch, das Sprechen zu vergessen und das Gehen zu verlernen, hilflos zu stammeln und auf dem Boden zu kriechen, um zuletzt in Windeln gewickelt zu werden. Das schwerste bleibt es, alle Zärtlichkeiten zu ertragen und nur mehr zu schauen. Sei geduldig! Bald ist alles gut. Gott weiß den Tag, an dem du schwach genug bist.

Es ist der Tag deiner Geburt. Du kommst zur Welt und schlägst die Augen auf und schließt sie wieder vor dem starken Licht. Das Licht wärmt dir die Glieder, du regst dich in der Sonne, du bist da, du lebst. Dein Vater beugt sich über dich.

»Es ist zu Ende —« sagen die hinter dir, »sie ist tot!«

Still! Laß sie reden!

---

8 *man kann es nie genug gut können* : one can never play well enough

*"Hätten wir das Wort, hätten wir die
Sprache, wir bräuchten die Waffen nicht."
(Aus den "Frankfurter Vorlesungen:
Probleme zeitgenössischer Dichtung,"
1959)*

INGEBORG BACHMANN

Increasingly the subject of critical attention, Ingeborg Bachmann was born in 1926 in Klagenfurt in the southern Austrian province of Carinthia. After studying in Graz and Innsbruck, she completed her Ph.D. in Philosophy in 1950 at the University of Vienna with a dissertation on the reception of the existential philosophy of Martin Heidegger. She was also strongly influenced through her work on Ludwig Wittgenstein (1889-1951), particularly his theories on the limits of language and the limits of thought, as expressed in his famous statement, "Die Grenzen meiner Sprache bedeuten die Grenzen meiner Welt." Much of Bachmann's work is informed by her consciousness of the inadequacy of language for dealing with a likewise inadequate reality.

After making her first appearance before them in 1952, Ingeborg Bachmann won the prize of Gruppe 47 in 1953 for poetry from her first volume, *Die gestundete Zeit.* In 1953 she also moved to Rome, where she spent most of the remaining years of her life. Numerous other awards followed, including the Georg Büchner Prize in 1964 and the Austrian State Prize in 1968, in addition to membership in the German Academy of Language and Literature, which had been awarded to her in 1957. With the appearance of her second volume of poetry, *Anrufung des Großen Bären* in 1956 and the "discovery" of her as a marketable media figure — beautiful and brilliant, sensitive and sensuous — an immensely popular image was created which long hindered recognition of the socially critical dimensions of her work.

A radio play, "Der gute Gott von Manhattan," written after a tour of the United States in 1955, won the important prize awarded by the association of blind war veterans in 1958. As the first woman to hold the prestigious Frankfurt University Chair for Poetics in 1959-1960, she gave a series of important lectures on "Probleme zeitgenössischer Dichtung." After her second successful volume of poetry, she devoted herself to other genres, writing radio plays, opera libretti, and short prose, the first volume of which, *Das dreißigste Jahr,* appeared in 1960. Her novel *Malina* followed in 1971 and another anthology of short stories, *Simultan,* appeared in 1972.

Bachmann's death in 1973 — of burns from a fire caused by smoking in bed and apparent overdoses of drugs — only added to the fascination with her personal life to the detriment of a critical understanding of the substance of her texts. What has more recently been noticed about her last volume of short stories, *Simultan*, from which this selection is taken, is true of most of Bachmann's prose about the problematic relationships between men and women: more and more, Bachmann focuses on women who live on the margins of "respectable" society, alienated from its values and conventions. In this sense, there is a critical aspect to Bachmann's often rebellious, mistrustful or bitter female characters — outsiders, who may at first glance seem powerless to change "objective" reality, or even to articulate their critique of it, they are at least able to challenge it by insisting on their own subjective realities.

In reading "Ihr glücklichen Augen," try to analyze the relationship between Miranda's refusal to wear glasses and her view of the world around her. Does the story imply that the only way to survive is to maintain illusions about the world in which one must live, that the only way to love is to deceive oneself with "blindness"? The title of the story is an ironic reference to the famous song of Lynkeus der Türmer in Goethe's *Faust*, Part II, Act 5:

> Zum Sehen geboren,
> Zum Schauen bestellt,
> Dem Turme geschworen,
> Gefällt mir die Welt.
> Ich blick in die Ferne,
> Ich seh in der Näh
> Den Mond und die Sterne,
> Den Wald und das Reh.
> So seh ich in allen
> Die ewige Zier,
> Und wie mirs gefallen,
> Gefall' ich auch mir.
> Ihr glücklichen Augen,
> Was je ihr gesehn,
> Es sei, wie es wolle,
> Es war doch so schön!

Ihr glücklichen Augen

Georg Groddeck[1] in memoriam

Mit 2,5 rechts und 3,5 links hat es angefangen, erinnert sich Miranda, aber jetzt hat sie, harmonisch, auf jedem Auge 7,5 Dioptrien.[2] Der Nahpunkt beim Sehen ist also abnorm nah gerückt, der Fernpunkt auch näher. Das Brillenrezept wollte sie einmal auswendig lernen, um auch nach einem Unfall, etwa auf einer Reise, sich sofort neue Gläser machen lassen zu können. Sie hat es bleiben lassen,[3] weil dazu noch ihr Astigmatismus kommt, der die Angaben kompliziert, und diese zweite Deformation ängstigt sie, denn ganz wird sie nie verstehen, warum ihre Meridiane gestört sind und nirgends die gleiche Brechkraft haben. Auch der Ausdruck »Stab- und Zerrsichtigkeit« verheißt ihr nichts Gutes, und sie sagt zu Josef mit wichtigtuender Stimme: Zerrsichtigkeit, verstehst du, das ist ärger als Blindsein.

Es kann aber vorkommen, daß Miranda ihre kranken optischen Systeme als ein »Geschenk des Himmels« empfindet. Mit solchen, dem Himmel, Gott und den Heiligen vermachten Aussprüchen ist sie rasch zur Hand[4] — ja, ein Geschenk sind sie, wenn auch vielleicht nur ein ererbtes. Denn es erstaunt sie, wie die anderen Menschen das jeden Tag aushalten, was sie sehen und mit ansehen müssen.[5] Oder leiden die anderen nicht so sehr darunter, weil sie kein andres System haben, die Welt zu sehen? Es könnte das normale Sehen, inklusive des normalen Astigmatismus, die Leute ja ganz abstumpfen, und Miranda müßte sich nicht mehr vorwerfen, mit einem Privileg, mit einer Auszeichnung zu leben.

Bestimmt würde Miranda Josef nicht weniger lieben, wenn sie seine gelblich verfärbten Zähne jedesmal bei einem Lachen sehen müßte. Sie weiß aus der Nähe, wie diese Zähne sind, aber sie denkt unbehaglich an eine Möglichkeit von »immerzu sehen«. Es würde ihr wahrscheinlich auch nichts ausmachen, an manchen Tagen, wenn er müde ist, durch Faltenfelder um seine Augen erschreckt zu werden. Trotzdem ist es ihr lieber, daß dieses genaue Sehen ihr erspart bleibt und ihr Gefühl dadurch nicht

---

1 Georg Groddeck (1866–1934), psychologist admired by Bachmann for his theories — particularly in *Das Buch vom Es* (1923) — that human ills, such as blindness, are produced as a reaction to social malaise
2 *7,5 Dioptrien* : 7.5 diopters, an optical measurement which indicates extreme astigmatism
3 *Sie hat es bleiben lassen* : she let it go
4 *ist sie rasch zur Hand* : she's quick to come up with
5 *was sie sehen und mit ansehen müssen* : what they see and are forced to see

beeinträchtigt und geschwächt werden kann. Sie merkt sowieso augenblicklich — weil sie Mitteilungen auf andren Wellen empfängt —, ob Josef
müde ist, warum er müde ist, ob er übermütig lacht oder gequält. So
scharf abgebildet wie andre braucht sie ihn nicht vor sich zu haben, sie
mustert niemand, fotografiert Menschen nicht mit einem Brillenblick,
sondern malt sie in ihrer eignen, von andren Eindrücken bestimmten
Manier, und Josef endlich ist ihr wirklich gelungen, von Anfang an. Auf
den ersten Blick hat sie sich in ihn verliebt, obwohl jeder Augenarzt
darüber den Kopf schütteln würde, weil Mirandas erste Blicke nur
katastrophale Irrtümer ergeben dürften. Aber sie besteht auf ihrem ersten
Blick, und von allen Männern ist Josef derjenige, mit dessen frühen
Skizzen und späteren, erweiterten Entwürfen, im Hellen, im Dunkeln und
in allen erdenklichen Situationen Miranda ganz zufrieden ist.
Mit Hilfe einer winzigen Korrektion — der durch die Zerstreuungslinse
—, mit einem auf die Nase gestülpten goldenen Brillengestell, kann
Miranda in die Hölle sehen. Dieses Inferno hat nie aufgehört, für sie an
Schrecken zu verlieren.[6] Darum sieht sie sich, immer auf der Hut,[7] vorsichtig um in einem Restaurant, eh sie die Brille aufsetzt, um die
Speisekarte zu lesen, oder auf der Straße, wenn sie ein Taxi herbeiwinken
will, denn wenn sie nicht achtgibt, kommt in ihr Blickfeld, was sie nie
mehr vergessen kann: Sie sieht ein verkrüppeltes Kind oder einen Zwerg
oder eine Frau mit einem amputierten Arm, doch solche Figuren sind
wirklich nur die grellsten, auffallendsten inmitten einer Anhäufung von
unglücklichen, hämischen, verdammten, von Demütigungen oder Verbrechen beschriebenen Gesichtern, unträumbaren Visagen.[8] Und deren
Ausdünstung, diese globale Emanation von Häßlichkeit, treibt ihr die
Tränen in die Augen, läßt sie den Boden unter den Füßen verlieren, und
damit das nicht eintritt, liest sie rasch die Speisekarte und versucht
blitzschnell, ein Taxi von einem Privatauto zu unterscheiden, dann steckt
sie die Brille weg, sie braucht nur eine kleine Information. Weiter will sie
nichts wissen. (Einmal, um sich zu strafen, ist sie einen ganzen Tag lang
mit der Brille durch Wien gegangen, durch mehrere Bezirke, und sie hält
es nicht für richtig, diesen Gang zu wiederholen. Es ginge über ihre Kraft,
und sie braucht die ganze Kraft, um mit der Welt zurechtzukommen, die
sie kennt.)

6 *hat nie aufgehört, für sie an Schrecken zu verlieren* : never ceased to terrify her
7 *auf der Hut* : on her guard
8 *Visagen* : faces (derogatory), "mugs"

Mirandas Entschuldigungen, weil sie nicht grüßt oder nicht zurückgegrüßt hat, werden von einigen Leuten nicht ernst genommen, von anderen als dumme Ausrede abgetan oder für eine besondere Form der Arroganz gehalten. Stasi sagt beinahe gehässig:
Dann setz doch eine Brille auf!
Nein, nie, niemals, erwidert Miranda, das bringe ich nicht über mich. Würdest du denn eine tragen?
Stasi kontert:
Ich? Wieso denn ich? Ich sehe doch anständig.
Anständig, denkt Miranda, wieso anständig? Und etwas kleinlaut forscht sie: Aber daß man es aus Eitelkeit nicht tut, das würdest du verstehen? Stasi läßt Miranda ohne Antwort, und das heißt: nicht nur diese sagenhafte Einbildung, sondern eitel ist sie auch noch, und dieses sagenhafte Glück, das sie obendrein immer hat mit den Männern, falls es wahr ist, aber aus diesem zurückhaltenden Josef war ja nicht klug zu werden.[9]
Zu Josef sagt Miranda:
Stasi ist jetzt viel gelöster, so nett war sie früher nie, ich glaube, sie ist verliebt, jedenfalls muß da etwas sein, was ihr guttut. Was will der nun eigentlich von ihr, die Scheidung und das Kind? Ich verstehe diese ganze Geschichte nicht.
Joseph ist zerstreut, als wüßte er nicht recht, von wem die Rede ist. Doch, er findet auch, Stasi sei angenehmer geworden, beinahe frequentabel, vielleicht liege das an Bertis ärtzlichen Kunststücken oder sogar an Miranda und ihnen allen, denn Stasi war einfach zermürbt gewesen, schon ganz widerwärtig geworden von all dem Unglück, aber jetzt bekomme sie das Kind doch zugesprochen. Das hört Miranda zum erstenmal, und sie hört es von Josef. Sie will gleich Stasi anrufen und sich freuen, dann ist ihr einen Moment lang kalt, sie schaut nach, ob das Fenster offen ist, es ist aber zu, Josef schaut wieder in die Zeitung, Miranda auf das Dach vis-à-vis. Wie finster es in dieser Gasse ist, zu teuer und zu finster in all diesen Häusern, auf einer Hinrichtungsstätte aus der guten alten Zeit.[10]
Miranda hat im Arabia-Espresso[11] gewartet, jetzt wird es Zeit, sie zahlt, geht, prallt mit dem Kopf gegen die Glastür des Espressos, reibt sich die Stirn, das wird wieder eine Beule geben, wo die alte kaum vergangen ist, Eisstücke müßte sie sofort haben, aber woher nimmt sie jetzt Eisstücke?

9 *aus diesem zurückhaltenden Josef war ja nicht klug zu werden* : there was no getting anything out of this reticent fellow Joseph
10 *Hinrichtungsstätte aus der guten alten Zeit* : place of execution in the good old days. Note that the street where Miranda lives, Blutgasse, refers to this historic site.
11 *Arabia-Espresso* : one of a chain of coffee shops run by the Arabia coffee company

Glastüren sind feindlicher als Menschen, denn nie hört Miranda zu hoffen auf, daß die Menschen auf sie aufpassen werden, wie Josef es tut, und schon lächelt sie wieder vertrauensvoll auf dem Trottoir. Sie kann sich allerdings irren, denn Josef wollte entweder zuerst zur Bank und dann in die Buchhandlung, oder umgekehrt, und so steht sie auf dem Graben[12] und versucht, ihn herauszufinden unter allen, die über den Graben gehen, und dann stellt sie sich in die Wollzeile[12] mit verschwommenen aufgerissenen Augen. Sie blickt abwechselnd in Richtung Rotenturmstraße und in Richtung Parkring, sie vermutet ihn bald in der Nähe, bald in der Ferne, ah, jetzt kommt er doch von der Rotenturmstraße, und sie freut sich auf einen wildfremden Mann, der aber abrupt aus ihrer Zuneigung entlassen wird, wenn er als Nicht-Josef erkannt ist. Dann fängt die Erwartung wieder an, wird immer heftiger, und in ihrer nebelhaften Welt gibt es zuletzt, mit Verspätung, doch eine Art Sonnenaufgang, der Dunstvorhang zerreißt, denn Josef ist da, sie hängt sich ein und geht glücklich weiter. Die verhangene Welt, in der Miranda nur etwas Bestimmtes will, nämlich Josef, ist die einzige, in der ihr, trotz allem, wohl ist. Die präzisere, von Gnaden des Wiener Brillenstudios, der ausländischen Rival Söhnges und Götte,[13] ob aus Bleiglas, aus leichtem Glas oder Plastik oder gesichtet durch die modernsten Haftschalen — Miranda wird sie nie akzeptieren. Sie gibt sich zwar Mühe, sie versucht es, weigert sich unversehens, bekommt Kopfschmerzen, ihre Augen tränen, sie muß im verdunkelten Zimmer liegen, und einmal, vor dem Opernball, aber wirklich nur, um Josef zu überraschen, hat sie sich diese teuren deutschen Haftschalen aus München kommen lassen und auf der Rechnung den Werbeslogan gelesen: Immer das Gute im Auge behalten. Über ein schwarzes Tuch gebeugt, hat sie versucht, die winzigen Dinger einzusetzen, die Vorschriften memorierend, blind von narkotisierenden Augentropfen, und dann war doch die eine Haftschale verloren, nie wiederzufinden im Bad, in den Abfluß der Dusche gesprungen oder auf den Kacheln zerschellt, und die andere war unter Mirandas Lid, hoch oben in den Augapfel, gerutscht. Bis zu Bertis Eintreffen, trotz Tränenströmen, war nichts zu machen gewesen, dann noch eine Stunde, trotz Bertis kundiger Hand, wieder nichts, Miranda will sich nicht erinnern können, wie und wann Berti die Linse gefunden und entfernt hat, und sie beteuert noch hie und

---

12a & b *Graben, Wollzeile* : historic streets in the heart of Vienna
13 *Söhnges and Götte* : optical firms

da:[14] Ich jedenfalls habe mein Möglichstes getan.

Auch Josef vergißt manchmal, wenn er mit ihr spricht, daß er es nicht gerade mit einer Blinden, aber mit einem Grenzgänger[15] zu tun hat und wohlbekannte Dinge Miranda nicht recht bekannt sind, daß aber ihre Unsicherheit produktiv ist. Obwohl sie zaghaft aussieht, ist sie nicht schwächlich, sondern selbständig, eben weil sie genau weiß, was sich zusammenbraut in dem Dschungel, in dem sie lebt, und weil sie auf alles gefaßt ist. Da Miranda unkorrigierbar ist, muß die Wirklichkeit sich vorübergehend Veränderungen von ihr gefallen lassen. Sie vergrößert, verkleinert, sie dirigiert Baumschatten, Wolken und bewundert zwei schimmelgrüne Klumpen, weil sie weiß, das muß die Karlskirche sein, und im Wienerwald sieht sie nicht die Bäume, aber den Wald, atmet tief, versucht, sich zu orientieren.

Da, schau, der Bisamberg![16]

Es ist nur der Leopoldsberg,[16] aber das macht nichts. Josef ist geduldig. Wo hast du denn wieder deine Brille? — Ach so, im Auto vergessen. Und warum sollte es nicht ausnahmsweise der Bisamberg sein? fragt sich Miranda und fleht den Leopoldsberg an, ihr eines Tages den Gefallen zu tun, der richtige Berg zu sein.

Zärtlich und vertrauensselig und immer halb gekuschelt an Josefs Hagerkeit nimmt sie die nächste Wurzelhürde auf dem Weg. »Zärtlich« heißt nicht nur, daß sie sich im Moment so fühlt, sondern zärtlich ist alles an Miranda, von ihrer Stimme bis zu ihren tastenden Füßen, einschließlich ihrer gesamten Funktion in der Welt, die einfach Zärtlichkeit sein dürfte. Wenn Miranda in eine Wiener Straßenbahn steigt, in einem AK oder BK[17] zwischen den Menschen schwankt, ohne zu merken, daß der nackte Haß den Kondukteur und die alte Frau mit dem falschen Billett regiert, daß die Nachdrängenden von der Tollwut befallen sind und die Nochnichtausgestiegenen[18] die Mordlust im Blick haben, und wenn Miranda mit vielen Pardons zum »Ausstieg« gekommen ist, glücklich, daß sie den Schottenring[19] rechtzeitig erkannt hat und ohne Hilfe die zwei Stufen hinunterfindet, dann denkt sie, daß die Menschen alle eigentlich »ungeheuer nett« sind, und diese anderen Menschen im AK, die sich entfernen, der Universität entgegen, wissen zwar nicht, warum die Stimmung besser ist, die Luft wieder atembar ist, nur dem Kondukteur fällt auf, daß

14 *hie und da* : (here) now and then
15 *Grenzgänger* : a person who lives on one side of the border and works on the other; (here) "borderline case," referring to Miranda's tendency to be blind or not, depending on the circumstances
16a & b *Bisamberg, Leopoldsberg* : hills in the wooded area north of Vienna, popular for outings
17 *AK oder BK* : streetcar lines along the Ringstrasse surrounding the heart of Vienna
18 *die Nochnichtausgestiegenen* : those who haven't gotten off yet
19 *Schottenring* : part of the famous Ringstrasse

jemand das Wechselgeld nicht genommen hat, wahrscheinlich die Frau, die an der Börse oder am Schottenring ausgestiegen ist. Fesche Person. Gute Beine. Er streicht das Geld ein.

Miranda verliert vieles, wo andren etwas genommen wird, und sie geht ungerührt an jemand vorüber, anstatt einen Zusammenstoß mit ihm zu haben. Oder sie hat einen Zusammenprall, aber dann war es ein Irrtum, ein reiner Zufall, verschuldet von ihr. Sie könnte Messen lesen lassen[20] für alle Autofahrer, die sie nicht überfahren haben, dem hlg. Florian[21] Kerzen stiften für jeden Tag, an dem ihre Wohnung nicht abgebrannt ist, wegen der angezündeten Zigaretten, die sie weglegt, sucht und dann gottlob findet, wenn auch schon ein Loch in den Tisch gebrannt ist.

Traurig auch, ja, ein wenig traurig, wie viele Flecken, Brandspuren, überhitzte Kochplatten, ruinierte Kasserollen es in Mirandas Wohnung gibt. Aber es geht doch immer gut aus, und wenn Miranda die Tür öffnet, weil es geläutet hat, und unerwartet ein fremder Mensch dasteht, dann hat sie regelmäßig Glück. Es ist Onkel Hubert, es ist ihr alter Freund Robert, und sie wirft sich Onkel Hubert und Robert oder sonst jemand an den Hals. Zwar hätte es auch ein Hausierer oder ein Einbrecher sein können, der Schläger Novak[22] oder der Frauenmörder, der noch immer den ersten Bezirk[23] unsicher macht, aber zu Miranda in die Blutgasse kommen nur die besten Freunde. Die anderen Leute, die Miranda dann doch nicht erkennt, bei größeren Zusammenkünften, auf Parties, in den Theatern und Konzertsälen, die umgeben mit ihrer prickelnden Anwesenheit oder fraglichen Abwesenheit eine nicht ungesellige Miranda. Sie weiß bloß nicht, ob der Doktor Bucher zu ihr herübergegrüßt oder vielleicht doch nicht gegrüßt hat, und es könnte auch sein, der Größe und des Umfangs wegen,[24] daß es Herr Langbein gewesen ist. Sie kommt zu keinem Schluß. In einer Welt von Alibis und Kontrollen rätselt Miranda — natürlich nicht an einem Welträtsel, an nichts von Bedeutung. Nur: will dieser Umriß Herr Langbein sein, oder will er es nicht sein?[25] Es bleibt ein Geheimnis. Wo alle sich Klarheit verschaffen wollen, tritt Miranda zurück, nein, diesen Ehrgeiz hat sie nicht, und wo andre Geheimnisse wittern, hintenherum und hinter allem und jedem, da gibt es für Miranda nur ein Geheimnis auf der ihr zugewandten Seite. Es genügen ihr zwei Meter Entfernung, und die Welt ist bereits undurchdringlich, ein Mensch undurchdringlich.

20 *Messen lesen lassen* : to have Masses said
21 *hlg. Florian* : St. Florian, patron saint of firemen, protects against fires
22 *Schläger Novak* : Novak the Mugger
23 *erster Bezirk* : first (central) district of Vienna. (Remaining 22 districts are arranged approximately concentrically around this one)
24 *der Größe und des Umfangs wegen* : judging from the size and shape (of the person)
25 *will dieser Umriß Herr Langbein sein, oder will er es nicht sein?* : Is this shape Mr. Langbein or not?

Im Musikverein ist ihr Gesicht das entspannteste, eine Oase des Friedens, in einem Saal, in dem sie von gut zwanzig gestikulierenden Personen gesehen wird und selber niemand sieht. Sie hat es erlernt, die Nervosität in Räumen aufzugeben, in denen Menschen einander notieren, abschätzen, aufschreiben, abschreiben, meiden, beäugen. Sie träumt nicht, sie ruht einfach aus. Denn was den anderen ihre Seelenruhe ist, das ist Miranda ihre Augenruhe. Ihre Handschuhe machen sich leise davon[26] und fallen unter den Sessel. Miranda spürt etwas an ihrem Bein, sie fürchtet, versehentlich das Bein ihres Nachbarn gestreift zu haben, sie murmelt: Pardon. Ein Stuhlbein hat sich in Miranda verliebt. Joseph hebt das Programmheft auf, Miranda lächelt unsicher und versucht, ihre Beine streng und gerade zu halten. Herr Doktor Bucher, der nicht Herr Langbein ist, sondern Herr Kopetzky, sitzt beleidigt drei Reihen hinter ihr, nach Gründen suchend für die Wankelmütigkeit dieser Frau, für die er beinahe einmal alles, aber auch alles —
Josef fragt:
Hast du deine Brille?
Aber natürlich, sagt Miranda und gräbt in ihrer Handtasche. Ihr ist,[27] als hätte sie außerdem Handschuhe mitgehabt, aber das sagt sie Josef besser nicht, nein, ihre Brille, das ist eigentümlich, sie muß also doch im Bad oder direkt neben dem Eingang oder im anderen Mantel oder, Miranda versteht es nicht, aber sie sagt geschwind:
Nein, du, hab ich nicht. Aber ich brauche doch nichts zu sehen in einem Konzert.
Josef schweigt, bewegt von seinem Leitmotiv in bezug auf[28] Miranda: Mein argloser Engel.
Für Miranda haben andere Frauen keine Defekte, es sind Wesen, die weder Haare auf der Oberlippe noch auf den Beinen haben, die immer frisiert sind, ohne Poren und Unebenheiten, ohne Pickel und nikotinfarbene Finger, nein, nur sie kämpft einsam gegen ihre Unvollkommenheit vor dem Rasierspiegel, der einmal Josef gehört hat und in dem sie sieht, wovon sie hofft, daß Josef es barmherzig übersehen könnte. Danach aber, wenn Miranda Selbstkritik geübt hat, stellt sie sich vor den milden Biedermeierspiegel im Schlafzimmer und findet sich »passabel«, »es geht«, es ist gar nicht so schlimm, und da täuscht sie sich auch, aber Miranda lebt ja

---

26 *Ihre Handschuhe machen sich leise davon* : Her gloves slip away from her
27 *Ihr ist* : it seems to her
28 *in bezug auf* : with reference to, in regard to

zwischen einem Dutzend Möglichkeiten, sich zu täuschen, und zwischen der günstigsten und der ungünstigsten balanciert sie jeden Tag durch ihr Leben.

Miranda besitzt in guten Zeiten drei Brillen: eine geschliffene Sonnenbrille mit einem goldenen, schwarzeingelegten Gestell, dann eine leicht transparente billige fürs Haus und eine Reservebrille, in der ein Glas locker ist und die ihr angeblich nicht steht.[29] Außerdem dürfte sie auf ein früheres Rezept zurückgehen, denn aus dieser »Reserve« sieht Miranda alles »daneben«.

Es gibt Zeiten, in denen alle drei Brillen gleichzeitig verlegt, verschwunden, verloren sind, und dann weiß Miranda nicht mehr weiter. Josef kommt schon vor acht Uhr morgens aus der Prinz-Eugen-Straße und sucht die ganze Wohnung ab, er schimpft Miranda, er verdächtigt die Bedienerin und die Handwerker, aber Miranda weiß, daß niemand stiehlt, es liegt eben alles an ihr. Da Miranda die Wirklichkeit nicht toleriert, aber doch nicht ohne einige Anhaltspunkte weiterkommt, unternimmt die Wirklichkeit von Zeit zu Zeit kleine Rachefeldzüge gegen sie. Miranda begreift das, sie nickt den Objekten, der sie umgebenden Kulisse, komplizenhaft zu, und die komische Falte, die sie hat, wo sie noch keine haben müßte, vom angestrengten Augenauf-und-zumachen, wird an solchen Tagen tiefer. Josef verspricht, gleich zum Optiker zu gehen, denn Miranda kann ohne Brille nicht existieren, und sie dankt ihm, umklammert ihn plötzlich furchtvoll und möchte etwas sagen, aber nicht nur, weil er gekommen ist und ihr hilft, sondern weil er ihr hilft zu sehen und weiterzusehen. Miranda weiß nicht, was ihr fehlt, und sie möchte sagen, so hilf mir doch! Und zusammenhanglos denkt sie, sie ist eben schöner als ich.

In der Woche, in der Miranda warten muß und nicht ausgehen kann und den Überblick verliert, muß Josef zweimal mit Anastasia abends essen gehen, um sie wegen der Scheidung zu beraten. Nach dem ersten Mal ruft Stasi am nächsten Morgen an, nach dem zweiten Mal nicht mehr.

Ja, wir waren beim Römischen Kaiser.[30] Gräßlich. Schlecht sei es gewesen, das Essen, und kalt sei ihr gewesen.[31]

Und Miranda kann nicht antworten, denn für sie ist der Römische Kaiser der schönste und beste Platz in Wien, weil Josef dort zum erstenmal mit ihr essen war, und nun soll das auf einmal der gräßlichste — Miranda,

---

29 *die ihr angeblich nicht steht* : which supposedly doesn't look good on her
30 *Römischer Kaiser* : a café
31 *kalt sei ihr gewesen* : she was cold

hörst du mich? Also, wie gesagt.[32] Nachher noch in der Eden-Bar. Schauderhaft. Ein Publikum!
Es mußte ganz gewiß etwas unter Stasis Begriff von Publikum geben,[33] aber was mochte das sein? Miranda atmet wieder ruhiger. In der Eden-Bar ist sie nie mit Josef gewesen, ein winziger Trost ist das. Tut die bloß so oder ist die so?[34]
Stasi versichert ihr, nach einer weiteren halben Stunde von Ausführlichkeiten: Jedenfalls hast du nichts versäumt.
So würde Miranda das nicht nennen, »nichts versäumt«, denn sie fürchtet, alles zu versäumen in diesen Tagen. Diese Woche will kein Ende nehmen, und jeder Tag hat einen Abend, an dem Josef verhindert ist. Dann ist die Brille fertig, er bringt sie schon ein paar Stunden später vom Optiker, aber es passiert gleich wieder. Miranda ist fassungslos, sie muß sich hinlegen, warten und ausrechnen, wann Josef in seiner Prinz-Eugen-Straße angekommen ist. Sie erreicht ihn endlich, sie weiß nicht, wie sie es anfangen soll, ihm zu sagen, daß die neue Brille ins Waschbecken gefallen ist. Ja, du, ins Lavoir. Ich komm mir invalid vor, ich kann nicht ausgehen, ich kann niemand sehen. Du verstehst.
Josef sagt aus dem IV. Bezirk herüber:
Eine schöne Bescherung.[35] Aber du bist doch schon oft ohne Brille ausgegangen.
Ja aber. Miranda weiß nichts Überzeugendes vorzubringen. Ja aber, jetzt ist das anders, denn sonst hab ich sie wenigstens in der Tasche.
Nein, das hast du nicht. Ich bitte schon sehr![36]
Wir wollen doch nicht deswegen,[37] flüstert Miranda, bitte, wie klingst du denn?
Wie soll ich denn klingen?
Anders. Eben anders.
Und da keine Antwort kommt, sagt sie schnell:
Doch, Lieber, ich komme mit, ich fühle mich nur so unsicher, gestern bin ich beinahe, ja, fast, nicht ganz, ohmächtig, wirklich, es ist scheußlich, ich habe die Reserve[38] ja probiert. Alles »daneben«, verzerrt. Du verstehst schon.
Wenn Josef so schweigt, dann hat er nicht verstanden.
Bedauerlicherweise hat das keine Logik für mich, sagt der andersklingende

---

32 *wie gesagt* : as I was saying
33 *Es mußte ganz gewiß etwas unter Stasis Begriff von Publikum geben* : Surely Stasi's idea of "the general public" meant something specific
34 *Tut die bloß so oder ist die so?* : Does she just act that way or is she really that way?
35 *Eine schöne Bescherung* : (ironic) that's great
36 *Ich bitte schon sehr!* : I beg your pardon, I beg to differ
37 *Wir wollen doch nicht deswegen* : We don't want to (get into an argument) just because of that
38 *die Reserve* : the spare (pair of glasses)

Josef und hängt ein.

Miranda sitzt vor dem Telefon, schuldig. Jetzt hat sie Josef auch noch einen Anlaß gegeben, aber wofür? Warum fällt mir die Brille ins Waschbecken, warum ist Josef und warum ist die Welt, o Gott, das ist doch nicht möglich. Gibt es denn kein anderes Lokal in Wien? Muß Josef zum Römischen Kaiser gehen mit ihr? Muß Miranda weinen, muß sie in einer finsteren Höhle leben, an den Bücherregalen entlanggehen, das Gesicht an die Buchrücken pressen und dann auch noch ein Buch finden »De l'Amour«.[39] Nachdem sie mühsam die ersten zwanzig Seiten gelesen hat, wird ihr schwindlig, sie rutscht tiefer in den Sessel, das Buch auf dem Gesicht, und kippt mit dem Sessel auf den Boden. Die Welt ist schwarz geworden.

Da sie weiß, daß ihr die Brille nicht zufällig ins Waschbecken gefallen ist, da sie Josef verlieren muß und ihn lieber freiwillig verlieren will, gerät sie in Bewegung. Sie übt die ersten Schritte auf ein Ende hin, das sie eines Tags, blind vor Schreck, feststellen wird. Daß sie Josef und Anastasia aufeinander zutreiben läßt, das dürfen beide nicht wissen, Stasi schon gar nicht, und sie muß darum eine Geschichte für alle erfinden, die erträglich und schöner ist als die wirkliche: Ihr wird also nie etwas an Josef gelegen gewesen sein,[40] das vor allem,[41] sie fängt schon an, diese Rolle zu lernen. Josef ist ein lieber guter alter Freund, nichts weiter, und sie wird sich freuen, sie wird es auch schon immer geahnt haben. Sie ahnt nur nicht, was die beiden wirklich tun und vorhaben, wie weit sie schon sind und welches Ende sie ihr anrichten. Miranda ruft Ernst an, und nach ein paar Tagen telefoniert er wieder ermutigt mit ihr. Zu Stasi macht sie einige unverständliche Bemerkungen, dann halbe Geständnisse: Ernst und ich, so kann man das nicht sehen, nein, wer sagt das denn? nein, aus war es wirklich nie, das ist doch, bitte, dir kann ich das ja, schon seit immer mehr gewesen als eine dieser Affären, die man eben hat, du verstehst —

Und sie murmelt noch etwas, als wäre sie schon zu weit gegangen. Die verwirrte Anastasia erfährt, daß Miranda noch immer nicht von Ernstl[42] loskommt, und davon hat nun wieder einmal kein Mensch eine Ahnung in dieser Stadt, in der angeblich jeder alles von jedem weiß.

Miranda bringt es fertig, sich mit Stasi zu verabreden, aber noch rechtzeitig mit Ernst vor der Haustür gesehen zu werden, wo sie den unschlüssi-

---

39 *De l'Amour* : (book title) On Love
40 *Ihr wird also nie etwas an Josef gelegen gewesen sein* : thus Josef never meant anything to her
41 *vor allem* : above all
42 *Ernstl* : (Austrian diminutive) dear Ernst

gen verlegenen Ernst zu küssen anfängt und ihn unter Küssen und aufgeregtem Lachen fragt, ob er sich noch erinnre, wie man ihr Haustor aufsperre.

Stasi bespricht mit Josef ausführlich die Haustorszene. Sie hat alles deutlich gesehen. Josef meint nicht viel dazu, er hat keine Lust, mit Anastasia über eine Miranda in Ernstls Armen vor dem Haustor nachzudenken. Josef ist überzeugt, daß es nur ihn für Miranda gibt, aber am nächsten Morgen, nachdem er Anastasia das Frühstück gemacht hat, wird er vergnügt. Er findet das nicht so übel, auch erleichternd, und Anastasia ist eben doch sehr klug und hat viel Scharfblick. Er wird sich mit dem Gedanken anfreunden, daß Miranda andere Männer braucht, daß Ernst schließlich auch besser zu ihr paßt, schon der gemeinsamen Interessen wegen, und sogar mit Berti sieht er sie oder mit Fritz, der ja nur so abscheulich von ihr redet, weil er nie zum Zug gekommen ist[43] und noch immer angesprungen käme, wenn sie ihn wollte. Für Josef hat Miranda eine neue Anziehungskraft, die er nicht an ihr gekannt hat, und da Anastasia noch einmal davon anfängt, traut er Miranda fast stolz zu, daß sie richtige Verheerungen anzurichten verstünde.

Der Fritz, der Ärmste, der säuft doch seither.

So sicher ist sich da Josef nicht wie Anastasia, denn Fritz hat schon früher getrunken. Und einmal verteidigt er Miranda matt. Stasi seziert Mirandas Charakter und behauptet vor allem, sie habe keinen, sie ändre sich doch andauernd. Einmal sieht man sie elegant im Theater, dann ist sie wieder verwahrlost, ein Rock zipft, oder sie hat wieder wochenlang keinen Friseur gesehen. Josef sagt:

Aber du verstehst nicht. Es hängt doch davon ab, ob sie grade ihre Brille gefunden hat oder nicht, und dann hängt es noch davon ab, ob sie sie auch aufsetzt.

Dumme Gans, denkt Stasi, er ist ihr ja noch immer attachiert, nein, die dumme Gans bin ich, weil ich mir Hoffnungen auf den Josef mache, und jetzt weiß er nicht, was er will, was will er bloß? Aber das ist doch sonnenklar, diese raffinierte, schlampige, dumme, diese — Hier findet Stasi keine Worte mehr — sie hat ihn doch vollkommen in der Hand mit ihrer Hilflosigkeit, der Josef will doch beschützen, und wer beschützt eigentlich mich?

---

43 *weil er nie zum Zug gekommen ist* : because he never got anywhere with her

Und sie weint aus ihren schönen anständig sehenden blauen Augen zwei Tränen in den Orangensaft und schwört sich, daß sie in ihrem ganzen Leben nicht mehr weinen wird, jedenfalls nicht in diesem Jahr und nicht wegen Josef.

Josefs heilige Miranda, die Fürsprecherin aller Grenzgänger, wird von Stasi geröstet, zerteilt, aufgespießt und verbrannt, und Miranda fühlt es körperlich, wenn sie darüber auch nie ein Wort erfahren wird. Sie traut sich nicht mehr aus dem Haus, sitzt da mit der zweiten neuen Brille — sie will nicht auf die Straße. Ernst kommt zum Tee, und sie machen Pläne für das Salzkammergut,[44] und Berti kommt einmal nachsehen, er meint, sie habe eine Avitaminose. Miranda sieht ihn gläubig an, ganz dieses Glaubens[45] ist sie auch, und sie schlägt Berti von sich aus vor, viel rohe Karotten zu essen. Berti sagt, indem er einen langen Rezeptzettel vollschreibt: Außerdem sind die gut für deine Augen.

Miranda sagt dankbar:

Natürlich, du weißt ja, das Wichtigste sind mir meine Augen.

Nur Josef kann sie kaum mehr ansehen. Sie schaut immer rechts oder links oder sonstwo an ihm vorbei, damit ihr Blick ins Leere geht. Sie möchte sich am liebsten die Hand vor die Augen halten, denn die größte Versuchung für sie ist immer noch die, Josef hingerissen anzuschauen. Es tut ihr einfach in den Augen weh, was er ihr vorspielt, nicht wie anderen im Herzen, im Magen oder im Kopf, und ihre Augen müssen den ganzen Schmerz aushalten, weil Josef-Sehen für sie das Wichtigste auf der Welt war. Und jeden Tag findet jetzt statt: Josef-Weniger-Sehen. Weniger-Von-Josef-Sehen.

Miranda gibt Eiswürfel in Josefs Glas, und Josef lümmelt selbstverständlich da wie immer, nur spricht er über Stasi, als hätten sie schon immer über Stasi gesprochen. Manchmal sagt er feierlich: Anastasia. Miranda, der Josef überall im Weg ist,[46] schaut auf ihre manikürten Fingernägel. Porcelaine, das war der Lack, der die Josef-Zeit begleitet hat, aber da Josef ihr nur mehr flüchtig beim Kommen und Gehen die Hand küßt und porcelaine nicht mehr bewundert und studiert, kann sie vielleicht auf diesen Lack auch verzichten. Miranda springt auf, macht das Fenster zu. Sie ist überempfindlich, Geräuschen gegenüber. Es gibt neuerdings in dieser Stadt nur noch Geräusche, Radios, Fernseher, junge kläffende Hunde und

---

44 *Salzkammergut* : scenic area of mountains and lakes in the Austrian Alps, so named because of immense salt deposits in the region

45 *ganz dieses Glaubens* : totally of the same opinion

46 *der Josef überall im Weg ist* : for whom Joseph is always in the way

diese kleinen Lieferwagen, ja, daran stößt Miranda sich,[47] sie kann sich
doch nicht wünschen, auch noch schlecht zu hören! Und auch dann würde
sie die Geräusche noch arg hören, nur die Stimme nicht mehr deutlich, die
sie am liebsten hört.
Miranda sagt nachdenklich:
Bei mir geht alles übers Ohr, ich muß die Stimme von jemand mögen,
sonst führt es zu nichts.
Aber gibt sie nicht vor, nur schöne Menschen gern zu haben? Niemand
kennt mehr schöne Leute als Miranda, sie zieht sie an, denn sie zieht
Schönheit jeder anderen Qualität vor. Wenn sie verlassen wird, und Josef
ist dabei, sie zu verlassen, dann wird eben Anastasia schöner oder
besonders schön gewesen sein. Es ist die Erklärung für alle Wechselfälle in
Mirandas Leben.
(Verstehst du, Berti? Sie war eben schöner als ich.)
Wovon hat Josef aber gesprochen die ganze Zeit, also doch wieder einmal
von ihr, wenn sie sich nicht täuscht.
Das ist doch sehr, sehr selten, sagt Josef.
Ja? findest du? — Miranda versteht noch immer nicht, was er gesagt hat.
Sie hört ihm immer weniger zu.
Ja, sagt er, mit dir ist das eben möglich.
Darauf will er also hinaus,[48] und nun schaut Miranda ihn seit Wochen
zum erstenmal wieder an. O ja, sie wird diese furchtbare fromme Lüge in
eine Wahrheit verwandeln. Begreift er denn nicht? Eine Freundschaft —
Josef, sie und eine Freundschaft?
Ja, sagt Miranda, so selten ist das doch nicht, eine Freundschaft. Und eine
inwendige andere weniger sublime Miranda weiß sich nicht zu fassen:
Mein Gott, ist dieser Mann blöde, er ist einfach zu blöde, ja merkt er denn
überhaupt nichts, und wird das bis in alle Ewigkeit so sein, und warum
bloß muß der einzige Mann, der mir gefällt, so sein!
Ins Sonntagskonzert würden sie natürlich miteinander gehen, erklärt Josef
nebenbei. Miranda findet das nicht mehr natürlich. Aber da Stasi sonntags zu ihrem Mann muß, noch einmal des Kindes wegen sich »auseinan-
dersetzen«, bleibt ihr ein Sonntag.
Was, die Vierte Mahler,[49] schon wieder? sagt sie.
Nein, aber doch die Sechste, habe ich gesagt. Erinnerst du dich noch an

---

47 *daran stößt Miranda sich* : that really bothers her
48 *Darauf will er also hinaus* : So that's what he's after
49 *Vierte Mahler* : Symphony No. 4 in G major by Gustav Mahler (1860–1911). Mahler's Sixth
Symphony is far more sombre than his light-hearted Fourth.

London? Ja, sagt Miranda, ihr Zutrauen ist wieder da, sie wird noch einmal Mahler hören mit Josef, und keinen Ton davon konnte ihr Stasi zerstören und ihr auch Josef nicht streitig machen auf der Stiege des Musikvereins, solange sie sonntags noch weg mußte, zum Sich-Auseinandersetzen. Josef kommt nach dem Konzert doch mit zu Miranda und so, als wäre es nicht das letzte Mal. Sagen kann er es ihr nicht, in ein paar Wochen wird sie begriffen haben, sie wirkt so vernünftig. Langsam zieht er sich die Schuhe an, sucht dann seine Krawatte, die er mit einem abwesenden Ausdruck bindet und zurechtrückt, ohne Miranda ein einziges Mal anzusehen. Er schenkt sich einen Sliwowitz[50] ein, steht am Fenster und sieht hinunter auf das Straßenbild: I. Blutgasse. Mein argloser Engel. Einen Augenblick lang nimmt er Miranda in die Arme, er berührt mit seinem Mund ihr Haar und ist unfähig, etwas andres zu sehen und zu fühlen außer dem Wort »Blutgasse«. Wer tut uns das alles an? Was tun wir einander an? Warum muß ich das tun? und er möchte ja Miranda küssen, aber er kann nicht, und so denkt er nur, es wird noch immer hingerichtet, es ist eine Hinrichtung, weil alles, was ich tu, eine Untat ist, die Taten sind eben die Untaten. Und sein Engel sieht ihn mit geweiteten Augen an, behält die Augen fragend offen, als ob es noch etwas Letztes an Josef zu erkennen geben müßte, endlich aber mit einem Ausdruck, der ihn noch mehr vernichtet, weil er ihn freispricht und begnadigt. Weil Josef weiß, daß niemand mehr ihn so ansehen wird, auch Anastasia nicht, schließt er die Augen.

Miranda hat nicht gemerkt, wann die Tür zugefallen ist, sie hört nur eine Garagentür unten knallen, ein Gejohle aus einem entfernten Lokal, Besoffene auf der Straße, den musikalischen Auftakt zu einer Radiosendung, und Miranda möchte nicht mehr leben in dieser Geräuschhaft, Licht- und Dunkelhaft,[51] sie hat nur noch einen Zugang zur Welt über einen dröhnenden Kopfschmerz, der ihr die Augen zudrückt, die zu lange offen waren. Was hat sie zuletzt bloß gesehen? Sie hat Josef gesehen.

In Salzburg, im Café Bazar, treffen sie einander wieder. Anastasia und Josef kommen herein als ein Paar, und Miranda zittert nur, weil Stasi so böse oder unglücklich aussieht, ja was hat sie denn bloß,[52] wie soll ich denn da — und Miranda, die immer auf Josef zugeflogen ist, hört ihn etwas Spöttisches, Lustiges sagen, daraufhin geht Stasi verdüstert weiter

50 *Sliwowitz* : a type of clear brandy distilled from plums, especially popular in Austria and Yugoslavia
51 *leben in dieser Geräuschhaft, Licht- and Dunkelhaft* : live as a prisoner of noise, light, and darkness
52 *was hat sie denn bloß?* : what's wrong with her?

und auf sie zu. Während Josef, auf der Flucht, vor ihr doch wohl nicht? den alten Hofrat Perschy und dann noch die Altenwyls und die ganze Clique grüßen muß, hebt Miranda sich mit einem Ruck in ihren Sandalen und fliegt ungeschickt auf eine bleiche Stasi zu und murmelt, mit einem roten Hauch im Gesicht, nachdem sie Stasi auf die Wange geküßt hat, geröstet von Heuchelei und einem angestrengten Willen: Ich bin ja so froh für dich, und den Josef natürlich, ja, die Karte, ja, dank dir, hab ich bekommen.

Josef gibt sie flüchtig und lachend die Hand, Servus,[53] und Stasi sagt großmütig: Aber Josef, so gib der Miranda doch einen Kuß.

Miranda tut, als hätte sie es gar nicht gehört, sie tritt zurück, zieht Anastasia mit sich, tuschelt und flüstert, immer röter im Gesicht, du, bitte, das ist ja eine Konfusion in diesem Salzburg, nein, nein, nichts Arges, aber ich muß nachher gleich den Ernst, der überraschend, du verstehst schon.[54] Bring es dem Josef irgendwie bei, du wirst es schon richtig machen.

Miranda hat es eilig, sie sieht noch, daß Anastasia verstehend nickt und auf einmal »lieb« aussieht, aber plötzlich auch diese Röte im Gesicht hat. Es kann aber auch sein, daß nur sie so fiebrig ist und ihr Gefühl von einer befleckten Welt überhandnimmt. Aber ins Hotel wird sie noch kommen mit diesem Scharlach, dieser heißen Schande im ganzen Gesicht und auf dem Leib, und sie sieht noch die Flügeltür und sieht nur nicht, daß die Flügel nicht mit ihr herumwollen, sondern ein Flügel der Tür gegen sie schwingt, und sie denkt zuletzt, während es sie hinschleudert unter einem Hagel aus Glasscherben, und während ihr noch wärmer wird vom Aufschlagen und dem Blut, das ihr aus dem Mund und aus der Nase schießt: Immer das Gute im Auge behalten.

---

53 *Servus* : traditional informal Austrian greeting
54 *ich muß nachher gleich . . . du verstehst schon* : afterwards I have to go straight to Ernst, who unexpectedly—you understand, I'm sure

"Das Bedürfnis, auf eine neue Art zu schreiben, folgt, wenn auch mit Abstand, einer neuen Art, in der Welt zu sein."

(Aus "Lesen und Schreiben")

CHRISTA WOLF

The best-known contemporary writer of the German Democratic Republic is a woman: Christa Wolf, born 1929 in Landsberg an der Warthe — now Gorzów, Poland. Growing up in Hitler's Germany, she and her family were among the millions expelled from the German territories east of the Oder and Neisse rivers, placed under Polish administration at the war's end after Hitler had attempted to destroy the Polish nation. After settling in Mecklenburg and completing her Abitur, Wolf studied German literature at the universities of Jena and Leipzig before beginning a six-year career (1953-59) in various editorial posts and in the administration of the Schriftstellerverband, the writers' union of the GDR. While free-lancing as an editor with the respected Mitteldeutscher Verlag in Halle, where she lived between 1959 and 1963, she followed the so-called "Bitterfelder Weg" — a mandate to intellectuals to involve themselves in the world of labor and production — by working in a railroad car factory in the same city. Meanwhile her first publication, "Moskauer Novelle," won the literary prize of the city of Halle in 1961 and Wolf returned as a full-time writer to Berlin, where she continues to live.

The appearance of her novel *Der geteilte Himmel* (1963), for which she was awarded the Heinrich Mann Prize of the Academy of Arts and the National Prize for Art and Literature of the GDR, marks her emergence as a major writer. Her first novel deals with the division of Germany as exemplified in the lives of two young people who ultimately choose to live and work on opposite sides of the Berlin Wall, built in 1961. Wolf's best-known work, *Nachdenken über Christa T.*, which appeared in a timidly limited edition in 1968, represents a turning point in the history of GDR literature. It marked the end of simplistic, "realistic" narration, which tended to depict women as "positive heroines," who were basically cogs in the machine of socialist production, and the beginning of more experimental, subjective forms of writing.

The narrative principle of "subjective authenticity" which she introduced in this novel has characterized all of Wolf's subsequent writing through the publication of her most recent novel, *Kassandra* (1983). *Kein Ort. Nirgends* (1979) presented a fictitious account of an encounter between the Romantic writers Karoline von Günderrode and Heinrich von Kleist in 1804. In the same year she also published an edition of the letters, poetry and prose of Günderrode, accompanied by a remarkable essay, "Der Schatten eines Traumes," which indicates the depth of her personal involvement in the fate of this woman writer. In 1980 Christa Wolf received the most prestigious literary award in the Federal Republic of Germany, the Georg Büchner Prize.

In 1982, as holder of the University of Frankfurt Chair for Poetics, Christa Wolf delivered a series of lectures which were concerned with the potential for a genuinely female way of writing, with the possibility of deriving a "feminine aesthetic" from the female experience. The lecture series, published under the title *Voraussetzungen einer Erzählung: Kassandra*, reveals how her initial preoccupation with the Orestia of Aeschylus led her to see Cassandra as a contemporary spirit for women living in a world threatened by war and patriarchy and traces the genesis of the story published separately as *Kassandra* in 1983.

As this brief sketch may suggest, Wolf's work is highly autobiographical in nature. Nowhere is this clearer than in the short story presented here. "Blickwechsel" (1970) points in both its structure and content to her important 1976 novel, *Kindheitsmuster*, which recalls her childhood experiences under National Socialism. "Über Befreiung soll berichtet werden," the narrator remarks near the beginning of the story, referring to the fact that "Blickwechsel" was written in response to a call to GDR authors for pieces in commemoration of the twenty-fifth anniversary of the "liberation from fascism" in 1945 — a standard East German expression for what is called the "collapse of Germany" in the West. The title refers to the change of perspective from the present of the mature narrator trying to recall the past events of 1945 to that of the naive girl who experienced them. But even more importantly, she begins to see those events in a new light: "Ich hatte aufgehört, ein Kind zu sein." Her loss of innocence and budding political awareness are captured in another "Blickwechsel": the exchange of glances with one of the concentration camp inmates whom she meets along the way. In reading the story, watch for these changes of perspective, sometimes indicated by change of tenses, sometimes by the tone of the narrator in relating the perceptions and experiences of the girl. Can you distinguish the present attitude of the narrator from that of the young woman who experiences these events? Why is she so saddened by seeing the German girls with an American soldier?

Blickwechsel[1]

I

Ich habe vergessen, was meine Großmutter anhatte, als das schlimme Wort *Asien* sie wieder auf die Beine brachte.[2] Warum gerade sie mir als erste vor Augen steht, weiß ich nicht, zu Lebzeiten[3] hat sie sich niemals vorgedrängt. Ich kenne alle ihre Kleider: das braune mit dem Häkelkragen, das sie zu Weihnachten und zu allen Familiengeburtstagen anzog, ihre schwarze Seidenbluse, ihre großkarierte Küchenschürze und die schwarzmelierte Strickjacke, in der sie im Winter am Ofen saß und den »Landsberger General-Anzeiger«[4] studierte. Für diese Reise hatte sie nichts Passendes anzuziehen, an meinem Gedächtnis liegt es nicht.[5] Ihre Knöpfstiefelchen konnte sie gebrauchen, sie hingen an ihren zu kurzen, leicht krummen Beinen immer zwei Zentimeter über dem Fußboden, auch wenn meine Großmutter auf einer Luftschutzpritsche saß, auch wenn der Fußboden festgetretene Erde war, wie an jenem Apriltag, von dem hier die Rede ist. Die Bomberverbände, die nun schon am hellerlichten Tag über uns hin nach Berlin zogen, waren nicht mehr zu hören. Jemand hatte die Tür des Luftschutzbunkers aufgestoßen, und in dem hellen Sonnendreieck am Eingang standen, drei Schritt von dem baumelnden Knöpfstiefelchen meiner Großmutter entfernt, ein Paar hohe schwarze Langschäfter, in denen ein Offizier der Waffen-SS[6] steckte, der in seinem blonden Gehirn jedes einzelne Wort meiner Großmutter während des langen Fliegeralarms festgehalten hatte: Nein, nein, hier kriegt ihr mich nicht mehr weg, sollen sie mich umbringen, um mich alte Frau ist es nicht schade.[7] — Was? sagte der SS-Offizier. Lebensmüde? Diesen asiatischen Horden wollt ihr in die Hände fallen? Die Russen schneiden doch allen Frauen die Brüste ab!
Da kam meine Großmutter ächzend wieder hoch. Ach Gott, sagte sie, womit hat die Menschheit das verdient! Mein Großvater fuhr sie an: Was du auch immer reden mußt!, und nun sehe ich sie genau, wie sie auf den Hof gehen und sich jeder an seinen Platz bei unserem Handwagen stellen: Großmutter in ihrem schwarzen Tuchmantel und dem hell- und dunkelbraun gestreiften Kopftuch, das noch meine Kinder als Halswickel hatten, stützt die rechte Hand auf den hinteren Holm des Wagens, Großvater in Ohrenklappenmütze und Fischgrätjoppe postiert sich neben der Deichsel.

---

1 *Blickwechsel* : The title has a double meaning, since it can mean both an "exchange of glances" and a "change of perspective"

2 *sie wieder auf die Beine brachte* : got her moving again

3 *zu Lebzeiten* : during her lifetime

4 *"Landsberger General-Anzeiger"* : "Landsberg General Advertiser," the newspaper of the city of Landsberg (now Gorzów, Poland), about 75 miles east of Berlin

5 *an meinem Gedächtnis liegt es nicht* : it's not the fault of my memory

6 *Waffen-SS* : SS men assigned to military service, elite of the Schutzstaffel ("Black Shirts", a Nazi party organization

7 *um mich alte Frau ist es nicht schade* : an old women like me is no big loss

Eile ist geboten, die Nacht ist nahe und der Feind auch, nur daß sie beide von verschiedenen Richtungen kommen: die Nacht von Westen und der Feind von Osten. Im Süden, wo sie aufeinandertreffen und wo die kleine Stadt Nauen[8] liegt, schlägt Feuer an den Himmel. Wir glauben die Feuerschrift zu verstehen, das Menetekel scheint uns eindeutig und lautet: Nach Westen.

Wir aber müssen zuerst meine Mutter suchen. Sie verschwindet häufig, wenn es ans Weiterziehen[9] geht, sie will zurück, und sie muß weiter, beide Gebote sind manchmal gleich stark, da erfindet sie sich Vorwände und läuft weg, sie sagt: Ich häng mich auf, und wir, mein Bruder und ich, leben noch in dem Bereich, in dem man Worte wörtlich nimmt, wir laufen in das kleine Waldstück, in dem meine Mutter nichts zu suchen hat und in dem auch wir nichts zu suchen haben wollen, wir ertappen uns gegenseitig dabei, wie wir den Blick in die Baumkronen werfen, wir vermeiden es, uns anzusehen, sprechen können wir sowieso nicht über unaussprechbare Vermutungen, wir schweigen auch, als meine Mutter, die jede Woche knochiger und magerer wird, vom Dorf heraufkommt, ein Säckchen Mehl auf den Handwagen wirft und uns Vorwürfe macht: Rennt in der Gegend umher[10] und macht die Leute wild, was habt ihr euch bloß gedacht? Und wer soll den Bauern das Zeug aus der Nase ziehen,[11] wenn nicht ich?

Sie spannt sich vor den Wagen, mein Bruder und ich schieben an, der Himmel gibt unheimlich Feuerwerk dazu, und ich höre wieder das feine Geräusch, mit dem der biedere Zug *Wirklichkeit* aus den Schienen springt[12] und in wilder Fahrt mitten in die dichteste, unglaublichste Unwirklichkeit rast, so daß mich ein Lachen stößt, dessen Ungehörigkeit ich scharf empfinde.

Nur daß ich niemandem klarmachen kann, daß ich nicht über uns lache, gottbewahre, über uns seßhafte, ordentliche Leute in dem zweistöckigen Haus neben der Pappel, über uns bunte Guckkastenleute im Essigpott;[13] Mantje, Mantje, Timpete, Buttje, Buttje in de See, mine Fru, de Ilsebill, will nich so, as ik wol will.[14] Aber keiner von uns hat doch Kaiser werden

---

8 *Nauen* : a town just west of Berlin

9 *wenn es ans Weiterziehen geht* : whenever it's time to move on

10 *Rennt in der Gegend umher* : (you're) running all over the place

11 *wer soll den Bauern das Zeug aus der Nase ziehen* : who's going to worm this stuff out of the farmers

12 *mit dem der biedere Zug* Wirklichkeit *aus den Schienen springt* : with which the trusty train of reality jumps the tracks

13 *Essigpott* : "vinegar pot"—a reference to the agricultural region of Mecklenburg, formed in analogy to the term "Kohlenpott" for the industrial Ruhr valley in West Germany and to the "Pißpott" in which the fisherman and his wife live in the Grimm fairy tale (see following note)

14 *Mantje, Mantje . . . as ik wol will* : "Mantje, Mantje, Timpete, flounder, flounder in the sea, my wife Ilsebill doesn't want things as I do." Refrain from the Grimm fairy tale "Der Fischer und sine Fru," which relates destruction caused by greed and ambition. The fisherman's wife desired to be king, then emperor, then pope, and finally Lord of the Universe.

wollen oder gar Papst und ganz gewiß nicht Lieber Gott, ganz zufrieden hat der eine unten im Laden Mehl und Butterschmalz und saure Gurken und Malzkaffee verkauft, der andere englische Vokabeln an einem schwarzen Wachstuchtisch gelernt und hin und wieder aus dem Fenster über die Stadt und den Fluß gesehen, die ganz ruhig und richtig dalagen und mir nie den Wunsch eingegeben haben, sie zu verlassen, ganz beharrlich hat mein kleiner Bruder immer neue Merkwürdigkeiten aus seinem Stabilbaukasten zusammengeschraubt und dann darauf bestanden, sie mit Schnüren und Rollen in irgendeine sinnlose Bewegung zu bringen, während oben in ihrer Küche meine Großmutter eine Sorte Bratkartoffeln mit Zwiebeln und Majoran brät, die mit ihrem Tod aus der Welt verschwunden ist, und mein Großvater den Pechdraht über den Fensterriegel hängt und die blaue Schusterschürze abbindet, um auf seinem Holzbrettchen am Küchentisch in jedes Stückchen Brotrinde ein Dutzend feiner Kerben zu schneiden, damit sein zahnloser Mund das Brot kauen kann.

Nein, ich weiß nicht, warum man uns in den Essigpott geschickt hat, und um nichts in der Welt[15] weiß ich, wieso ich darüber lachen muß, auch wenn mein Onkel, der den zweiten Handwagen unseres winzigen Zuges anführt, wieder und wieder argwöhnisch fragt: Möchte bloß wissen, an wem es hier was zu lachen gibt.[16] Auch wenn ich begreife, wie enttäuscht einer sein muß, daß die Angst, man lache ihn aus, nicht mal zu Ende ist, wenn man endlich die Prokura in der Tasche hat. Auch wenn ich ihm gerne den Gefallen getan hätte, ihm zu versichern, ich lachte über mich selbst: Ich konnte schwer lügen,[17] und ich fühlte deutlich, daß ich abwesend war, obwohl man eine jener Figuren, in der Dunkelheit gegen den Wind gelehnt, ohne weiteres mit mir hätte verwechseln können. Man sieht sich nicht, wenn man in sich drinsteckt, ich aber sah uns alle, wie ich uns heute sehe, als hätte irgendeiner mich aus meiner Hülle herausgehoben und danebengestellt mit dem Befehl: Sieh hin!

Das tat ich, aber es machte mir keinen Spaß.

Ich sah uns von der Landstraße abkommen, in der Finsternis auf Seitenwegen herumtappen und endlich auf eine Allee stoßen, die uns auf ein Tor führte, auf einen abgelegenen Gutshof und auf einen schiefen, leicht schlotternden Mann, der mitten in der Nacht zu den Ställen humpelte, dem es nicht gegeben war,[18] sich über irgend etwas zu wundern, so daß er

---

15 *um nichts in der Welt* : not for anything
16 *an wem es hier was zu lachen gibt* : who's so funny around here
17 *Ich konnte schwer lügen* : I could hardly lie
18 *dem es nicht gegeben war* : who didn't have it in him

das verzweifelte, erschöpfte Trüppchen ungerührt auf seine Weise begrüßte: Na ihr, Sodom und Gomorrha?[19] Macht ja nichts. Platz ist in der kleinsten Hütte für ein glücklich liebend Paar.[20] Der Mann ist nicht gescheit, sagte meine Mutter bedrückt, als wir Kalle über den Hof folgten, und mein Großvater, der wenig sprach, erklärte befriedigt: Der ist ganz schön im Gehirn verrückt. — So war es freilich. Kalle sagte Meister zu meinem Großvater, dessen höchste Dienstränge in seinem Leben Gemeiner in einem Kaiserlichen Infanterieregiment, Schustergeselle bei Herrn Lebuse in Bromberg[21] und Streckenwärter bei der Deutschen Reichsbahn, Bezirksinspektion Frankfurt (Oder),[22] gewesen waren. Meister, sagte Kalle, am besten nimmst du dir das Kabuff dahinten in der Ecke. Darauf verschwand er und pfiff: Nimm mal noch ein Tröpfchen... Aber die Teeverteilung hatten die Schläfer in den Doppelstockbetten schon hinter sich, auch die unvermeidlichen Leberwurstbrote waren ihnen gereicht worden, man roch es. Ich versuchte, mir mit dem Arm beim Schlafen die Nase zuzuhalten. Mein Großvater, der fast taub war, begann wie jeden Abend laut sein Vaterunser aufzusagen, aber bei Und vergib uns unsere Schuld[23] rief meine Großmutter ihm ins Ohr, daß er die Leute störe, und darüber kamen sie in Streit. Der ganze Saal konnte ihnen zuhören, wo früher nur ihre alten knarrenden Holzbetten Zeuge gewesen waren und das schwarzgerahmte Engelsbild mit dem Spruch: Wenn auch der Hoffnung letzter Anker bricht, verzage nicht! Bei Morgengrauen weckte uns Kalle. Kutschern wirst du doch woll[24] können? fragte er meinen Onkel. Herr Volk, was[25] der Gutsbesitzer ist, will nämlich mit Mann und Maus abrücken,[26] aber wer fährt die Ochsenwagen mit den Futtersäcken? — Ich, sagte mein Onkel, und er blieb dabei, auch wenn meine Tante ihm in den Ohren lag,[27] daß Ochsen gefährliche Tiere sind und daß er nicht für diese fremden Leute seine Haut zu Markte[28]...Halt den Mund! schnauzte er. Und wie kriegst du sonst deine Plünnen[29] hier weg? — Wir alle durften aufsitzen, und unser Handwagen

---

19 *Sodom und Gomorrha* : Biblical cities destroyed by heaven for their sinfulness
20 Allusion to the last lines of Friedrich Schiller's poem "Der Jüngling am Bache" (1803):
   Raum ist in der kleinsten Hütte
   Für ein glücklich liebend Paar.
21 *Bromberg* (now Bydgoszcz, Poland) : a city located about halfway between Berlin and Warsaw
22 *Frankfurt (Oder)* : East German city on the Oder River bordering Poland
23 *Und vergib uns unsere Schuld* : And forgive us our trespasses (from the Lord's Prayer)
24 *woll=wohl*
25 *was=der*
26 *mit Mann und Maus abrücken* : to clear out
27 *ihm in den Ohren lag* : kept nagging him
28 *seine Haut zu Markte (tragen)* : to risk his life
29 *Plünnen (=Plunder)* : junk

wurde an der hinteren Wagenrunge festgezurrt. Oberprima,[30] sagte Kalle, denkt bloß nicht, die Ochsen sind schneller als euer Handwagen. Herr Volk kam persönlich, um seinen neuen Kutscher mit Handschlag zu verpflichten, er trug einen Jägerhut, einen Lodenmantel und Knickerbocker, und Frau Volk kam, um die Frauen, die nun so oder so zu ihrem Gesinde gehörten, mit einem gütigen, gebildeten Wort zu bedenken,[31] aber ich konnte sie nicht leiden, weil sie ohne weiteres[32] du zu mir sagte und ihrer Dackelhündin Bienchen erlaubte, an unseren Beinen zu schnuppern, die vermutlich nach Leberwurstbroten rochen. Nun sah meine Tante, daß es sich um feine Leute handelte, sowieso hätte sich mein Onkel ja nicht bei irgendeinem Piefke[33] verdingt. Dann begann es dicht hinter uns zu schießen, und wir zogen in beschleunigtem Tempo ab. Der Liebe Gott verläßt die Seinen nicht, sagte meine Großmutter.

Ich aber hatte in der Nacht zum letztenmal den Kindertraum geträumt: ich bin gar nicht das Kind meiner Eltern, ich bin vertauscht und gehöre zu Kaufmann Rambow in der Friedrichstadt,[34] der aber viel zu schlau ist, seine Ansprüche offen anzumelden, obwohl er alles durchschaut hat und sich Maßnahmen vorbehält, so daß ich schließlich gezwungen bin, die Straße zu meiden, in der er in seiner Ladentüre mit Lutschkellen auf mich lauert. Diese Nacht nun hatte ich ihm im Traum bündig mitteilen können, daß ich jegliche Angst, sogar die Erinnerung an Angst vor ihm verloren hatte, daß dies das Ende seiner Macht über mich war und ich von jetzt an täglich bei ihm vorbeikommen und zwei Stangen Borkenschokolade abholen werde. Kaufmann Rambow hatte kleinlaut meine Bedingungen angenommen.

Kein Zweifel, er war erledigt, denn er wurde nicht mehr gebraucht. Vertauscht war ich nicht, aber ich selbst war ich auch nicht mehr. Nie vergaß ich, wann dieser Fremdling in mich gefahren war, der mich inzwischen gepackt hatte und nach Gutdünken mit mir verfuhr. Es war jener kalte Januarmorgen, als ich in aller Hast auf einem Lastwagen meine Stadt in Richtung Küstrin[35] verließ und als ich mich sehr wundern mußte, wie grau diese Stadt doch war, in der ich immer alles Licht und alle Farben gefunden hatte, die ich brauchte. Da sagte jemand in mir langsam und deutlich: Das siehst du niemals wieder.

Mein Schreck ist nicht zu beschreiben. Gegen dieses Urteil gab es keine

---

30 *Oberprima* (colloq) : "super," great
31 *mit einem gütigen, gebildeten Wort zu bedenken* : to bestow kind and cultivated words (ironic)
32 *ohne weiteres* : without further ado
33 *Piefke* (colloq) : would-be "big-shot"
34 *Friedrichstadt* : a district or neighborhood of Landsberg
35 *Küstrin* (now Kostrzyn, Poland), city at the juncture of the Warthe and Oder Rivers, west of Landsberg

Berufung. Alles, was ich tun konnte, war, treu und redlich für mich zu behalten, was ich wußte, Flut und Ebbe von Gerüchten und Hoffnung anschwellen und wieder sinken zu sehen, vorläufig alles so weiterzumachen, wie ich es den anderen schuldig war, zu sagen, was sie von mir hören wollten. Aber der Fremdling in mir fraß um sich und wuchs, und womöglich würde er an meiner Stelle bald den Gehorsam verweigern. Schon stieß er mich manchmal, daß sie mich von der Seite ansahen: Jetzt lacht sie wieder. Wenn man bloß wüßte, worüber?

II

Über *Befreiung* soll berichtet werden, die Stunde der Befreiung, und ich habe gedacht: Nichts leichter als das. Seit all den Jahren steht diese Stunde scharf gestochen vor meinen Augen, fix und fertig liegt sie in meinem Gedächtnis, und falls es Gründe gegeben hat, bis heute nicht daran zu rühren, dann sollten fünfundzwanzig Jahre auch diese Gründe getilgt haben oder wenigstens abgeschwächt. Ich brauchte bloß das Kommando zu geben, schon würde der Apparat arbeiten, und wie von selbst würde alles auf dem Papier erscheinen, eine Folge genauer, gut sichtbarer Bilder. Wider Erwarten hakte ich mich an der Frage fest, was meine Großmutter unterwegs für Kleider trug,[36] und von da geriet ich an den Fremdling, der mich eines Tages in sich verwandelt hatte und nun schon wieder ein anderer ist und andere Urteile spricht, und schließlich muß ich mich damit abfinden, daß aus der Bilderkette nichts wird; die Erinnerung ist kein Leporelloalbum,[37] und es hängt nicht allein von einem Datum und zufälligen Bewegungen der alliierten Truppen ab, wann einer befreit wird, sondern doch auch von gewissen schwierigen und lang andauernden Bewegungen in ihm selbst. Und die Zeit, wenn sie Gründe tilgt, bringt doch auch unaufhörlich neue hervor und macht die Benennung einer bestimmten Stunde eher schwieriger; wovon man befreit wird, will man deutlich sagen, und wenn man gewissenhaft ist, vielleicht auch, wozu. Da fällt einem das Ende einer Kinderangst ein, Kaufmann Rambow, der sicherlich ein braver Mann war, und nun sucht man einen neuen Ansatz, der wieder nichts anderes bringt als Annäherung, und dabei bleibt es dann. Das Ende meiner Angst vor den Tiefffliegern. Wie man sich bettet, so liegt man,[38] würde Kalle sagen, wenn er noch am Leben wäre, aber ich nehme an, er ist tot, wie viele der handelnden Personen (der Tod tilgt Gründe, ja).

---

36 *was meine Großmutter unterwegs für Kleider trug* : what kind of clothes my grandmother
   was wearing along the way
37 *Leporelloalbum* : a picture folded into accordion pleats so that it can be revealed bit by bit.
   The expression refers to the way in which Leporello revealed Don Juan's amorous exploits in
   Mozart's opera *Don Giovanni*.
38 *Wie man sich bettet, so liegt man* : You made your bed, now you must sleep in it

Tot wie der Vorarbeiter Wilhelm Grund, nachdem die Tiefflieger ihm in den Bauch geschossen hatten. So sah ich mit sechzehn meinen ersten Toten, und ich muß sagen: reichlich spät für jene Jahre. (Den Säugling, den ich in einem steifen Bündel aus einem Lastwagen heraus einer Flüchtlingsfrau reichte, kann ich nicht rechnen, ich sah ihn nicht, ich hörte nur, wie seine Mutter schrie, und lief davon.) Der Zufall hatte ergeben, daß Wilhelm Grund an meiner Stelle[39] dalag, denn nichts als der nackte Zufall hatte meinen Onkel an jenem Morgen bei einem kranken Pferd in der Scheune festgehalten, anstatt daß wir mit Grunds Ochsenwagen gemeinsam wie sonst vor den anderen auf die Landstraße gingen. Hier, mußte ich mir sagen, hätten auch wir sein sollen, und nicht dort, wo man sicher war, obwohl man die Schüsse hörte und die fünfzehn Pferde wild wurden. Seitdem fürchte ich Pferde. Mehr noch aber fürchte ich seit jenem Augenblick die Gesichter von Leuten, die sehen mußten, was kein Mensch sehen sollte. Ein solches Gesicht hatte der Landarbeiterjunge Gerhard Grund, als er das Scheunentor aufstieß, ein paar Schritte noch schaffte und dann zusammensackte: Herr Volk, was haben sie mit meinem Vater gemacht!

Er war so alt wie ich. Sein Vater lag am Rande der Straße im Staub neben seinen Ochsen und blickte starr nach oben, wer darauf bestehen wollte, mochte sich sagen: in den Himmel. Ich sah, daß diesen Blick nichts mehr zurückholte, nicht das Geheul seiner Frau, nicht das Gewimmer der drei Kinder. Diesmal vergaß man, uns zu sagen, das sei kein Anblick für uns. Schnell, sagte Herr Volk, hier müssen wir weg. So wie sie diesen Toten an Schultern und Beinen packten, hätten sie auch mich gepackt und zum Waldrand geschleift. Jedem von uns, auch mir, wäre wie ihm die Zeltplane vom gutsherrlichen Futterboden zum Sarg geworden. Ohne Gebet und ohne Gesang wie der Landarbeiter Wilhelm Grund wäre auch ich in die Grube gefahren.[40] Geheul hätten sie auch mir nachgeschickt, und dann wären sie weitergezogen, wie wir, weil wir nicht bleiben konnten. Lange Zeit hätten sie keine Lust zum Reden gehabt, wie auch wir schwiegen, und dann hätten sie sich fragen müssen, was sie tun könnten, um selbst am Leben zu bleiben, und, genau wie wir jetzt, hätten sie große Birkenzweige abgerissen und unsere Wagen damit besteckt, als würden die fremden Piloten sich durch das wandelnde Birkenwäldchen täuschen lassen. Alles, alles wäre wie jetzt, nur ich wäre nicht mehr dabei. Und der Unterschied,

---

39 *an meiner Stelle* : instead of me
40 *in die Grube gefahren* : gone to the grave

der mir alles war,[41] bedeutete den meisten anderen hier so gut wie nichts. Schon saß Gerhard Grund auf dem Platz seines Vaters und trieb mit dessen Peitsche die Ochsen an, und Herr Volk nickte ihm zu: Braver Junge. Dein Vater ist wie ein Soldat gefallen. Dies glaubte ich eigentlich nicht. So war der Soldatentod in den Lesebüchern und Zeitungen nicht beschrieben, und der Instanz, mit der ich ständigen Kontakt hielt und die ich — wenn auch unter Skrupeln und Vorbehalten — mit dem Namen Gottes belegte,[42] teilte ich mit, daß ein Mann und Vater von vier Kindern oder irgendein anderer Mensch nach meiner Überzeugung nicht auf diese Weise zu verenden habe. Es ist eben Krieg, sagte Herr Volk, und gewiß, das war es und mußte es sein, aber ich konnte mich darauf berufen, daß hier eine Abweichung vom Ideal des Todes für Führer und Reich vorlag, und ich fragte nicht, wen meine Mutter meinte, als sie Frau Grund umarmte und laut sagte: Die Verfluchten. Diese verfluchten Verbrecher.

Mir fiel es zu, weil ich gerade Wache hatte, die nächste Angriffswelle, zwei amerikanische Jäger, durch Trillersignal zu melden. Wie ich es mir gedacht hatte, blieb der Birkenwald weithin sichtbar als leichte Beute auf der kahlen Chaussee stehen. Was laufen konnte,[43] sprang von den Wagen und warf sich in den Straßengraben. Auch ich. Nur daß ich diesmal nicht das Gesicht im Sand vergrub, sondern mich auf den Rücken legte und weiter mein Butterbrot aß. Ich wollte nicht sterben, und todesmutig war ich gewiß nicht, und was Angst ist, wußte ich besser, als mir lieb war.[44] Aber man stirbt nicht zweimal an einem Tag. Ich wollte den sehen, der auf mich schoß, denn mir war der überraschende Gedanke gekommen, daß in jedem Flugzeug ein paar einzelne Leute saßen. Erst sah ich die weißen Sterne unter den Tragflächen, dann aber, als sie zu neuem Anflug abdrehten, sehr nahe die Köpfe der Piloten in den Fliegerhauben, endlich sogar die nackten weißen Flecken ihrer Gesichter. Gefangene kannte ich, aber dies war der angreifende Feind von Angesicht zu Angesicht, ich wußte, daß ich ihn hassen sollte, und es kam mir unnatürlich vor, daß ich mich für eine Sekunde fragte, ob ihnen das Spaß machte, was sie taten. Übrigens ließen sie bald davon ab.

Als wir zu den Fuhrwerken zurückkamen, brach einer unserer Ochsen, der, den sie Heinrich nannten, vor uns in die Knie.[45] Das Blut schoß ihm aus

41 *der mir alles war* : which meant everything to me
42 *der Instanz . . . mit dem Namen Gottes belegte* : to the authority with which I was in constant contact and to which — despite scruples and reservations — I applied the name of God
43 *Was laufen konnte* : everything that had legs
44 *als mir lieb war* : than I liked
45 *brach . . . in die Knie* : stumbled, fell

dem Hals. Mein Onkel und mein Großvater schirrten ihn ab. Mein Großvater, der neben dem toten Wilhelm Grund ohne ein Wort gestanden hatte, stieß jetzt Verwünschungen aus seinem zahnlosen Mund. Die unschuldige Kreatur, sagte er heiser, diese Äster, verdammten, vermaledeite Hunde alle, einer wie der andere. Ich fürchtete, er könnte zu weinen anfangen, und wünschte, er möge sich alles von der Seele fluchen.[46] Ich zwang mich, das Tier eine Minute lang anzusehen. Vorwurf konnte das in seinem Blick nicht sein, aber warum fühlte ich mich schuldig? Herr Volk gab meinem Onkel sein Jagdgewehr und zeigte auf eine Stelle hinter dem Ohr des Ochsen. Wir wurden weggeschickt. Als der Schuß krachte, fuhr ich herum. Der Ochse fiel schwer auf die Seite. Die Frauen hatten den ganzen Abend zu tun, das Fleisch zu verarbeiten.[47] Als wir im Stroh die Brühe aßen, war es schon dunkel. Kalle, der sich bitter beklagt hatte, daß er hungrig sei, schlürfte gierig seine Schüssel aus, wischte sich mit dem Ärmel den Mund und begann vor Behagen krächzend zu singen: Alle Möpse bellen, alle Möpse bellen, bloß der kleine Rollmops nicht... Daß dich der Deikert, du meschuggichter Kerl![48] fuhr mein Großvater auf ihn los. Kalle ließ sich ins Stroh fallen und steckte den Kopf unter die Jacke.

III

Man muß nicht Angst haben, wenn alle Angst haben. Dies zu wissen ist sicherlich befreiend, aber die Befreiung kam erst noch, und ich will aufzeichnen, was mein Gedächtnis heute davon hergeben will. Es war der Morgen des 5. Mai, ein schöner Tag, noch einmal brach eine Panik aus, als es hieß, sowjetische Panzerspitzen hätten uns umzingelt, dann kam die Parole: im Eilmarsch nach Schwerin,[49] da sind die Amerikaner, und wer noch fähig war, sich Fragen zu stellen, der hätte es eigentlich merkwürdig finden müssen, wie alles jenem Feind entgegendrängte, der uns seit Tagen nach dem Leben trachtete. Von allem was nun noch möglich war, schien mir nichts wünschbar oder auch nur erträglich, aber die Welt weigerte sich hartnäckig, unterzugehen, und wir waren nicht darauf vorbereitet, uns nach einem verpatzten Weltuntergang zurechtzufinden. Daher verstand ich den schauerlichen Satz, den eine Frau ausstieß, als man ihr vorhielt, des Führers lang ersehnte Wunderwaffe[50] könne jetzt nur noch alle gemeinsam vernichten, Feinde und Deutsche. Soll sie doch,[51] sagte das Weib.

---

46 *(ich) wünschte, er möge sich alles von der Seele fluchen* : I'd rather he get it off his chest by cursing
47 *Die Frauen . . . zu verarbeiten* : The women were busy all evening processing the meat
48 *Daß dich der Deikert, du meschuggichter Kerl!* : The devil take you, you madman!
49 *Schwerin* : city in the western part of Mecklenburg province (northern part of East Germany)
50 *des Führers lang ersehnte Wunderwaffe* : the wonder weapon Hitler had long been waiting for (= the atomic bomb)
51 *Soll sie doch* : Just let it!

An den letzten Häusern des Dorfes vorbei ging es einen Sandweg hinauf.[52] Neben einem roten mecklenburgischen Bauernhaus wusch sich an der Pumpe ein Soldat. Er hatte die Ärmel seines weißen Unterhemds hochgekrempelt, stand spreizbeinig da und rief uns zu: Der Führer ist tot, so wie man ruft: Schönes Wetter heute. Mehr noch als die Erkenntnis, daß der Mann die Wahrheit sagte, bestürzte mich sein Ton.

Ich trottete neben unserem Wagen weiter, hörte die heiseren Anfeuerungsrufe der Kutscher, das Ächzen der erschöpften Pferde, sah die kleinen Feuer am Straßenrand, in denen die Papiere der Wehrmachtsoffiziere schwelten, sah Haufen von Gewehren und Panzerfäusten gespensterhaft in den Straßengräben anwachsen, sah Schreibmaschinen, Koffer, Radios und allerlei kostbares technisches Kriegsgerät sinnlos unseren Weg säumen und konnte nicht aufhören, mir wieder und wieder in meinem Inneren den Ton dieses Satzes heraufzurufen, der, anstatt ein Alltagssatz unter anderen zu sein, meinem Gefühl nach fürchterlich zwischen Himmel und Erde hätte widerhallen sollen.

Dann kam das Papier. Die Straße war plötzlich von Papier überschwemmt, immer noch warfen sie es in einer wilden Wut aus den Wehrmachtswagen heraus, Formulare, Gestellungsbefehle, Akten, Verfahren, Schriftsätze eines Wehrbezirkskommandos, banale Routineschreiben ebenso wie geheime Kommandosachen und die Statistiken von Gefallenen aus doppelt versicherten Panzerschränken, auf deren Inhalt nun, da man ihn uns vor die Füße[53] warf, niemand mehr neugierig war. Als sei etwas Widerwärtiges an dem Papierwust, bückte auch ich mich nach keinem Blatt, was mir später leid tat, aber die Konservenbüchse fing ich auf, die mir ein LKW-Fahrer[54] zuwarf. Der Schwung seines Armes erinnerte mich an den oft wiederholten Schwung, mit dem ich im Sommer neununddreißig Zigarettenpäckchen auf die staubigen Fahrzeugkolonnen geworfen hatte, die an unserem Haus vorbei Tag und Nacht in Richtung Osten rollten. In den sechs Jahren dazwischen hatte ich aufgehört, ein Kind zu sein, nun kam wieder ein Sommer, aber ich hatte keine Ahnung, was ich mit ihm anfangen sollte.

Die Versorgungskolonne einer Wehrmachtseinheit war auf einem Seitenweg von ihrer Begleitmannschaft verlassen worden. Wer vorbeikam, nahm sich, was er tragen konnte.[55] Die Ordnung des Zuges löste sich auf, viele

52 *An den letzten Häusern des Dorfes vorbei ging es einen Sandweg hinauf* : A sandy lane led up past the last houses in the village
53 *uns vor die Füße* : at our feet
54 *LKW-Fahrer* : truck *(Lastkraftwagen)* driver
55 *Wer . . . tragen konnte* : Whoever passed by took whatever he could carry

gerieten, wie vorher vor Angst, nun vor Gier außer sich.[56] Nur Kalle
lachte, er schleppte einen großen Butterblock zu unserem Wagen,
klatschte in die Hände und schrie glücklich: Ach du dicker Tiffel! Da kann
man sich doch glatt vor Wut die Röcke hochheben![57]
Dann sahen wir die KZler.[58] Wie ein Gespenst hatte uns das Gerücht,
daß sie hinter uns hergetrieben würden, die Oranienburger,[59] im Nacken
gesessen.[60] Der Verdacht, daß wir auch vor ihnen flüchteten, ist mir
damals nicht gekommen. Sie standen am Waldrand und witterten zu uns
herüber. Wir hätten ihnen ein Zeichen geben können, daß die Luft rein
war,[61] doch das tat keiner. Vorsichtig näherten sie sich der Straße. Sie
sahen anders aus als alle Menschen, die ich bisher gesehen hatte, und daß
wir unwillkürlich vor ihnen zurückwichen, verwunderte mich nicht. Aber
es verriet uns doch auch, dieses Zurückweichen, es zeigte an, trotz allem,
was wir einander und was wir uns selber beteuerten: Wir wußten Bescheid.
Wir alle, wir Unglücklichen, die man von ihrem Hab und Gut[62] vertrieben hatte, von ihren Bauernhöfen und aus ihren Gutshäusern, aus
ihren Kaufmannsläden und muffigen Schlafzimmern und aufpolierten
Wohnstuben mit dem Führerbild[63] an der Wand — wir wußten: Diese da,
die man zu Tieren erklärt hatte und die jetzt langsam auf uns zukamen,
um sich zu rächen — wir hatten sie fallenlassen. Jetzt würden die Zer-
lumpten sich unsere Kleider anziehen, ihre blutigen Füße in unsere
Schuhe stecken, jetzt würden die Verhungerten die Butter und das Mehl
und die Wurst an sich reißen, die wir gerade erbeutet hatten. Und mit Entsetzen fühlte ich: Das ist gerecht, und wußte für den Bruchteil einer
Sekunde, daß wir schuldig waren. Ich vergaß es wieder.
Die KZler stürzten sich nicht auf das Brot, sondern auf die Gewehre im
Straßengraben. Sie beluden sich damit, sie überquerten, ohne uns zu
beachten, die Straße, erklommen mühsam die jenseitige Böschung und
faßten oben Posten, das Gewehr im Anschlag. Schweigend blickten sie auf
uns herunter. Ich hielt es nicht aus, sie anzusehen. Sollen sie doch
schreien, dachte ich, oder in die Luft knallen, oder in uns reinknallen,
Herrgottnochmal! Aber sie standen ruhig da, ich sah, daß manche
schwankten und daß sie sich gerade noch zwingen konnten, das Gewehr zu
halten und dazustehen. Vielleicht hatten sie sich das Tag und Nacht
gewünscht. Ich konnte ihnen nicht helfen, und sie mir auch nicht, ich ver-

---

56 *viele gerieten . . . nun vor Gier außer sich* : many people now lost control of themselves
  because of greed, as they had previously done because of fear
57 *Ach du dicker Tiffel! . . . hochheben* (colloq) : You devil you! It's enough to make anyone
  forget his manners.
58 *KZler* : one who was in a concentration camp *(KZ = Konzentrationslager)*
59 *Oranienburger* : the ones from Oranienburg, a concentration camp north of Berlin
60 *im Nacken gesessen* : pursued
61 *daß die Luft rein war* : that the coast was clear
62 *Hab und Gut* : all one's belongings
63 *Führerbild* : picture of Hitler

stand sie nicht, und ich brauchte sie nicht, und alles an ihnen war mir von Grund auf fremd.[64] Von vorne kam der Ruf, jedermann außer den Fuhrleuten solle absitzen. Dies war ein Befehl. Ein tiefer Atemzug ging durch den Treck, denn das konnte nur eines bedeuten: Die letzten Schritte in die Freiheit standen uns bevor. Ehe wir in Gang kommen[65] konnten, sprangen die polnischen Kutscher ab, schlangen ihre Leine um die Wagenrunge, legten die Peitsche auf den Sitz, sammelten sich zu einem kleinen Trupp und schickten sich an, zurück, gen Osten, auf und davon zu gehen. Herr Volk, der sofort blaurot anlief, vertrat ihnen den Weg. Zuerst sprach er leise mit ihnen, kam aber schnell ins Schreien, Verschwörung und abgekartetes Spiel und Arbeitsverweigerung schrie er. Da sah ich polnische Fremdarbeiter[66] einen deutschen Gutsbesitzer beiseite schieben. Nun hatte wahrhaftig die untere Seite der Welt sich nach oben gekehrt, und Herr Volk wußte noch nichts davon, wie gewohnt griff er nach der Peitsche, aber sein Schlag blieb stecken, jemand hielt seinen Arm fest, die Peitsche fiel zu Boden, und die Polen gingen weiter. Herr Volk preßte die Hand gegen das Herz, lehnte sich schwer an einen Wagen und ließ sich von seiner spitzmündigen Frau und der dummen Dackelhündin Bienchen trösten, während Kalle von oben Miststück, Miststück auf ihn herunterschimpfte. Die Franzosen, die bei uns blieben, riefen den abziehenden Polen Grüße nach, die sie sowenig verstanden wie ich, aber ihren Klang verstanden sie, und ich auch, und es tat mir weh, daß ich von ihrem Rufen und Winken und Mützehochreißen, von ihrer Freude und von ihrer Sprache ausgeschlossen war. Aber es mußte so sein. Die Welt bestand aus Siegern und Besiegten. Die einen mochten ihren Gefühlen freien Lauf lassen.[67] Die anderen — wir — hatten sie künftig in uns zu verschließen. Der Feind sollte uns nicht schwach sehen.

Da kam er übrigens. Ein feuerspeiender Drache wäre mir lieber gewesen als dieser leichte Jeep mit dem kaugummimalmenden Fahrer und den drei lässigen Offizieren, die in ihrer bodenlosen Geringschätzung nicht einmal ihre Pistolentaschen aufgeknöpft hatten. Ich bemühte mich, mit ausdruckslosem Gesicht durch sie hindurchzusehen und sagte mir, daß ihr zwangloses Lachen, ihre sauberen Uniformen, ihre gleichgültigen Blicke, dieses ganze verdammte Siegergehabe ihnen sicher zu unserer besonderen Demütigung befohlen war.

---

64 *von Grund auf* : through and through, completely
65 *in Gang kommen* : to get going
66 *polnische Fremdarbeiter* : Polish citizens who were deported to Germany in World War II
   to do forced labor
67 *freien Lauf lassen* : to give free rein

Die Leute um mich herum begannen Uhren und Ringe zu verstecken, auch ich nahm die Uhr vom Handgelenk und steckte sie nachlässig in die Manteltasche. Der Posten am Ende des Hohlwegs, ein baumlanger, schlacksiger Mensch unter diesem unmöglichen[68] Stahlhelm, über den wir in der Wochenschau immer laut herausgelacht hatten — der Posten zeigte mit der einen Hand den wenigen Bewaffneten, wohin sie ihre Waffen zu werfen hatten, und die andere tastete uns Zivilpersonen mit einigen festen, geübten Polizeigriffen ab. Versteinert vor Empörung ließ ich mich abtasten, insgeheim stolz, daß man auch mir eine Waffe zutraute. Da fragte mein überarbeiteter Posten geschäftsmäßig: Your watch? Meine Uhr wollte er haben, der Sieger, aber er bekam sie nicht, denn es gelang mir, ihn mit der Behauptung anzuführen, der andere da, your comrade, sein Kamerad, habe sie schon kassiert. Ich kam ungeschoren davon, was die Uhr betraf, da signalisierte mein geschärftes Gehör noch einmal das anschwellende Motorengeräusch eines Flugzeugs. Zwar ging es mich nichts mehr an, aber gewohnheitsmäßig behielt ich die Anflugrichtung im Auge, unter dem Zwang eines Reflexes warf ich mich hin, als es herunterstieß, noch einmal der ekelhafte dunkle Schatten, der schnell über Gras und Bäume huschte, noch einmal das widerliche Einschlaggeräusch von Kugeln in Erde. Jetzt noch? dachte ich erstaunt und merkte, daß man sich von einer Sekunde zur anderen daran gewöhnen kann, außer Gefahr zu sein. Mit böser Schadenfreude sah ich amerikanische Artilleristen ein amerikanisches Geschütz in Stellung bringen und auf die amerikanische Maschine feuern, die eilig hochgerissen wurde und hinter dem Wald verschwand.

Nun sollte man sagen können, wie es war, als es still wurde. Ich blieb eine Weile hinter dem Baum liegen. Ich glaube, es war mir egal, daß von dieser Minute an vielleicht niemals mehr eine Bombe oder eine MG-Garbe auf mich heruntergehen würde. Ich wußte nicht, wozu ein Drache gut sein soll, wenn er aufhört, Feuer zu speien. Ich hatte keine Ahnung, wie der hürnene Siegfried[69] sich zu benehmen hat, wenn der Drache ihn nach seiner Armbanduhr fragt, anstatt ihn mit Haut und Haar aufzuessen.[70] Ich hatte gar keine Lust, mit anzusehen, wie der Herr Drache und der Herr Siegfried als Privatpersonen miteinander auskommen würden. Nicht die geringste Lust hatte ich darauf, um jeden Eimer Wasser zu den

---

68 *unmöglich* : (here) awful looking, grotesque

Amerikanern in die besetzten Villen zu gehen, erst recht nicht,[71] mich auf einen Streit mit dem schwarzhaarigen Leutnant Davidson aus Ohio einzulassen, an dessen Ende ich mich gezwungen sah, ihm zu erklären, daß mein Stolz mir nun gerade gebiete, ihn zu hassen.

Und schon überhaupt keine Lust hatte ich auf das Gespräch mit dem KZler, der abends bei uns am Feuer saß, der eine verbogene Drahtbrille aufhatte und das unerhörte Wort Kommunist so dahinsagte, als sei es ein erlaubtes Alltagswort wie Haß und Krieg und Vernichtung. Nein. Am allerwenigsten wollte ich von der Trauer und Bestürzung wissen, mit der er uns fragte: Wo habt ihr bloß all die Jahre gelebt?

Ich hatte keine Lust auf Befreiung. Ich lag unter meinem Baum, und es war still. Ich war verloren, und ich dachte, daß ich mir das Geäst des Baumes vor dem sehr schönen Maihimmel merken wollte. Dann kam mein baumlanger Sergeant nach getanem Dienst den Abhang hoch, und in jeden Arm hatte sich ihm ein quietschendes deutsches Mädchen eingehängt. Alle drei zogen in Richtung der Villen ab, und ich hatte endlich Grund, mich ein bißchen umzudrehen und zu heulen.

69 *der hürnene Siegfried* : Siegfried, hero of the Nibelungen saga, bathed in the blood of the dragon he slayed and developed a horny skin that protected him
70 *mit Haut und Haar aufzuessen* : to devour entirely
71 *erst recht nicht* : even less so

"Am Ehebeispiel läßt sich die fundamentale Sprach- und Beziehungslosigkeit zwischen Personen besonders gut darstellen....In der Ehe bilden sich Unterdrückung, Erpressung, Gewalt aus, auch in einer Ehe in der durchaus geliebt wird...Ein zugleich rührendes und brutales Unternehmen."

(Aus einem Interview mit Ekkehart Rudolph)

GABRIELE WOHMANN

An extraordinarily prolific writer, Gabriele Wohmann was born in 1932 as the third of four children in a pastor's family. Despite the bitter satire which she so often directs at the private life of the petty bourgeoisie, Wohmann has repeatedly emphasized her appreciation of her own childhood, in which her father managed to protect his children from association with the institutions of National Socialism and to provide them with a home which was truly a refuge from the hostile world around them. This background may explain the allergic reaction to all forms of social coercion and authoritarianism as well as the sympathy with those who are deprived and vulnerable, particularly children, which one finds in her stories. After completing her Abitur in 1951, Wohmann studied language and musicology for four semesters at the University of Frankfurt and taught for a few years, having married already in 1953.

In 1957, the year in which her first story was published, she gave up her teaching job and devoted herself entirely to her writing, producing a total of 145 stories in the years 1956-1959. More than eighty followed in the 1960s, and her productivity has continued unabated up to the present. Since the publication of her first novel, *Jetzt und nie*, in 1958, she has written at least a half dozen others, an equal number of radio plays and film scripts, and several volumes of poetry. During the 1960s, she was an active member of the influential Gruppe 47. In addition to the numerous literary prizes which she has received, Wohmann is a member of the Berlin Academy of the Arts and was elected in 1980 to the German Academy of Language and Literature of Darmstadt, the city where she continues to live with her husband.

Gabriele Wohmann is particularly well known for her close and critical observation of everyday life, especially as it is lived out within the confines of the family. Many stories in her 1979 anthology, *Paarlauf*, from which the selection presented here is drawn, reflect her capacity for depicting the private lives of her characters, especially in marriage. The tensions and lack of human warmth, the seeming absence of any meaningful communication, and the hidden aggressions which she describes lead critics to speak of "der böse Blick" of Gabriele Wohmann, as if the dim view of personal relationships in her work were the product of her maliciousness rather than a reflection of the fundamental malaise of the larger society, which she declines to depict directly. The most crass revelations from the interior lives of her characters are related with an attention to detail and a cool, ironically detached language, which only adds to the grotesqueness of the situations she portrays. But perhaps, as some of her titles — *Gegenangriff* (stories, 1972) and *Grund zur Aufregung* (poetry, 1978) — suggest, this posture is essentially a defensive measure.

In reading "Abschied von Lukas Belwanger," try to analyze the relationship between Sophie and Lukas. Would you accuse her of having killed her husband? What view of the matter does she take? What is the significance of her choice of Lukas' study as the place in which to do her exercises? Is her new-found vitality to be understood positively? See how many of the "nasty" little details which are so characteristic of Wohmann's style you can identify.

Abschied von Lukas Belwanger

Aber mit der Totenmaske[1] hatten die Leberlands,[2] wirklich gute Freunde,
Sophies Beherztheit und gute Nerven doch ganz einfach überschätzt. Nur
die Nerven? Nur die tapfere Ausdehnung eines Liebesgefühls nun auch
noch auf einen sonderbar varietéhaften Lukas? Lukas als Totenmaske
beschwor, kreidefarben und bei einem unjenseitigen Grinsen ertappt, eine
Atmosphäre von Theatergarderobe herauf. Dieses Gesicht, SEIN UNVER-
GESSLICHES ANTLITZ,[3] wirkte vom Sterben nicht mitbetroffen.[4] Auch
abgehauen, abgeschlagen: einem Leichnam.[5] HIERMIT WOLLEN WIR DIE
TRENNUNG VON DEINEM GELIEBTEN GEFÄHRTEN WIDERRUFEN, BESTE
SOPHIE. Oh ja, wahrhaftig, das hatte etwas von Gegenmaßnahme. Freute
sie sich denn nicht genug? Sie war in den letzten Lebensmonaten des
ungeheuer greisen Lukas gelegentlich über ein beschämendes Gefühl von
Ungeduld gestolpert, aber jedesmal rasch erfolgreich mit dessen Verdrängung gewesen. Gewiß, nicht einmal sie selber — die einzige, die von sich
alles wußte — brauchte sich vorzuwerfen, sie verfüge über zu wenig Zähigkeit beim Hoffen auf noch mehr Lebensverlängerung: allein Lukas selber
konnte sie darin übertreffen. Doch doch: sie machte mit. Mehr nur wie ein
auch mögliches Gefühl, nicht wie ihr eigenes Gefühl, war das ab und zu
aufgetaucht, das etwas Anrüchige, das sicher Furchtbare, das fast schon
Feindselige. Daß sie nämlich manchmal dachte: Es hat was von Unmoral,
derartig lang zu leben. Entsetzlich. Da geschah etwas in ihrem Gehirn
außerhalb ihrer Identität. Innerhalb derer sie Lukas hingebungsvoll versorgte und unterstützte bei seinem Vorhaben, ganz gewiß nicht so zu
sterben wie jedermann.
Er war nun einmal nicht jedermann. Er war dieser uralte relikthafte und
dennoch immer weiter schöpferische Zeuge einer vergangenen Epoche,
unter anderem. Sie las aus seinem Werk der frühen Jahre vor. Brach ab,
sobald er es fistelnd heiser jähzornig wünschte, weil er abrupt jeweils
einige Passagen aus einem Werk der mittleren Zeit zu hören wünschte, aus
der Periode auf der Höhe seiner Schaffenskraft, aber die war immer. Wo
war sie nicht?[6] Immer so hoch, und immer ging es doch noch höher. Sie
rief den Notarzt, den Rettungswagen, sie kampierte auf der Privatstation

---

1 *Totenmaske* : death mask, a plaster of Paris cast taken from a dead person's face
2 *Leberlands* : Mr. and Mrs. Leberland
3 Phrases printed in capital letters are generally clichés and platitudes connected with the deceased Lukas Belwanger which continue to run through Sophie's mind
4 *Dieses Gesicht . . . nicht mitbetroffen* : This face didn't seem affected by death
5 *Auch abgehauen, abgeschlagen: einem Leichnam* : Even if it was chopped off, cut off: taken
from a corpse
6 *Wo war sie nicht?* : Was there ever a time when he was not at the peak of his creativity?

der Inneren Abteilung,[7] in den Phasen mit eher fraglichen Chancen, den Tod zu überlisten. Woran Lukas schießlich doch sterben würde, blieb Sophie ein Rätsel, ehe sie selber diejenige wurde, die es löste. Auch die Leberlands konnten nicht ahnen, daß ein ganz alltäglicher, ganz hundsgemein alberner Vollkornbrotbrösel zum Erstickungstod eines Übermenschen geführt hatte, beim Abendessen, das der umhegte Greis wie immer ein wenig zu gierig zu sich genommen hatte.[8] Sophie wußte zwar, wie man am besten mit ihm zurechtkam, wenn er sich verschluckte. Es ereignete sich ja häufig. Man richtete ihn auf, beklopfte seinen abgemagerten Rücken, redete kinderschwesternartig auf ihn ein. Sicherte ihm zu, bei Abklingen des Anfalls ein Extralesestündchen aus dem Oeuvre von der aufs Winzigste geschrumpften Privatlebenszeit abzuzweigen.[9] Nein, ich geh nicht auf die geplante Viertelstunde zu Dora Goebel rüber, auch heut nicht, wieder nicht, nein nein, ich bleibe hier, wir zwei nehmen gleich nachher das Traktat römisch drei vor,[10] liebster Lukas, ja, das wollen wir, oder die Philosophische Dämmerung, ganz wie du willst. Obwohl kleine Abstecher zu Dora Goebel niemals unwichtig gewesen wären auch für Lukas selber, denn man brauchte die ältere rüstige und hilfsbereite Frau aus der Nachbarschaft. Sie steuerte nämlich ein eigenes Auto, nebenbei. Sie übernahm recht viele Besorgungen. Sie war bisweilen noch schneller als jeder Notdienst. Sie war kein Luxus, den Sophie sich gönnte. Und doch schon fast ein Luxus, in ihrer Klausur mit dem dermaßen endlos alten Mann.

Sophie beschloß auch beim Aufstehen an diesem Morgen im etwas regnerischen Mai nicht länger zu überlegen, wie es dazu gekommen war, daß sie beim letzten Fall von verschluckter Nahrung sich aus dem Zimmer und von Lukas entfernt hatte. Gleich am Anfang. Bei den ersten Anzeichen. Hüstelnder verschreckter tödlich vorgewarnter Lukas.[11] Sie war ganz zielstrebig in die Küche gegangen. Gewiß einen Zweck verfolgend. In der Küche hörte sie das Keuchgeräusch nur leise. Noch immer zu laut. Und dann mußte irgendwas im Keller gewesen sein, das ihre Aufmerksamkeit beanspruchte. Das ihre Anwesenheit da unten, wo nichts mehr zu hören war, dringend erforderlich machte. Schluß jetzt.

Sophie freute sich auf die erste Tasse Kaffee dieses Tages. Sie setzte zu den ersten Kreiselbewegungen ihrer Morgengymnastik an, vollführte die

---

7 *Innere Abteilung* : Department of Internal Medicine
8 *das der umhegte Greis . . . zu sich genommen hatte* : that the pampered old man had eaten a little too greedily, as usual
9 *bei Abklingen . . . abzuzweigen* : when the attack subsided to divert an extra period of reading from his works from her time for herself, which had already shrunk to a minimum
10 *wir zwei nehmen . . . römisch drei vor* : right afterwards the two of us will take up (go over) Section III
11 *Hüstelnder . . . Lukas* : Lukas, coughing, terrified, alarmed to death

Achter besonders korrekt, die Achter waren die effektivste Nummer im Trainingsprogramm für den Kopf und die Nackenmuskulatur. Es galt, jede Zahl von eins bis zehn mit Kopfbewegungen nachzuzeichnen. Sie brachte für jede Zahl ihres Pensums Kopf/Schulter/Hals die gleiche Geduld auf.[12] Diese Übungen eigneten sich für den Schauplatz Küche, beim Warten auf heißes Wasser für den ersten Kaffee. Bis zur Zehn wurde sie immer gleichzeitig mit dem elektrischen Topf fertig. Sie schrieb jede Ziffer mit dem Kopf in die Luft. Plötzlich an diesem Morgen sagte sie zum erstenmal ganz laut I-AAA.[13] Mitten in der Null für die dann abgeschlossene Nummer Zehn. Sie hatte schon früher mit leichter Beschämung, schnell aber weggescheuchter, daran gedacht, daß ihre Kopfdrehereien etwas lächerlich wirken müßten auf einen, der sie beobachtete. An einen Esel erinnerte das Ganze vielleicht eine Spur zu stark.

Mit dem Kaffeebecher verließ sie die Küche. Die weiträumigeren Programmpunkte für ihren kräftigen Körper nahm sie, seit Lukas nicht mehr lebte, im Arbeitszimmer vor. Wobei ihr Gewissen nicht ganz gut war. Und dennoch ging von der kleinen Entweihung eine Art Belebung aus. Immer noch, noch vier Monate seit dem Todesfall. Seit dieses Wunder hat geschehen und Lukas sterben können. Oder: müssen.[14] Es war so schwierig, in seinem Fall von Erlösung zu sprechen. Wie bei anderen sehr sehr alten Menschen. Er schien zuletzt ja nur noch von der Wut auf den Tod zu leben.[15] Er war so erbost darüber, womöglich doch auch ein Sterblicher zu sein. Wenn Sophie alle mehr abgründigen und spirituellen Nebenwirkungen wegließ beim etwas verbotenen Genuß, im Arbeitszimmer des BIS ZU SEINEM LETZTEN ATEMZUG UNABLÄSSIG SCHÖPFERISCHEN LUKAS BELWANGER profane Körpergymnastik zu treiben,[16] dann blieb immer noch die ganz und gar einfache Erklärung: hier waren die räumlichen Bedingungen zwingend gut. Mit dem großen flauschigen iranischen Teppich hatte Sophie schon immer geliebäugelt. Und kein Zimmer außer diesem war so sauerstoffreich. Voller Blattpflanzen, sogar baumartig in Fässer eingetopften.

Gestern abend hatten die guten Freunde Leberland Sophie wieder verlassen, nach einer Reiseunterbrechung zwischen Graz[17] und Hildesheim.[18] Gemeinsam war der beste Platz für die Totenmaske von Lukas erkoren

---

12 *Sie brachte . . . die gleiche Geduld auf* : She mustered the same patience for every number (which she was tracing) in her head / shoulder / neck exercise routine

13 *I-AAA* : the braying sound made by a donkey

14 *Seit dieses Wunder . . . Oder: müssen* : Since this miracle could happen and Lukas could die. Or had to.

15 *von der Wut auf den Tod zu leben* : to live from the rage against death

16 *Genuß . . . Körpergymnastik zu treiben* : the somewhat forbidden pleasure of doing banal exercises in the study of Lukas Belwanger, "who was unceasingly creative up to his last breath"

17 *Graz* : provincial capital of Styria in southeastern Austria

18 *Hildesheim* : city in Lower Saxony, southeast of Hannover

worden auf einem Beistelltischchen neben dem verwaisten Arbeitsplatz des NUN FÜR IMMER VERSTUMMTEN. Aber nicht für immer Erblindeten. Blicklos zwar wirkten diese vom Maskenbildner leergelassenen Augen. Aber wenn das nicht BLICKEN war, was denn sonst? Kühne Behauptung, leere Behauptung das Ganze, dieser Tod! SCHÖPFERISCH, der LETZTE ATEMZUG? Fürchterlich unheiliges Würgen und Kämpfen mit einem Bestandteil aus Bayers Vollkornschnitten, in weiter Entfernung beispielsweise vom Standardwerk ÜBERWUNDENES DASEIN[19] — das war, fernab vom etwas goetheschen Gnadenakt des Atemholens,[20] Lukas' letztes Lebenszeichen gewesen.

Sophie übte nun HÜFTSCHWENKEN aus. Sie dachte sich ihr tägliches Springseil und hüpfte zwanzigmal auf der Stelle,[21] nur mit den Fußzehen und den Ballen jeweils die angenehme Struktur des Teppichs berührend. Sie fühlte sich stark und wohl. Sie begann natürlich, ein wenig an Gewicht zuzunehmen. Sie würde demnächst 51. Kein Alter, heutzutage, nicht wirklich. Auch nicht für eine Frau. Sie glaubte aber nur etwas halbherzig daran. Wie extrem winzig doch ihr Freundeskreis war. Es kam ihr geradezu unrealistisch vor, daß sie nur so wenig Leute kannte, und fast gleichzeitig kam ihr eine Existenz wie ihre eigene auch unrealistisch vor. Womit in ihr ein ganz neuer Realismus aufkam. Sie fühlte sich auf einmal, hier in diesem musealen personenkultischen Raum, wie erfunden, und zwar von einem, der es nicht besonders gut meinte. Nicht mit ihr. Der leise, Unbehagen verströmende Verdacht gegen nichts Greifbares verdichtete sich.[22] Wandte sich gegen Lukas. Das war entsetzlich und total unvorgedacht. Doch wollte sie sich nicht von dieser neuen, wahrhaft grauenerregend aufklärerischen Stimmung abwenden. Merkwürdigerweise nicht.

Sie beugte den Rumpf. Jedesmal beim Aufheben des Kopfes war das Beistelltischchen im Zentrum ihres Blickfelds. Wie eigenartig schadenfroh Lukas über sie wegzulächeln schien.[23] Übrigens auch ein wenig spannerhaft! Alter Voyeur! Sophie versuchte es zum erstenmal seit irgendwelchen Eis- und Steinzeiten von völlig abhandengekommener Kindheit mit Trotz. Mit Auflehnung. Mit etwas Ordinärem. Mit einem ganz gewöhnlichen, ganz einfach widerlichen, gebräuchlichen Ton. Sie wiederholte ihr

---

19 ÜBERWUNDENES DASEIN : *Life Overcome,* one of the deceased's works
20 Refers to a poem in "Buch des Sängers" in Goethe's *Westöstlicher* Diwan (1814):
   Im Atemholen sind zweierlei Gnaden:
   Die Luft einziehen, sich ihrer entladen.
   Jenes bedrängt, dieses erfrischt;
   So wunderbar ist das Leben gemischt.
   Du danke Gott, wenn er dich preßt,
   Und dank' ihm, wenn er dich wieder entläßt.
21 *auf der Stelle* : in place
22 *Der leise . . . verdichtete sich* : The faint, discomforting suspicion of something intangible intensified
23 *über sie wegzulächeln schien* : seemed to smile right past her

I-AAA. Kraft des Coffeins[24] war es diesmal richtig laut. Ganz schön kindisch. Aber als sie zusätzlich die Zunge rausstrecken wollte, hielt etwas sie noch zurück, und sie blieb mit halboffenem Mund und lasch vorgewölbter Zunge auf der Strecke — auf welcher denn? Ihrer Rache?[25] Oh, um etwas vor dem unglaublich vielbändigen Werk und OEUVRE über dieses Phänomen.

Seit sie sich am weitverzweigten allgemeinen Geschehen in der Welt beteiligt fühlte, sah sie abends die Tagesschau noch lieber. Vor vier Monaten war sie ja ein bißchen straffällig geworden. Etwas im Sinn von Fahrerflucht[27] hatte sie begangen, oder viel weniger, aber doch als ein winziges bitterböses, bizarr einer Eigenständigkeit unvermutet fähiges Rädchen im monströsen Zählerwerk der menschlichen Triebhaftigkeiten, der nicht zu zählenden Verbrechensgeschichten.[28] Unterlassener Beistand. Von einem bestimmten Blickpunkt aus wirkte das baiserartige,[29] im ziemlich flachen Liegen verewigte Gesicht von Lukas etwas fratzenhaft verzerrt. Er sah einem seiner eigenen Ungeister und Unholde ähnlich. Sophie konnte ganze Abschnitte aus dem Werk DIE VORLETZTEN TAGE DES OBERON[30] auswendig. Kannte sich aus mit dem Spieltrieb der Wassergeister. Wie einer seiner eigenen Dämone schaute Lukas wenn auch ohne Pupillen bleich und leer aus seinem Pflanzenversteck hervor. Das Arrangement sah zugleich mystisch und schrecklich banal aus. Erinnerte an den BLUMEN-SCHRÖDER,[31] dieses etwas jämmerliche aufgemotzte Vorstadtgeschäft, in dem die Leberlands von jeher, wenn sie zu Besuch beim GROSSEN GREISEN BELWANGER waren, ihre Sträuße besorgten, preisgünstiger als irgendwo sonst auf der Welt, soweit sie die kannten.

Es gedieh diesen guten Freunden wirklich nach Wunsch,[32] mittels Totenmaske, und Lukas widerrief diesen irrtümlich für wahr gehaltenen Irrtum, seinen eigenen Tod.[33] Oh ja, er war anwesend, überlebte zwischen Primeln und Petunien, machte grinsend weiter mit diesem infinitesimalen Dasein, und er sah sogar, wie zu seinen fleischlichen Lebzeiten, jetzt nach

24 *Kraft des Coffeins* : on account of the caffein
25 *sie blieb . . . auf der Strecke—auf welcher denn? Ihrer Rache?* : she stopped . . . in her tracks—but which ones? Those of her revenge?
26 *um etwas von der Art ginge es wohl* : it most likely had to do with something of that sort
27 *Etwas im Sinn von Fahrerflucht* : something along the lines of hit and run
28 *aber doch als ein winziges . . . Rädchen . . . Verbrechensgeschichten* : but still like a nasty little cog in the monstrous mechanism of human urges, one which was unexpectedly capable of strangely independent behavior
29 *baiser-artige* : meringue-like, "pasty"
30 DIE VORLETZTEN TAGE DES OBERON : *The Penultimate Days of Oberon* (king of the fairies), another of the deceased's works
31 BLUMEN-SCHRÖDER : Schröder's flower shop (often mentioned by the Leberlands)
32 *Es gedieh diesen guten Freunden wirklich nach Wunsch* : it really worked the way these good friends wanted
33 *Lukas widerrief . . . seinen eigenen Tod* : Lukas retracted this error, erroneously held to be true, his own death

dem üblichen glänzenden, FÜR SEIN HOHES LEBENSALTER ABSOLUT ERSTAUNLICHEN Appetit aus, der um diese Morgenstunde bei ihm zum drängelnden Ruf WO STECKT DENN DAS LIEBE TAPFERE SOPHIECHEN MIT DEM SCHÖNEN FRÜHSTÜCK geführt hatte. Fast konnte man ihn hören. Diesem Maskenhersteller war überhaupt nicht das mindeste irgendwie Transzendente gelungen. Falls Lukas, der zähe Todesfeind, sich nicht auch noch in gipserner Inkarnation einfach selbsttätig widersetzte. Der Griff in die Unendlichkeit blieb vergebens. Ein Stümper, dieser sakrale Typ, eine Entdeckung der guten feierlichen Leberlands, die mittlerweile völlig unangefochten, mit Blicken auf nicht einen einzigen widerrufenden Toten, ihr körnerreiches hildesheimerisches Frühstück zu sich nahmen.[34] Ob sie von der armen lieben tüchtigen Sophie sprachen? Nicht ausführlich. Gewiß aber ein wenig doch. Sophie hob und senkte ihre Schenkel. Sie erledigte die venenfreundlichen und eher langweiligen Übungen mit der WADENPUMPE. Für Gleichzeitigkeiten mit der Bauchmuskulatur besaß sie eine spezielle Technik. Von spätestens diesem Augenblick an mußte ihre Peristaltik erwachen. In aller Seelenruhe wären sich die Leberlands, jetzt befragt, wieder völlig einig darüber, daß Sophie ihr Leben, ihr nicht mehr junges Leben, dem GROSSEN NIMMERMÜDEN ZAUBERER geopfert habe. Sie könnten keinen Sinn darin erblicken, an diesem Faktum das Geringste zu ändern, nun, nachdem der WEISE ALTE, LETZTE SEINER ZEIT, für immer die Augen geschlossen hatte. Er hielt sie ja offen, dort zwischen den Blumengebinden und Vasen!

Dora Goebel wirkte merkwürdig erschlafft, seit längerer Zeit schon. Unaufgefordert fuhr sie überhaupt nicht mehr die kleine Strecke durch die Nachbarschaft und zum Belwangerschen Haus, diesem HEIM, dieser WIRKUNGSSTÄTTE, in der nun Sophie den alten Geist verwaltete, von keinem mehr so recht beachtet, von den Stadtvätern nur noch für die Dauer einer Art vorgetäuschter Nachlaßverwaltung geduldet, eher aus Vergeßlichkeit. Ich will mir nicht klar über alles werden,[35] hoffte Sophie zu denken. Sie hörte gar nichts mehr vom Plan und der BEFLÜGELNDEN IDEE, eine Lukas-Belwanger-Gesellschaft zu begründen und am Platz seiner letzten 43 Lebens- und Schaffensjahre einzurichten: durch wen denn außer ihr? Sophie, in Unzeiten, Vorzeiten, Pliozänzeiten auf Grund einer adoptionsartigen Transaktion an Lukas geschmiedet,[36] war später seine unbezahlte Sekretärin und Hausfrau geworden, ohne Aktenbeschluß, einfach so, und

---

34 *ihr körnerreiches hildesheimerisches Frühstück zu sich nahmen* : (Leberlands) ate their (typical) Hildesheim high-fiber breakfast
35 *Ich will mir nicht klar über alles werden* : I don't want to understand everything
36 *Sophie . . . an Lukas geschmiedet* : Sophie, who was bound to Lukas because of an adoption-like transaction which happened ages ago

ungewiß herausragend aus allem Alltäglichen zur GEFÄHRTIN veredelt. Allmählich stand ein ungewohnter grauer Alltag bevor.

Sie wußte, daß sie eine Halbtagsarbeit annehmen müßte. Der Verkehrsverein suchte eine Hilfskraft am Informationsstand. Sie wäre nicht imstande, irgend jemanden über irgend etwas anderes zu informieren als über Lukas und dann aber gründlich. Als Sophie sich vor dem Badezimmerspiegel betrachtete, fand sie sich so unbenutzt und annehmbar. Ihr Körper hatte etwas ganz und gar Verschontes. Schnell zog sie einen Bademantel über. Bei einem zweiten Becher Kaffee wollte sie mit völlig anderen Augen, mit einem ganz veränderten, erfrischten, neugierigen Bewußtsein die wöchentliche Lieblingslektüre jetzt vorwegnehmen. Ihre Lieblingszeitung, die donnerstags erschien, hob sie sich sonst für den Samstagnachmittag auf. Ihre Lieblingsseite war sogar noch als Lukas lebte wie spielerisch, einfach aber wohl unreflektiert, die Seite mit den Heiratsannoncen gewesen. UNTREUE spürte sie damals schon, schwach, nicht regelmäßig, nicht wöchentlich. Aber manchmal. Es war ihr verschwiegenes, etwas anstößiges Hobby. Man hatte doch Hobbys, in dieser Ära der Weltgeschichte, an der Sophie, in der geistig und körperlich verfütterten Mast mit UNSEREM SENIOR UNTER DEN SERAPHISCHEN DEUTERN und so weiter, überhaupt nicht teilnahm. Untreue! empfand sie an diesem Vormittag froh, richtig aufgekratzt, gespannt auf die Lektüre, die sie genoß, im Sessel beim Arbeitsplatz und Beistelltischchen, den zweiten und eigentlich nicht programmgemäßen Kaffee genießend, und als sie aufschaute, mit nun auch funktionierender Peristaltik, sah Lukas eigentlich ziemlich tot aus. Sie mußte plötzlich sehr aufpassen, daß sie sich nicht verschluckte, und aus einem geplanten rachsüchtigen vulgären I-AAA wurde nichts Rechtes. Nur ein Gemurmel. Anschließend sagte sie aber klar und deutlich SCHLUSS, AUS, ENDE in die Richtung des gesamten gesammelten Werks, in die Zukunft ihres eigenen, nun endlich aufgeschlagenen Kapitels.

"Man kann die Sitten nur ändern, indem man sie als seltsam und unangemessen ins Bewußtsein hebt, zum Beispiel mit Literatur, indem man Leser anregt zu einem schöpferischen Prozeß des Nachdenkens und der Verwunderung über sich selbst."

(Aus einem Interview mit Karin Huffzky, 1975)

IRMTRAUD MORGNER

One of the most interesting writers to come to public attention in the 1970s, Irmtraud Morgner seemed destined for a rather unremarkable literary career until her 1974 novel *Leben und Abenteuer der Trobadora Beatriz nach Zeugnissen ihrer Spielfrau Laura. Roman in dreizehn Büchern und sieben Intermezzos* surprised, puzzled and delighted readers in both East and West Germany. Born in Chemnitz (now Karl-Marx-Stadt) in 1933, Morgner studied German literature at the University of Leipzig from 1952 to 1956, then worked until 1958 as an editor for *Neue Deutsche Literatur*, one of the main literary journals of the German Democratic Republic. Since 1959, the year in which her first book, *Das Signal steht auf Fahrt*, appeared, she has lived and worked as a free-lance writer in Berlin. In 1962, *Ein Haus am Rand der Stadt* appeared, a typically socialist-realist novel about the development of a bricklayers' brigade. By 1968, a change in her style was evident in *Hochzeit in Konstantinopel*, a Scheherezade-like collection of stories told by a woman who takes a pre-marital honeymoon trip with her husband-to-be, an ambitious physicist, and, as a result of her experiences, decides to leave rather than to marry him. Morgner's next works, *Gauklerlegende. Eine Spielfraungeschichte* (1971) and *Die wundersamen Reisen Gustav des Weltfahrers* (1972) can be understood retrospectively as a kind of prelude to her later famous novel, *Trobadora Beatriz*, of 1974, for which she received the Heinrich Mann Prize of the East German Academy of Arts. Although Morgner disavows the label "feminist," which she regards as substituting the battle of the sexes for the more fundamental struggle of the classes espoused by communism, *Trobadora Beatriz* nonetheless owes its success to the wit and imagination with which it addresses the very questions raised by the awakening of women to a consciousness of their own needs and historical situation. Morgner's 1983 novel, *Amanda — Ein Hexenroman*, continues to play with mythological themes in search of traces of women's history buried under patriarchal tradition.

The story presented here, "Das Seil," is actually a chapter from the eleventh book of Morgner's extremely complex Trobadora novel, which she describes as an experiment in finding a way of writing that is more adequate to the experiences and phantasies of women than traditional "male" forms. The novel, rich in elements of the fantastic, attempts to counter the prevailing lack of any sense of women's history by constructing the legendary "herstory" of Beatriz, a medieval French trobadora who awakens, like Sleeping Beauty, to the reality of life for a woman in the present. Disillusioned by her experiences in the "revolutionary" Paris of the uprisings of 1968, she buys a train ticket to East Germany, the "promised land" where at least the pre-conditions for women's legal, economic, and social equality with men have been established. There she meets Laura, a streetcar driver, whose daily struggles illustrate the still-unresolved problems faced by women in even a socialist society. Only through the ultimate alliance of the fantastic principle embodied in Beatriz with the practical aspects of Laura is survival possible.

The thirteen books of the novel are a rich montage of elements, including mythological figures, original short stories, erotic poetry, quotations from such diverse sources as the memoirs of Lenin's widow, reports from daily newspapers, books on medieval literature, speeches by politicians, and Morgner's own self-quotations from her remarks on women's issues, while the seven "intermezzos" of the novel are, in fact, excerpts from a novel, *Rumba auf einen Herbst*, which Morgner wrote in 1964, but never published.

Morgner asserts that the unorthodox style of her novel corresponds to the life rhythm of most women, who do not have the freedom to work without interruption which so many male authors take for granted. For a woman who must contend with the demands of caring for children, managing a household in a society still very short on convenience appliances, and perhaps holding a full-time job as well, writing can only be done in short intensive bursts. "Um einen Roman im üblichen Sinne zu schreiben, daß heißt um jahrelang etwa an einer Konzeption festzuhalten, muß man sich einer Art des Schreibens zuwenden, die von den Erlebnissen und Begegnungen des epischen Ich absieht," a character (using Morgner's own words) asserts in the novel. "Abgesehen von Temperament, entspricht kurze Prosa dem gesellschaftlich, nicht biologisch bedingten Lebensrhythmus einer gewöhnlichen Frau, die ständig von haushaltbedingten Abhaltungen zerstreut wird. Zeitmangel und nicht berechenbare Störungen zwingen zu schnellen Würfen ohne mähliche Einstimmung.... Lebenswahrheit in Büchern kann nicht sein ohne Bekenntnis des Autors zu sich selbst."

In reading this story of a woman scientist who both literally and figuratively walks a tightrope between her professional and her domestic obligations, watch for the many examples of Morgner's mocking wit. How does she employ it to challenge customs and habits of thinking which are no longer appropriate for a society which claims to be progressive? Can you detect the ideals which underlie the narrator's critique of Vera Hill's daily life? What actually causes her death?

Das Seil

Professor Gurnemann, Direktor eines akademischen Instituts, das der atomaren Struktur der Materie nachforschte, beschäftigte angestellt eine Physikerin. Sie hieß Vera Hill und wohnte in B., das Institut war jenseits der Stadtgrenze verkehrsungünstig gelegen. Auf einer Halbinsel, deren Bewohner sich vorzugsweise mittels Fahrrädern bewegten und Nichteinheimische anstarrten. Als der längst unaktuelle und abrißreife Beschleuniger gebaut worden war, hatte das Institut Ortsgespräche erregt. Seitdem Einwohnerinnen als Laborantinnen angestellt waren und berichteten, die Physiker arbeiteten mit Scheren und sähen Filme an, zählten die Physiker zu den Einheimischen. Vera Hill brachte die Forschungsstelle wieder in Verruf. Reste einer Einwohnerversammlung, die sich eines Frühlingsabends im Ortskrug gefunden hatten,[1] beschlossen zu später Stunde eine schriftlich formulierte Beschwerde an den Institutsdirektor. Der residierte in einem kleinen neugotischen Backsteingebäude, vormals Schokoladenfabrik. Als die Abordnung, die das Papier zu überbringen hatte, den Eingang passieren wollte, riß der Pförtner das Fenster auf, grüßte aber nicht, zu Vera Hill pflegte er bei solchen Gelegenheiten »Guten Morgen, Frau Doktor« zu sagen, den beiden abgeordneten Männern wurden die Personalausweise abverlangt. Der Pförtner las der Sekretärin des Direktors telefonisch die Personalien der eintrittfordernden Personen vor. Später schrieb er zwei mit Pauspapier gedoubelte Passierscheine[2] aus, übergab die Dokumente mißtrauischen Blicks und drückte auf einen Knopf, wodurch ein Summton und die Eröffnung des Gatters erwirkt wurde, das dem Eingang zum backsteinigen Verwaltungsgebäude vorgelagert war. Die Füße der Delegierten schritten auf gemusterten Fliesen, mit denen Korridor und Vorzimmer ausgelegt waren wie ältere Fleischerläden. Das Amtszimmer von Professor Gurnemann war gedielt. Er empfing die Abordnung in Tracht. Modisch orthodoxe Physiker trugen derzeit die weißen Kittel lang, die andern Extremisten trugen kurze mit Seitenschlitzen. Gurnemann bewandelte in einem gekürzten, ungeschlitzten Kittel den drei Schritt langen Gang zwischen Schreibtisch und Bücherschrank. Diese Möbelstücke und die Sessel, in die die Gäste sogleich wegen Platz-

---

1 *die sich . . . im Ortskrug gefunden hatten* : who met one evening in the local pub
2 *mit Pauspapier gedoubelte Passierscheine* : passes made out in duplicate with carbon paper

mangels gebeten werden mußten, waren tatzenfüßig. Ehern. Als die
beiden Männer die skandalösen Begebnisse in Worten andeuteten und das
anschuldigende Papier aushändigten . . . war die Behauptung, werktags
liefe eine Mitarbeiterin seines Instituts zweimal über den Ort, nur mit
Aufwand widerlegbar. Zweckentfremdete Vernutzung wissenschaftlicher
Arbeitskräfte erzürnte den Professor. Er rauchte nicht, trank unter
Umständen[3] Wein bis optimal vierundzwanzig Uhr, dann entzog er sich
welchen Veranstaltungen auch immer,[4] achtete überhaupt auf Konsequenz, sein Institut forschte in der Zeit von sieben Uhr fünfunddreißig bis
sechzehn Uhr fünfundvierzig bei Fünftagewoche. Die Gesandten baten
Gurnemann, dem Abschnitt des Schreibens, darin die sittlichkeitsgefähr-
dende Rolle der Erscheinung beschrieben wäre, besondere Aufmerksam-
keit zu widmen. Gurnemann gedachte der Zweizimmerwohnung, die
Dr. Hill mit ihrem Sohn bewohnte. Der Sohn war drei Jahre alt, die
Wohnung mit zwei Betten, einem Tisch, drei Stühlen, Schrank, Teppich
und Bücherregalen möbiliert. Wände nicht von Tapeten kartonhaft
gemodelt, sondern faßbar Stein. Weiß getüncht. Ursprünglich, mittlerweile ergraut unterm Staub, den der Wind vom nahen Gaswerk noch
durch die Fensterritzen wehte und Ofenwärme an die Decke hob. Vera Hill
schien das nicht zu belasten. Gurnemann kannte einen begabten
ungarischen Kollegen, der mit einer Papiertüte, drin er Zahnbürste und
Pyjama aufbewahrte, internationale Konferenzen besuchte. Luftwandelei
hielt Gurnemann allerdings für eine blödsinnige Verleumdung. . . . Die
Fülle des Materials, das schriftlich vor Gurnemann ausgebreitet war und
unter anderem Erregung öffentlichen Ärgernisses, Schädigung von
Gesundheit und Weltanschauung, Stromausfall durch Kurzschlüsse,
Jugendgefährdung und Verkehrsunsicherheit anführte, nahm die Aufmerksamkeit des Professors derart in Anspruch,[5] daß ihm . . . kein
schlagendes Argument eingefallen war. Das ärgerte ihn und milderte sein
Urteil über Amtsbrüder, die keine Wissenschaftlerinnen anstellten.
Professor Gurnemann konnte sich den Reizen, die von den detailliert
geführten Behauptungen ausgingen, nicht länger entziehen[6] und spitzte
seinen schönen Mund. Zwar pfiff er dann doch nicht durch ihn, sondern
durch die Zähne, bestellte aber Kaffee bei der Sekretärin. Obgleich ihn
der absurde Bericht bereits in einen angeregten Zustand versetzt hatte.[7]

3 *unter Umständen* : on occasion
4 *welchen Veranstaltungen auch immer* : no matter what the events were
5 *nahm die Aufmerksamkeit des Professors derart in Anspruch* : claimed so much of the professor's attention
6 *Professor Gurnemann . . . entziehen* : Professor Gurnemann could no longer escape the
  excitation which resulted from the detailed allegations
7 *Obgleich . . . versetzt hatte* : Although the absurd report had already stirred him up

Weil er in sich schlüssig war und also einer gewissen Eleganz nicht entbehrte. Am besten gefiel der überirdische Aspekt des behaupteten Phänomens. Unwillkürlich erinnerte Gurnemann den Mund der Vera Hill, die breit aufgewölbten Lippen, in deren Falten fadenförmig Schminke stand, die Haut sah aus wie geschnürt. Ein sektenhöriges Ehepaar hatte in dieser Frau Mutter Maria erkannt und als Zeichen für die Erwähltheit des Ortes im Falle einer atomaren Explosion der Erde gewertet. Aber auch jene Kläger, die sich gegen hausfriedensbrecherische Verletzungen der Intimsphäre verwahrten, indem sie Vera Hill mögliche und wirkliche Blicke in Fenster und Balkons zuschoben, sowie die Vertreter von Sittlichkeit, Verkehrssicherheit und Materialismus, alle Unterzeichneten bezeugten übereinstimmend, daß Vera Hill werktags zweimal, nämlich gegen sieben Uhr fünfzehn[8] und gegen achtzehn Uhr, den Ort in südwestlicher beziehungsweise nordöstlicher Richtung überqueren würde, gehend, in der Luft. Die Angaben über Ganghöhe und Tempo differierten, die Eigentümerin einer Obstplantage behauptete in ihrer Schadenersatzforderung, Vera Hill hätte mit ihrer Aktentasche Mirabellen und Zweige von Süßkirschenbäumen abgeschlagen. Ein Kurzschluß am dritten Weihnachtsfeiertag[9] gegen siebzehn Uhr fünfzig, der dem Ort länger als zwei Stunden Stromausfall gekostet hatte, wurde Vera Hill ebenfalls zur Last gelegt.[10] Dem Krugwirt erschienen Ansichten von schwarzem spitzenbesetztem Perlon und Strumpfhaltern für sittlich empfindende Bürger und Kinder unzumutbar.[11] Gurnemann gedachte lang- und dünnschenkliger Beine, legte das Papier in einen Ordner, ließ den Gästen Kaffee reichen,[12] versprach händereibend eine Untersuchung, schlürfte Kaffeeschaum und fragte, ob er das Papier behalten dürfte. Die Delegierten erinnerten an den Verteilerschlüssel, der dem Schreiben angefügt wäre und das Institut unter sieben Institutionen anführte.[13] Da entließ der Professor die Männer händeschüttelnd. Jäh ernüchtert, denn er fürchtete um die Bewilligung von Devisen, die er für den Erwerb einer englischen Rechenmaschine beantragt hatte.[14] Ohne sie war das Institut international nicht konkurrenzfähig. Das Computergebäude war projektiert, seine Finanzierung gesichert, die Institutseichen gefällt, Gurnemann ließ ab vom

---

8 *gegen sieben Uhr fünfzehn* : around 7:15
9 *am dritten Weihnachtsfeiertag* : on December 27 (part of Christmas holiday)
10 *wurde . . . zur Last gelegt* : was likewise blamed on Vera Hill
11 *Dem Krugwirt . . . unzumutbar*: The sight of black lacy nylon and garters, it seemed to the innkeeper, was an imposition on morally sensitive citizens and children
12 *ließ den Gästen Kaffee reichen* : had coffee served to the guests
13 *Die Delegierten . . . anführte* : The delegates reminded him of the distribution list which was attached to the notice and which listed the institute as one of seven institutions (to receive copies). (The implication is that the complainants are also including higher authorities.)
14 *denn er fürchtete . . . beantragt hatte* : because he was worried about the approval of foreign currency which he had applied for in order to purchase a British computer. (Obtaining "hard" currency for purchases in the West is difficult in Socialist countries.)

Kaffee, warf seinen Wintermantel über den weißen Kittel, querte den Hof mit großen Schritten und trat die Tür des Institutsgebäudes auf. Es roch nach verschmorten Kondensatoren. Im Erdgeschoß waren Labor, Werkstatt, Bibliothek und Rechenmaschine untergebracht, im ersten Stock befanden sich die Zellen der experimentellen Physiker. Jede Zelle hatte eine schwarze Tafel mit Bord für Kreide und Schwamm, Schreibtisch, an dessen rechter Schmalseite Schere, Lineal und Winkelmesser hingen. Stuhl, Bücherregal, Kleiderhaken, eine schreibmaschinengeschriebene Aufstellung des Mobiliars in Klarsichtfolie, ein quadratisches Fenster, die untere Hälfte Milchglas, blauen Estrich, zwei Meter mal vier Meter sechsundvierzig, und eine Tür, die sich von allen anderen unterschied durch den Farbanstrich, der jeweils einmalig war wie die Fluglochmarkierungen an Bienenhäusern. Frau Hill hatte hinter einer lindgrünen Tür zu sitzen. Die Tür war verschlossen. Gurnemann klopfte mit beiden Handflächen, da er vermutete, Vera Hill hätte Kopfhörer auf den Ohren und ein Tonbandgerät in Gang,[15] welches sie als ein Instrument der Erkenntnis bezeichnete, da wahrer Wissenschaft und wahrer Musik der gleiche Denkprozeß zugrunde läge.[16] Gurnemann sprach zwar wissenschaftlichem Denken das poetische Element nicht ab, hielt aber die Hill nicht für begabter als sich, weil beide sinnlicher Hilfskonstruktionen nicht entraten konnten, weshalb er auf Disziplin bestand und sein Namensinitial an die verschlossen bleibende Tür kreidete. Diese Form der Rüge wurde von den Laboranten als ehrabschneiderisch empfunden. Im zweiten Stock, wo sich die Stuben der Theoretiker befanden, waren die Korridorwände mit Heiligenbildern verhängt, die Kopernikus, Galilei, Giordano Bruno, Newton, Cavendish, Coulomb, Ampère, Galois, Gauß, Minkowski, Maxwell, Planck und Einstein zeigten. Die Theoretiker Hinrich und Wander teilten Gurnemann auf entsprechende Anfrage mit, Dr. Hill hätte, veranlaßt durch eine telefonische Mitteilung vom Kindergarten, das Institut verlassen, vor einer Stunde etwa, der Sohn wäre offenbar erkrankt oder dergleichen. Gurnemann, selbst Vater von Kleinkindern, schwang zwischen Prinzip und Anteilnahme, als er spaßeshalber fragte, auf welchem Wege die Frau das Institut verlassen hätte. »Auf dem Luftwege«,[17] entgegneten die Theoretiker. Da bezweifelte Gurnemann eine kleine Weile seinen Verstand. Obgleich er abgehärtet war, der Leiter der maschinenmathema-

15 *in Gang* : running
16 *welches. . . zugrunde läge* : which she called an instrument of knowledge because the same
   way of thinking was fundamental to true science and true music
17 *"Auf dem Luftwege"* : she took the aerial route (i.e., walked the tightrope)

tischen Abteilung war fanatischer Segelflieger, ein Elektroniker hatte die Mutter seiner Braut geehelicht, bei den Theoretikern, die im zweiten Stockwerk des Institutsgebäudes arbeiteten, gab es zwei Nachtwandler, Luftwandelei war ihm noch nicht zugemutet worden. Er hielt sie auch nach wie vor[18] für eine Erfindung. Für eine böswillige Erfindung neuerdings, die dem Ansehen der Wissenschaft im allgemeinen und seines Instituts im besonderen zu Schaden gereichen konnte, womöglich sogar sollte. Offensichtlich waren mystische Lehren in die materialistische Weltanschauung seines Forschungsteams eingedrungen, ohne daß ihm von derartigen skandalösen Vorkommnissen Mitteilung gemacht worden war.[19] Blieb er jetzt amtshalber vom Institutsklatsch ausgeschlossen? Gaben sich wissenschaftliche Mitarbeiter als Anhänger der Sekte aus, um ihn ideologisch zu stürzen? Andernfalls hinterging man ihn. Gewollt oder ungewollt aus dem gleichen Grund. Von düsteren Ahnungen beschwert, zog sich Gurnemann in die ebenfalls auf dem Institutsgelände gelegene Villa zurück, die ihm als Dienstwohnung zur Verfügung stand. Dort verbrachte er den Rest des Tages vor dem Fernsehgerät. In der Nacht empfand er das Gerücht als Rachekomplott der Hill und schwor sich außerehelicher Zärtlichkeiten hinfort gänzlich zu enthalten.[20] Am Morgen erwachte er mit Kopfweh, jedoch milder gestimmt, denn es war ihm wieder angenehm bewußt geworden, daß die Hill eine von den seltenen Frauen war, die nicht geheiratet werden wollten. Auch schätzte er ihre manische Arbeitsweise und die Angewohnheit, Schlüsse nicht zu erzwingen, sondern sich zuwachsen zu lassen.[21] Erfüllt vom Glauben, die Wirrnis würde sich auf vernünftige, natürliche Weise gleichsam von selbst lösen, begab sich Gurnemann nach gutem Frühstück abermals zum Arbeitszimmer der Vera Hill, darin er sie zu seiner Freude auch tatsächlich antraf. Er grüßte. Als er ihre Hand in seiner hielt, erschien ihm sein Anliegen absurd, weshalb er in Verlegenheit fiel und sich nach dem Befinden des Sohnes und dem Fortgang der Habilitation[22] erkundigte. Die Auskünfte waren erfreulich. Auch bündig gegeben, wenn Gurnemann nicht jäh nach dem eigentlichen Grund seines Kommens gefragt worden wäre, hätte er ihn verschwiegen. Er nannte ihn in einem Nebensatz. Der Hauptsatz war ein Kompliment. Vera Hill verschob Haarfransen, indem sie mit beiden Zeigefingern von innen nach außen über die Brauen strich. Den Mund schien sie auch sonst nur mit

18 *nach wie vor* : the same as ever
19 *ohne daß . . . gemacht worden war* : without him having been informed of such scandalous occurrences
20 *sich . . . zu enthalten* : to refrain entirely from extra-marital affection (since he fears she has devised the present situation to punish him for transgressions of which she could have knowledge
21 *sondern sich zuwachsen zu lassen* : but rather to let them develop on their own (evolve) for her
22 *Habilitation* : post-doctoral thesis, necessary to qualify for becoming a professor

Mühe schließen zu können, wiewohl ihr Gebiß normal gebildet war. Auch konnte Gurnemann vermuten, sie hätte stets was in den Backen, wenigstens einen Witz. Er entschuldigte sich also vorsorglich für die Albernheit der Verdächtigung, der selbstverständlich weder er noch irgendein anderer vernünftiger Mensch auch nur einen Augenblick Glauben geschenkt hätte.[23] »Warum?« fragte Vera Hill. Gurnemann bat, ihm behilflich zu sein, die Angelegenheit auf pragmatische Weise so schnell wie möglich zu erledigen. Ein Institut wie das seine wäre finanziell derart störanfällig, daß bereits eine durch Albernheiten hervorgerufene Verzögerung des Devisenflusses wissenschaftliche Chancen in unabschätzbarer Weise verkleinern könnte. »Die Albernheiten vergrößern die wissenschaftlichen Chancen«, sagte Vera Hill. »Der Rivalen«, sagte Gurnemann. »Empfinden Sie mich als Rivalen«, fragte die Hill. Die Frage verärgerte Gurnemann. Vera Hill sah es ihm an,[24] weshalb sie ihm erklärte, ohne den zeitsparenden Weg über das Seil die Habilitation nicht bis zum vereinbarten Termin fertigstellen zu können, da sie im Gegensatz zu ihm über die Arbeitskraft einer Hausfrau oder Dienstmagd nicht verfüge. Wenn sie nach Arbeitsschluß eingekauft, den Sohn aus dem Kindergarten geholt, Abendbrot gerichtet, gegessen, Autos und andere Wunschbilder des Sohnes gemalt, ihn gebadet und mit einem Märchen versehen ins Bett gebracht, auch Geschirr oder Wäsche gewaschen oder ein Loch gestopft oder Holz gehackt und Briketts aus dem Keller geholt hätte, könnte sie mit Seiltrick gegen einundzwanzig Uhr am Schreibtisch über Invarianzen denken, ohne Trick eine Stunde später. Müßte auch eine Stunde früher aus dem Bett ohne den Trick. Nach weniger als sechs Stunden Schlaf fiele ihr nichts Brauchbares ein. Gurnemann sprach lange inständig zu ihr über die Unrealität der Verkehrsverbindung. Anderntags verlor Vera Hill auf dem Heimweg die Balance. Der Laternenanzünder entdeckte ihren Körper zerschmettert im Vorgarten der Volksbücherei.

---

23 *der selbstverständlich . . . Glauben geschenkt hätte:* which obviously neither he nor any other reasonable person had believed for even a minute
24 *sah es ihm an* : could tell by looking at him

"Es ist mir aber natürlich nicht um die Klosterschule gegangen, sondern um Zwänge überhaupt, das heißt um geschlossene Systeme, die man Kindern in frühen Jahren überhaupt ins Hirn setzt und aus denen sie kaum je ausbrechen können.... Für mich hat das, was in der Klosterschule passiert ist, nicht einmal so sehr mit religiösen Gefühlen oder mit Religion zu tun gehabt als mit einer ganz bestimmten Manifestation von Macht."

(Aus einem Interview)

BARBARA FRISCHMUTH

Barbara Frischmuth, born in 1941 in Altaussee, a small town in the southeastern Austrian province of Styria, draws on her own experiences in the early 1950s for her first novel, *Die Klosterschule* (1968), from which the selection presented here has been excerpted. After leaving the convent boarding school, she completed her secondary education in 1958 and began her studies of Turkish and Hungarian at the University of Graz, then at the University of Vienna after studying abroad in Turkey and Hungary. Since ending her studies in 1967, she has lived as a writer and translator in Vienna. Her concern with the world of childhood and the power of language, as reflected in her first work, is manifest in her subsequent career as well: until recently, she has produced almost as many books for children as she has for mature readers. The magic and fantasy which inform *Amoralische Kinderklapper* (1969) and *Der Pluderich* (1969), *Ida – und Ob* (1962), and *Grizzly Dickbauch und Frau Neffe* (1975) also characterize much of her writing for mature audiences. Here the fantastic often functions as a way out of the crippling effects of upbringing, education, and family life – as it does in the trilogy of novels, which includes *Die Mystifikationen der Sophie Silber* (1976), *Amy oder die Metamorphose* (1978), and *Kai und die Liebe zu den Modellen* (1979). The work of Barbara Frischmuth, which also includes short stories and radio plays, has been honored with numerous prizes, including the Austrian Prize for Children's and Juvenile Literature (1973).

"Die Anstandsstunde," one of the fourteen anecdotal chapters which comprise *Die Klosterschule*, is aimed as a satirical barb at the absurdity and detrimental effects of the dogmatic and authoritarian training imparted to young women: hypocrisy, subordination, repression of natural feelings are the primary values of such a system. Even the selflessness which is instilled into future wives and mothers is not based on human decency, but rather on manipulation and calculation. The incipient sexuality of the pubescent girls, suppressed, mysterious and "dirty," becomes one of the main themes of their fantasy.

This is not a work in which a woman's discovery and affirmation of her own selfhood plays a central role. In fact, the narrator does not emerge very clearly at all. Rather Frischmuth focuses her sometimes biting satire on the patterns of behavior and clichés, the norms and imperatives with which the girls are indoctrinated. How many of these do you recognize? The parodistic style of the entire chapter makes it clear that the author does not share the views of the relations between the sexes, sexuality, and the role of women with which these young women are being inculcated. In reading the selection, watch for the stylistic means by which Frischmuth undermines the validity of what is being said. The discrepancy between the manner of speaking and the content is the key to the special effect she achieves.

Die Anstandsstunde[1]

Versucht ein Mann sich euch zu nähern, in welcher Absicht es auch sein möge — in geschlossenem Raum oder im Freien —, senkt vorerst den Blick, ihr gewinnt dadurch Zeit, nachzudenken. Schon aus dem Gehaben, mit dem er auf sich aufmerksam macht, geht hervor, welche Art von Vergnügen er von eurer Bekanntschaft erwartet. Sucht er ein freundliches Beisammensein mit lang andauernden Gesprächen, an denen sich eine, ihn nicht verpflichtende Zuneigung entzünden soll — fälschlicherweise wird diese Art von Verhältnis oft ein platonisches genannt —, wird er euch fürs erste mit äußerster Diskretion darauf aufmerksam machen, daß die Haltung eures Kopfes, obzwar anmutig und von kindlicher Grazie, so doch Geist verrate, wie er hinter so rosiger Stirn kaum zu vermuten wäre. Er wird Fragen an euch richten, die ihm Gelegenheit geben, euch das Ausmaß seines Wissens zu erläutern, ohne daß er Wert auf die richtige Beantwortung derselben[2] legte. Er verlangt nur, daß ihr euch über die Bedeutung des jeweiligen Gesprächs, das er mit euch führt, im klaren seid.[3] Es ist durchaus gestattet, sich von ihm in regelmäßigen, aber nicht zu kurzen Abständen auf ein Glas Limonade oder auf einen kleinen Imbiß einladen zu lassen und ihm das Recht einzuräumen,[4] euch Bücher oder ähnliches Bildungsmaterial zu schenken, doch sollt ihr nie vergessen, euerseits ein Begleichen der Rechnung vorzuschlagen.

Ein anderes Problem ist das der Dauer einer solchen Freundschaft. Nach menschlichem Ermessen wird sie eine kurze haben, denn entweder nähert er sich euch oder er entfernt sich. Ist es ein wertvoller Mensch, wird euch an einer zeitlichen Ausdehnung der Freundschaft gelegen sein.[5] Dabei ist es am besten, wenn ihr es vermeidet, allzu oft an menschenleeren Orten mit ihm zusammenzutreffen, andererseits sollt ihr euch aber auch nicht zu abweisend verhalten. Wer weiß, wozu ihr den Mann noch brauchen werdet. Ihr müßt klug sein wie die Schlangen und einfältig wie die Tauben oder andere Beispiele aus der Heilsgeschichte.

Versucht er, wie zufällig eure Hand zu ergreifen und sie an den Mund zu führen, so nehmt sie ihm wie zufällig wieder weg, indem ihr vorgebt, euer Taschentuch nötig zu haben. Sollte er sich gesprächsweise eurem Ohr

---

1 *Die Anstandsstunde* : A Lesson in Manners
2 *die richtige Beantwortung derselben* : answering said questions correctly
3 *ihr euch über . . . im klaren seid* : you understand . . .
4 *ihm das Recht einzuräumen* : to grant him the right
5 *wird euch an einer zeitlichen Ausdehnung der Freundschaft gelegen sein* : you will be interested in prolonging the friendship

nähern — als hätte er, der Heimlichkeit des Erzählten wegen, leise zu sprechen — und es mit dem Hauch seiner Worte kitzeln, um euch dem längst Fälligen geneigt zu machen und durch die Berührung aufzuregen, so macht nicht viel Aufhebens davon. Am besten kehrt ihr ihm das Gesicht zu — in aller Unschuld —, und er wird es kaum wagen, euren Mund auf ähnliche Weise berühren zu wollen; das entspräche nicht dem Typ, den er vorstellt.

Die ersten Schwierigkeiten könnt ihr als überwunden betrachten, wenn er anhebt, euch aus seinem Privatleben zu erzählen. Ihr dürft dabei keine Neugier zeigen. Er soll nie das Gefühl verlieren, euch aus freien Stücken zur Mitwisserin seiner Geheimnisse zu machen. Stellt ihr es geschickt an, so wird er bald beginnen, euren Rat einzuholen, und er wird sich euch immer als dankbar erweisen, wenn ihr erkennen laßt, daß ihr ihm auf selbstlose Weise zu helfen bereit seid. Bewährt sich euer Rat oder die Art, in der ihr ihm ratet, wird eure Person ihm unentbehrlich werden, und er wird es nicht verabsäumen, sich an anderer Stelle für euch zu verwenden und sich erkenntlich zeigen, so weit es in seiner Macht steht.

Seid ihr an diesem Punkt angelangt, dürft ihr erst recht nicht in den Fehler verfallen,[16] ihm auch nur die geringste körperliche Berührung zu gestatten, sonst verliert das Bild, das er sich von euch macht, an Feinheit, und er wird sich der Nachlässigkeit im Benehmen gegen euch schuldig machen. Widersteht ihr der Versuchung — gegen die ihr nie gefeit seid —, wird seine Verpflichtung gegen euch ins Unermeßliche steigen. Allerdings dürft auch ihr euch nie einer Achtlosigkeit hinsichtlich eurer Kleidung oder eures Benehmens schuldig machen, denn er sieht in euch das für ihn nicht Erreichbare, aus dem er nur so lange Genuß schöpft, solange er euch ergeben ist, ohne sich deshalb schämen zu brauchen.

Freundschaften dieser Art sollt ihr aber nur eingehen, wenn ihr eurer selbst sicher seid,[7] euren Körper zu beherrschen und euren Geist zu präsentieren versteht. Wenn ihr die gegebenen Regeln beachtet, können euch Beziehungen dieser Art in jeder Lebenslage von Nutzen sein. Ihr werdet auch eure Freude dran haben und die Gewißheit, daß euer Tun ein religiös erlaubtes ist.

Sollte sich euch aber ein Mann nähern, dessen Gehaben keinen Zweifel daran läßt, daß er euren Leib begehrt, wie er schon viele Leiber begehrt

6 *erst recht nicht in den Fehler verfallen* : certainly not slip into the error
7 *wenn ihr eurer selbst sicher seid* : if you are confident

hat, ohne gewillt zu sein, sich euch gegenüber in irgendeiner Weise zu verpflichten, so ist es am besten, ihr verschwendet weder Wort noch Blick an ihn und geht — seiner ungeachtet — eurer Wege.[8] Wenn ihr aber diesen Augenblick versäumt habt, und es die Konvention gebietet, mit ihm — seiner Stellung oder seines Amtes wegen — umzugehen, so versichert euch in seiner Gegenwart des Schutzes von Dritten, so daß nichts euch geschehen kann. Sollte auch dies nicht möglich sein, so schützt eine jener widerlichen Krankheiten vor oder vermindert den Reiz eures Äußeren, so daß er von selbst Abstand von seinem Begehren nimmt. (Dies ist bereits eine Notlösung!)

Sollte sich euch aber ein Mann nähern, der sehr bald zu erkennen gibt,[9] daß er euch mit Leib und Seele in Besitz zu nehmen trachtet, so ist es eure Aufgabe, euch im besten Licht vor ihm zu zeigen, so daß er über kurz oder lang zu der Einsicht kommt, ein Leben ohne euch könne von ihm nur im Schatten gelebt werden.

Solange er euch keinen Antrag macht, müßt ihr euch strenge Zurückhaltung auferlegen. Eure erste Waffe ist die ständige Steigerung des Reizes, den ihr auf ihn ausübt, doch darf der Rahmen des Erlaubten nie gesprengt werden. Ihr sollt ihm aber auch nicht weismachen, euer Leib sei fühllos, es würde ihn ängstigen und er müßte es auf eine Probe ankommen lassen.[10] Wenn es euch ernsthaft darum zu tun ist, ihn euch vollends verbindlich zu machen,[11] und der Eindruck, den er in euch hinterlassen hat, sich nicht verflüchtigt, so sollt ihr euch gewisser Gesten bedienen, die ihn unfehlbar für euch einnehmen müssen. Zeigt ihm, daß ihr sparsam mit seinem Geld umgehen wollt, indem ihr vorderhand in seiner Gegenwart auf Süßigkeiten jeder Art verzichtet, auch wenn er sie euch anbietet — es ist gut für eure Figur und beweist, daß ihr nicht verwöhnt seid —, bekreuzigt euch vor jeder Kirche und vor jedem Bildstock, an dem ihr zufällig vorbeikommt — gerade eure rührende Frömmigkeit wird ihm etwas bieten, das er vielleicht seit den Kindertagen vermissen mußte —, greift bei den gemeinsamen Spaziergängen recht oft nach den Schöpfen spielender Kinder und streichelt sie — dies zeigt ihm so manches —, fragt ihn selbst des öfteren nach seiner Mutter — damit nehmt ihr seinem vielleicht zeitweise aufkeimenden Verdacht, es könne zu familiären Unstimmigkeiten kommen, jede handgreifliche Veranlassung

---

8 *geht — seiner ungeachtet — eurer Wege* : go your way without paying any attention to him
9 *zu erkennen gibt* : indicates, shows
10 *er müßte es auf eine Probe ankommen lassen* : he would have to put it to a test
11 *Wenn es euch . . . verbindlich zu machen* : if you are serious about committing yourself totally to him

— und zeigt euch stets um sein Wohlergehen bemüht, wobei ihr aber nicht übertreiben sollt, es könnte ihm lästig fallen oder euch für späterhin zum Nachteil gereichen.

Hat er sich euch nun erklärt und sich mit euren Eltern ins Einvernehmen gesetzt, gehört er derselben Konfession an wie ihr und ist er nicht schon eine vor Gott unlösbare Verbindung eingegangen, so steht einer Segnung und Legalisierung eurer gegenseitigen Zuneigung nichts im Wege.

Es ist zwar keine Sünde, wenn ihr es zulaßt, daß er bereits vor der Verlobung euren Mund mit dem seinen berührt, doch empfiehlt es sich nicht, denn so wie ein Wort das andere, so gibt auch eine Berührung die andere, und ihr müßt es euch immer vergegenwärtigen, daß nur der Mann euch wirklich schätzt, dem ihr unberührt ins Brautbett gefolgt seid. Ein Mißachten dieses Gebotes würde einen langen Schatten über euren fürs Leben geschlossenen Bund werfen. Man würde einer jeden unter euch als Charakterschwäche ankreiden, was sie als der Not gehorchend vermeint hat.[12] Und im übrigen ist nicht zu vergessen, daß jede fleischliche Beziehung Folgen haben kann. Welches Mittel der Verhütung man euch auch vorschlagen wird, ihr sollt eure Angst nie verlieren, denn die Gabe Gottes wird gegeben wann und wem Er will.

Doch seid ihr nun einmal in den geheiligten Stand der Ehe getreten, seid ihr zwar dem Gebot unterworfen, eurem Gatten zu dienen und ihm untertänig zu sein, doch soll dies im Bewußtsein des Wertes geschehen, den er an euch besitzt. Ihr seid sicher nicht mit leeren Händen in sein Haus gekommen, und sollte es euch an materieller Ausstattung gefehlt haben, so hat ihm eure vorzügliche Erziehung zu Handfertigkeiten aller Art diesen Mangel mehr als ersetzt.

Ihr seid ihm jungfräulich anheimgefallen. Er hat also die Pflicht, euch all das zu bieten, was andere, die ihr seinetwegen abgewiesen habt, euch geboten hätten, und diese seine Pflicht wächst in dem Maße, als ihr euch an die Gebote der Ehe haltet.

Sollte der Fall eintreten, daß euer Mann euch betrügt, habt ihr nicht das Recht, den Gegenstand oder die Person, mit dem oder mit der dies geschieht, zu schmähen, doch könnt ihr ihm die Verächtlichkeit seines Tuns vor Augen führen, indem ihr ihn merken laßt, welcher Vorzüge er sich beraubt,[13] wenn er sein Glück in einem anderen Schoß[14] sucht.

---

12 *was sie als der Not gehorchend vermeint hat* : that which she supposed she was required to do
13 *indem ihr ihn merken laßt, welcher Vorzüge er sich beraubt* : by letting him discover the privileges he is depriving himself of
14 *in einem anderen Schoß* : (fig.) in the arms of another

Natürlich ist auch bei solcher Gelegenheit Gott der oberste und letzte Richter, doch sind euch strafende Blicke und Handlungen — wenn ihr euch seiner zum Beispiel auf eine Weile entzieht[15] — erlaubt. In eurem Sinne[16] sollt ihr darin aber nicht zu weit gehen. Ihr könntet euch einen länger währenden Ekel vor seiner Person zuziehen, was nicht ratsam ist, da ihr auf ihn angewiesen seid und dabei die von Gott gewollte Fortpflanzung innerhalb des von euch eingegangenen Bundes ins Stocken geraten könnte, was aber nur im Falle von äußerster Armut gestattet und bei Krankheit sogar empfohlen wird.

Da wir nun schon einmal dabei sind,[17] muß erwähnt werden, daß es einige unter euch geben wird, die auch ab der Zeit,[18] wo euch vieles erlaubt ist, ihre Zurückhaltung nicht ablegen wollen noch können. Es wird zunächst viel von der Herzensbildung des Mannes abhängen, euch die tiefverwurzelte Scheu zu nehmen, aber es hängt auch in nicht geringem Maß von eurer persönlichen Anstrengung ab, ob das Erkennen der Seelen sich auf harmonische Weise im Fleisch fortsetzt. Läßt das Zartgefühl des Mannes zu wünschen übrig[19] und nennt er die Dinge zu deutlich beim Namen, gelingt es euch nicht, eure Hemmnis aus eigener Kraft aus dem Wege zu räumen,[20] ist es am besten, ihr sucht eure Mutter auf und trachtet, euch von dieser Ratschläge zu holen. Sollte sich dies aus irgendeinem Grund nicht bewerkstelligen lassen, so setzt euch mit einem — für seine Verschwiegenheit bekannten — Arzt in Verbindung. In aussichtslos scheinenden Fällen wendet ihr euch aber am besten gleich an einen Priester und versucht selbst durch gesteigertes Beiwohnen der hl. Messe, durch verstärktes stilles Gebet und durch wiederholtes Aufsuchen von Wallfahrtsorten, dem Übel abzuhelfen.

Bevor ihr aber all dies auf euch nehmt, bevor ihr also ins Leben geht, um dort den euch zugewiesenen Platz einzunehmen und die euch bestimmten Aufgaben zu erfüllen, sollt ihr noch mehrmals und gut erwägen, daß euch auch ein anderer Weg offensteht. Es ist dies der Weg, den der Apostel Paulus den besseren geheißen hat und der auch der gottwohlgefälligere sein muß. Wählt ihr ihn, so wählt ihr einen Stand, der nicht nur den Vorteil hat, euch schon zu Lebzeiten in Seine unmittelbare Nähe zu bringen, sondern von euch auch die obengenannten Sorgen und Nöte fernzuhalten. Es wird euch durch ihn die Möglichkeit gegeben, euer Leben in

---

15 *wenn ihr euch seiner . . . auf eine Weile entzieht* : when you withdraw from him for a while
16 *In eurem Sinne* : in your own interest
17 *Da wir . . . dabei sind* : since we're already on the topic
18 *ab der Zeit* : after the time
19 *Läßt das Zartgefühl des Mannes zu wünschen übrig* : if the man's sensitiveness leaves something to be desired
20 *eure Hemmnis aus eigener Kraft aus dem Wege zu räumen* : to eliminate the problem on your own

Arbeit und Andacht, als unmittelbare Vorbereitung auf ein höheres und besseres Leben, in dem ihr ewigen Lohn für zeitliche Unbillen erhalten werdet, hinzubringen.

"Geschnitten von beiden Seiten. Kaum bin ich eine 'Intellektuelle,' stoßen mich die Arbeiter weg, intellektuellenfeindlich aus Angst oder Minderwertigkeitsgefühl; stoßen mich die andern weg, weil ich gar keine 'richtige' Intellektuelle bin und nie sein werde."

(Aus Klassenliebe)

KARIN STRUCK

When Karin Struck's first novel, *Klassenliebe*, appeared in the prestigious edition suhrkamp series in 1973, both the book and its author were catapulted into a swirl of publicity that made *Klassenliebe* into a bestseller and Struck into an instant celebrity. Within a few months the book went through numerous printings and Struck's private life and opinions became lucrative grist for the popular press. Born in 1947 to a rural family in Schlagtow in the East German province of Mecklenburg, Struck grew up in Westphalia, where, as a political refugee, her father, formerly a farmer and political official, had to take a menial job as a laborer. Overcoming prejudices against working-class children common in West Germany at that time, Struck pursued a college-preparatory course and entered the University of Bonn to study literature. After marrying a former schoolmate with a proletarian background and close ties to the German Communist Party, she gave birth to a daughter. In the process of becoming a mother, she also became more alienated from the radical political style of the student movement and more concerned with issues of "nature," such as the healthfulness of food and the qualities of "motherliness" which affect all human life. Falling in love with an intellectual writer and journalist who seemed to hold out the promise of all that seemed lacking in her difficult marriage, Struck conceived a child by him, only to be abandoned before the child's birth. These highly personal experiences form the subject matter of her diary-like *Klassenliebe*, in which she attempts to depict the alienation of her life "zwischen den Klassen." No longer really a member of the working class and yet not a "genuine" intellectual, she explores the private torment of those who attempt to bridge the gap between the class in which they have their origins and the class to which their education has given them access. The book is an important document of the turbulent period in the late 1960s and early 1970s when German society, swept by the often violent winds of the student movement, stood at the threshold of the women's movement, which was to bring equally sweeping changes in the mid 1970s. The Karin of Struck's novel is not only a would-be intellectual of working-class origin; she is also a woman: a mother, a wife, and a lover — and her confusion about her own identity is reflected in her wavering between her rough proletarian husband H. and the slick left-wing intellectual Z., who ultimately deserts her.

A subsequent novel, *Die Mutter* (1975), shifts the emphasis on the polarity between the classes to that between the sexes, seeing in motherhood and "motherliness" a special sort of inner refuge from inhumanity inhabited by the "great erotic mothers" who remain outside the institutions of the destructive "male" world. Motherhood, with its increased awareness of the body and its natural functions, is conceived by Struck as a challenge to the aberrations of technological society. Central to her defense of motherhood is an abhorrence of abortion as a violent exploitation of women, a position which plunged Struck's work into a swirl of debate between those who regarded any book asserting women's subjective experience as "feminist" and those who decried Struck's position as a regressive call for a "return to nature." For the popular press, which had discovered the profit potential of the women's movement, Struck's laying bare of her intimate social and emotional experiences proved to be a journalistic goldmine of sensational topics. Her subsequent novels, continuing the treatment of themes begun in her first two famous books, explore experiences of abortion, heterosexual and lesbian love (*Lieben*, 1977, and *Trennung*, 1979), but have had appreciably less critical resonance than her early work. Struck's training in literature is also reflected in her considerable activity as an essayist and book reviewer.

In reading the diary entries of this young woman, note how many of them occur in the form of questions. What sort of ideas and assumptions does she seem to be challenging with these questions? Where does she locate herself in the struggle between human needs and ideology in which she finds herself? Why does she place so much emphasis on childhood experiences? Do you think that the handicaps and humiliation under which she has suffered since childhood are primarily due to her working-class background or to her situation as a female in German society? How does her analysis of her experience compare with that of the Austrian writer Barbara Frischmuth in this volume? Which technique seems more effective in realizing the author's critical intention?

Klassenliebe

20. Juni morgens. Kann ich meinen Vater abschütteln und meine Herkunft trotzdem nicht verraten? Der Traum: ich bin in einem Hochhausraum mit meinen Eltern, meine Mutter schlachtet mich, ich bin geschlachtet, bin aber noch da, sehe zu, wie mein Vater mich ißt, in einem riesigen runden weichen Kuchen, der auch aussieht wie eine große Portion gebratener Bregen, Bregen von Kaninchen oder was weiß ich, den mein Vater so gern ißt, diese weiche Masse, aber es ist nicht das Gehirn von Tieren, es ist *mein* Gehirn, mein Vater ißt in dieser großen weichen Masse mein Gehirn, gierig. Wie kann man denn sowas träumen? Nach ein paar Stunden Schlaf. H.[1] ist in die Stadt gefahren. Gut, aufzuwachen, und durch den Rolladen kommt ruhiges Licht. Sagt ein Arbeiter beim Werkkreistreffen,[2] ein schreibender Arbeiter brauche nicht zu beschreiben, wie einer morgens aufsteht und sich die Haare aus dem Gesicht schüttelt, man sah direkt das Schütteln, wie er sprach, warum nicht, warum eigentlich nicht? Kein Bombengetöse, kein Autolärm, kein Geschrei. Das alles hört man hier nur nicht. Z.[3] ist lieb. Ich liebe Z. Ich werde Z. lieben. H. ist mein Genosse. H. wird immer mein Genosse sein. Aus dem warmen Bett aufstehen und sich nackt vor die Schreibmaschine setzen. Nicht auf die Post warten. Morgens schlafen können, bis man von selber erwacht. Vom siebten bis zum zwanzigsten Lebensjahr mußte ich aufstehen, wenn ich noch gar nicht ausgeschlafen hatte. Meistens nach nur fünf Stunden Schlaf. Und wie ich mir die Haare aus dem Gesicht geschüttelt hab, und erst mein Vater, und mein Bruder, und meine Mutter... Der Weg zur Schule war immer weit. Mit dem Fahrrad vierzehn Kilometer täglich nach Oerlinghausen[4] zum Gymnasium, sechs Jahre lang. Ich erinnere mich, wenn ich am frühen Nachmittag erschöpft wieder zu Hause ankam, vom Fahrrad stieg, dachte ich zerstreut, wozu bin ich heute eigentlich vierzehn Kilometer gefahren, was ist passiert, ist was passiert. Wenn Sie mal nicht mehr so viel fahren müssen, können Sie »Ihre Leistungen« noch steigern, sagt der Scheißberufsberater[5] auf dem Bielefelder Arbeitsamt.[6] Jetzt über eine Stunde Fahrt in die Stadt, um zur Vorlesung zu kommen. Die Stadt ist vergiftet, ich kann in ihr nicht leben. Gern wär ich immer um fünf auf-

---

1 *H.* : the working-class communist husband of the author of this diary
2 *Werkkreistreffen* : a meeting of the Werkkreis Literatur der Arbeitswelt, established as a network of local writers' workshops for writers in the working class in the 1970s
3 *Z.* : the left-wing intellectual writer with whom the narrator is in love
4 *Oerlinghausen* : since her home town (Schloß Holte) in Westphalia was so small, the author commuted to Oerlinghausen to attend a college preparatory secondary school
5 *Scheißberufsberater* : (vulg. slang) cruddy career counselor
6 *Bielefelder Arbeitsamt* : employment office in Bielefeld, a nearby Westphalian city

gestanden, dann wenn die Sonne mit ihrem Licht kommt. Aber dann müßte ich früher schlafen gehen, fast so früh wie Hühner und Vögel. Nachmittags mußte ich arbeiten gehen, im Sommer auf eine Erdbeerplantage, danach Schularbeiten machen, diese idiotischen Schularbeiten, Geschichte lernen, pauken, schnell, immer schnell, und behalten habe ich gar nichts. Nichts. Nichts. Ich erkläre D.,[7] warum ich nie Lehrer werden könnte, nicht etwa aus Mißachtung dieses Berufes. Ich stände da und wüßte die Hauptstadt von Brasilien nicht. Ich habe kein Gedächtnis für Fakten. Fakten. »Spuren, die die Ereignisse in unserm Innern hinterlassen.«[8] Höchstens für *diese* Fakten. Dieses Trauma, wie ich schon jahrelang Englisch gelernt hatte, und wenn im Fernsehen irgendein Kerl Englisch redete, rief mein Vater »Karin, übersetzen!«, und dann fehlte mir eine Vokabel, und ich konnte den ganzen Text nicht entschlüsseln, und der Hohn meines Vaters über mein Versagen. Ich könnte ja nie Kreuzworträtsel lösen. Jutta[9] sagt, das verstehe ich. Warum soll ich denn auch alles mögliche Gerümpel in meinem Kopf sammeln? Warum soll ich die Hauptstadt von Brasilien wissen, wenn ich nie dawar? Warum nur? Gerümpel soll man im Kopf haben, damit es dunkel ist und wirr, im Kopf. Der Kopf eine Rumpelkammer, eine Dunkelkammer. Ist ja ein lächerliches Beispiel: die Hauptstadt von Brasilien. Man soll sich Fakten merken über einen Dichter zum Beispiel, obwohl dieser Dichter vierzig Jahre gebraucht hat, um zehn Bücher zu schreiben, und man soll zu dem Gerümpel im Kopf auch noch ein paar Fakten und Urteile über diesen Dichter sammeln, mehr soll man ja gar nicht, mehr verlangen die ja gar nicht von einem. »*Ich habe kein Gedächtnis, weder für Gelerntes noch für Gelesenes, weder für Erlebtes noch für Gehörtes, weder für Menschen noch für Vorgänge, mir ist,*[10] *als hätte ich nichts erlebt, als hätte ich nichts gelernt, ich weiß tatsächlich von den meisten Dingen weniger als kleine Schulkinder, und was ich weiß, weiß ich so oberflächlich, daß ich schon der zweiten Frage nicht mehr entsprechen kann. Ich kann nicht denken, in meinem Denken stoße ich immerfort an Grenzen, im Sprung*[11] *kann ich noch einzelweise manches erfassen, zusammenhängendes, entwicklungsmäßiges Denken ist mir ganz unmöglich. Ich kann auch nicht eigentlich erzählen, ja fast nicht einmal reden; wenn ich erzähle, habe ich meistens ein Gefühl, wie es kleine Kinder haben könnten, die die ersten Gehver-*

---

7 *D. (=Dietger)* : Communist husband of the narrator's friend
8 Quotation from Christa Wolf's novel, *Nachdenken über Christa T.* (1968)
9 *Jutta* : wife of D.
10 *mir ist* : it seems to me, I feel
11 *im Sprung* : cursorily

suche machen, aber noch nicht aus eigenem Bedürfnis, sondern weil es die erwachsene, tadellos gehende Familie so will.«[12] Oft stelle ich mir vor, ich könnte noch mal »ganz von vorne anfangen«,[13] mit dem Lernen, ich würde anfangen mit den geometrischen Formen, Schritt für Schritt,[14] Steinchen auf Steinchen, ohne Angst würde ich lernen, es wären Lehrer da, die mir helfen würden, so zu lernen, wie es mir entspräche. Ich würde nicht geduckt in der Bank sitzen und beten, lieber Gott hilf daß ich nicht drankomme. Geblieben ist: meine Mutter bringt mich im tiefen Schnee winters zur Bushaltestelle, zum Bus nach Oerlinghausen zum Mathematisch-Naturwissenschaftlichen Progymnasium Oerlinghausen,[15] sie steht früh mit mir auf, brät Spiegeleier, daß dies Frühstück nicht das beste für mich ist, wie soll sie es wissen, macht mir »Stullen«, bringt mich in der Kälte und durch den hohen Schnee, in der völligen Dunkelheit, zur Bushaltestelle, sorgt, daß ich mich einmummle, einen dicken roten Schal bis unter die Nase binde, man kann die Kälte nicht ertragen ohne Schutz vor dem Mund, weiter im Norden. Arme Mutter. Das hält mich aufrecht. Aufrecht? Versuche[16] deshalb einen Sinn in den Schindereien zu sehen. Die Dissertation bis zum Ende durchhalten. Dieses böhmische Dorf Dissertation.[17] Wie bei Zwerenz[18] das Erlebnis mit dem Wasserhahn, eine Bürgersfrau lacht ihn aus, weil er noch keinen Wasserhahn kennt, bei ihm zu Hause gibt es den nicht, bei mir andere, aber ähnliche Erfahrungen. In Frankreich als Au-pair-Mädchen.[19] Bei Künstlern in Dijon, nahe Dijon auf dem Land. Die Frau Malerin,[20] der Mann Schriftsteller, das andere Paar Komponisten. Ich frage die Malerin nach dem Buch ihres Mannes. Ich will es lesen. Das verstehen Sie doch nicht, sagt sie. Da sitzen sie am Tisch, diese Künstler, den ich gedeckt habe, essen ihre Weißbrote und Steaks und reden und reden und reden, treiben literarische Konversation, intellektuelle Konversation, spielen sich die Bälle zu, die literarischen Anspielungen, ich sitze trottelig da, wie soll mein Französisch reichen, das zu verstehen, sie behandeln mich wie ein Dienstmädchen... Meine Mutter, zweifelnd: meinst du, daß du in diese Kreise kommen kannst? Haß auf diese aufgeblasenen Leute, aber zugleich Sehnsucht, zu können was sie

---

12 Quotation from Franz Kafka's *Briefe an Felice* (1912–1913), letters he wrote to his fiancée, Felice Bauer
13 *"ganz von vorne anfangen"* : to start all over again
14 *Schritt für Schritt* : step-by-step
15 *Mathematisch-Naturwissenschaftliches Progymnasium Oerlinghausen* : lower division of a *Gymnasium* emphasizing science rather than humanities
16 *Versuche* : [I] try
17 *Dieses böhmische Dorf Dissertation* : this dissertation business that I don't really understand
18 Gerhard Zwerenz (born 1925), critical and controversial socialist writer
19 *Au-pair-Mädchen* : mother's helper in an exchange system which provides young women an opportunity to live abroad
20 *Die Frau Malerin* : The wife [is] a painter

können, sie zu schlagen.[21] Und dazu bin ich ja gut, der Kerl, dieser Komponist, läßt eines Abends seine Frau allein ausgehen, ich bleibe mit ihm allein in seiner Künstlerwohnung, er spielt auf dem Klavier, ich sitze noch, von dem Gespräch mit ihm, mit dem Rücken zum Klavier, und plötzlich umarmt er mich, ist also leise auf mich zugegangen von hinten, küßt meinen Hals, soll man sagen »leidenschaftlich«, und ich renne weg und schließe mich ein, kleines Mädchen vom Land, ja dazu bin ich gut, das verstehen Sie doch nicht. Schlafen können, bis man ausgeschlafen ist. Und jetzt werfen mir junge Arbeiter aus dem Werkkreis vor, daß ich manchmal ausschlafen kann, jetzt. Die aufsteigenden Arbeitersöhnchen, die arbeiten am Tag, und am Abend machen sie Abendschule, das sind die schlimmsten. Rudi Kaske und wie sie heißen. Lo erzählt, Psychologiestudentin und Kommunistin, sie sei in eine Neubauwohnung[22] eingezogen, am Haus arbeiteten noch die Maurer und Handwerker, sie schlief bis elf, nachdem sie abends bis eins gearbeitet hatte, als sie die Rolladen um elf hochzog, schrien die Maurer und Handwerker »faule Sau«, »faule Hure« undsoweiter. Daß Kinder und Haushalt eine Arbeit ist, noch dazu, das begreifen sie nicht. Unbezahlte Arbeit. Und ich bin noch dazu ein Mensch weiblichen Geschlechts. Das kommt noch zu allem dazu. Drei Monate Fabrik. Neun Jahre Fabrik. Die Schule war für mich Fabrik. Die Aufseher. Die Meister. Die Komplizen der Aufseher und Meister, das nannte sich »Mitschüler«. Der Erdkunde- und Biologielehrer mit dem einen Arm, der im Unterricht seine russischen »Kriegserlebnisse« erzählte, fast ein Typus, der die beiden Wandtafeln mit »Fähnchen«[23] für Prüfungen an den Tafeln abteilte, »an die Tafel«, und man mußte beschreiben, welche Bestandteile das Hühnerei hat, und ich hatte diese Bestandteile des Hühnereis gelernt, und er mußte mir eine Zwei[24] in der »Fähnchenprüfung« geben, und er schickte mich mit einem Musterschüler nach draußen auf den Flur, und der Musterschüler sagte, ich solle nicht so störrisch sein, ich solle doch endlich zugeben, daß ich abgeschrieben hätte, und drinnen im Klassenzimmer wurde über mich Gericht gehalten,[25] und ich weinte nur, ich konnte nichts anderes als weinen, ich konnte nicht reden, ich hatte keine Sprache, ich konnte mich nicht verteidigen, ich konnte nicht auftrumpfen, ich konnte nicht reden, ich begriff nicht, was vorsichging,[26] wie hieß der Lehrer, warte, ich weiß den Namen nicht mehr. Und dann die Hexe, die

21 *zu können was sie können, sie zu schlagen* : to be able to do what they can do, to beat them at their own game
22 *Neubauwohnung* : apartment in a new complex
23 *"Fähnchen"* : "pennants"— used here ironically to refer to slips of paper with test questions which the teacher affixed to the blackboard, where students were tested
24 *eine Zwei* : a grade of "2" (the highest grade, " 1," is very difficult to obtain)
25 *wurde über mich Gericht gehalten* : they sat in judgment on me
26 *was vorsichging* : what was going on (usually written: *was vor sich ging*)

»Kunstlehrerin«, so nannte sich das, diese Bagage,[26] die ließ die Schülerin-
nen, ich war damals schon in Bielefeld auf dem Mädchengymnasium für
die letzten drei Jahre zum Abitur, vorne aufmarschieren mit ihren Kunst-
produkten, und sie führte ein strenges Regiment,[28] und ich wagte zu
widersprechen, und sie machte mich zur Sau,[29] und ich heulte, ich heulte
immer nur, ein Sturzbach, ungelöste Wörter als Heulsturzbach, die
machte mich zur Sau auf eine unfaßbare Art, mit Gesten und Blicken und
knappen Wörtern, redeten sie mir alle ein, wie wenig wert ich sei, daß ich
nichts wert sei, daß ich der letzte Dreck sei, was ich denn eigentlich hier
wolle, warum ich nicht auf meinem Misthaufen geblieben sei, ich heulte
und heulte und heulte, rannte aus dem Klassenzimmer in einen leeren
Klassenraum, schwemmte alles aus mir heraus, diese Demütigungen, aber
sie ließen sich nicht ausschwemmen, ich hatte keine Sprache, ich konnte
nicht reden. Wer hält durch: immer geduckt in der Bank sitzen, vor lauter
Angst, nichts zu können, auch zuletzt nichts können. Abitur ergaunern.
Scheine ergaunern. Das Gefühl: alles ist ergaunert. Wenig Schlaf. Nie ausgeschlafen sein. Beten, daß Gott eine Zwei gibt. Lieber Gott, tu, daß ich
eine Zwei kriege. Drohungen: ich nehme dich von der Schule. Wenn du
schon Arbeiterkind bist. Wenn du schon ein Mädchen bist. Ich nehm dich
von der Schule ab. Wenn du nicht. . . . Gerade habe ich die Bewerbungs-
unterlagen für den Stipendienantrag bei der Stiftung Mitbestimmung[30]
fertiggemacht, habe versucht, einen »Lebenslauf« zu schreiben, einen
»aggressiven, offensiven« Lebenslauf. Man kommt sich vor wie ein Bettler,
die sagen einem noch zuletzt, jetzt sind doch die Sozialdemokraten
dran,[31] für die Arbeiterklasse wird alles getan, Ihre Erfahrungen sind Vergangenheit, ja mag sein, daß ich heute nicht mehr mit Flicken in den
Kleidern rumliefe, obwohl ja eigentlich die Flicken in den C & A-
Kleidern[32] das einzig Lustige waren, aber die Zeichen haben sich ver-
schoben, aber die Zeichen haben sich nicht verändert. Mir ist alles so egal.
Wenn ich mir wieder dieses Stipendium ergaunere, lache ich mich krumm
und schief. Ich werde in den Tag hineinleben, allen den blöden Pro-
fessoren zum Trotz.[33] Ach was Karin, du bist viel zu ehrgeizig. Man muß
irgendwas aufs Papier bringen, sie zufriedenstellen. Akademisch und
schlau muß man sein. Reine Formsache. Aber das: »Statt sich zu fragen,
wie man das Theater retten könne, müsse man die Frage stellen, wie man

27 *so nannte sich das, diese Bagage* : that's what the old bag called herself
28 *führte ein strenges Regiment* : "ran a tight ship," was strict
29 *machte mich zur Sau* : devastated me
30 *Stiftung Mitbestimmung* : scholarship foundation for children of the working class
31 *jetzt sind doch die Sozialdemokraten dran* : after all the Social Democrats (traditional party
 of the working class) are in power now
32 *C&A-Kleider* : clothes bought at C&A, a chain of department stores
33 *Ich werde . . . zum Trotz* : I'm going to live carefree, in spite of all the stupid professors

sich selbst retten könne« (soll der polnische Regisseur Grotowski[34] gesagt haben), das fragt keiner. Sollen sie mir nur geben, ihr Stipendium.[35] Ich habe dann noch eine Galgenfrist, herauszukriegen, was aus mir werden soll. Der·Wunsch, tot zu sein, ertrinken zu können, ist der Wunsch nach Vögeln und Liebe. Vögeln ist ein lieblicheres Wort. Es muß schlimmer sein, apathisch zu sein als tollwütig. Heute ist mein Vater Postarbeiter. Ich könnte mich totlachen. Er hätte auch Strauß[36] werden können oder Lenin, warum eigentlich nicht. Warum ist er seit zwei Monaten Postarbeiter? Aus gesundheitlichen Gründen, wegen der Strapazen der Nachtschicht, das wäre auch wieder eine eigene Geschichte, und ich nehme mir vor, bei meinem nächsten Besuch in Schloß Holte[37] zu fragen, *wie* er unter dem Hin und Her der Schichtarbeit, *wie* er unter der Nachtschicht gelitten hat, hat er die Stoffabrik verlassen. Ich sehe ihn vor mir, wie er mittags aufsteht aus dem flachen Schlaf, denn wie kann der Schlaf anders als flach sein, seit wann ist der Mensch geschaffen, am Tag zu schlafen, und er hatte oft keinen Appetit, konnte nichts runterkriegen, wie soll man, wenn mit dem Körper umgegangen wird nicht wie mit einem Menschenkörper,[38] und er schlief ja immer, wo er konnte, auf dem Sofa schlief er einfach ein, zusammengerollt, mit einer Decke zugedeckt, und er hatte immer so einen eigentümlichen Geruch an sich, nach Arbeitsklamotten. Wenn ich wenigstens sagen könnte: Arbeiter in einer Eisengießerei, Arbeiter in einer Stoffabrik, wie er es Jahrzehnte war. Heute würde ich es mich ja endlich trauen. Diese beschissenen Linken[39] kriegen ein Leuchten in die Augen, wenn sie nur das Wort »Arbeiter« hören, öfter mal was Neues, das nutzt sich ab, und das ist nur die andere Seite der Medaille, die Lehrerin meckert über einen stinkenden Pullover und die kriegen ein Leuchten in die Augen, das ist nur die andere Seite der Medaille. Heute würde ich es mich ja endlich trauen....

Können wir überhaupt lieben? Sarah schreit. Mir ist alles egal. Ich könnte Sarah nie wieder sehen. Ich möchte verrückt werden. Ich lese Russells[40] Biografie. Was lese ich noch alles? Wo sind die Bücher von meinesgleichen?[41] Auf dem Hintern sitzen und lesen. Ich werde tollwütig. Belebt wenn ich liebe. Belebt. Belebt. Belebt. Bücherlesen als Liebes-

34 Jerzy Grotowski (born 1933), Polish theater director, founder of the Laboratory Theater, advocate of ascetic, "cruel" theater
35 *Sollen sie mir nur geben, ihr Stipendium* : Just let them give me that scholarship
36 Franz Joseph Strauß, powerful figure in the conservative Bavarian Christian party, formerly minister of defense in the Federal Republic
37 *Schloß Holte* : small town where the parents live
38 *wenn mit dem Körper . . . Menschenkörper* : if a person's body is not treated like a *human* body.
39 *Diese beschissenen Linken* : (vulg. slang) these crummy leftists
40 Bertrand Russell (1872–1970), mathematical logician and philosopher, active in peace and anti-nuclear movements
41 *Bücher von meinesgleichen* : books which have been written by people like me

nächte. Was mich so fasziniert an autobiografischen Skizzen: die Möglichkeit, direkt zu sein. Wissen, was das Ich des Menschen ist. Direkt und offen sein. Oder ist es nur die größere Einfachheit, Zugang zu finden mit meinem Arbeiterkindgehirn, eher als zu Hölderlins[42] Gedichten? Mein Großvater schlief ein, wenn er müde war, auf der Stelle. Mitten im Menschenstrudel konnte der schlafen. Vor dem Fernseher nickte der sofort ein, eine natürliche Reaktion für einen, der schwer gearbeitet hat tags. Wenn er Schlaf braucht, schläft er einfach. Ich will es jetzt auch immer so halten. Eben habe ich von halb fünf bis sieben geschlafen. Im Alter von elf Jahren liest Russell mit seinem Bruder Euklid:[43] »Es war dies eines der größten Ereignisse meines Lebens, atemberaubend wie erste Liebe.« Russell berichtet, welche Bücher seine Eltern und Großeltern kannten. Daß er mit sechzehn und siebzehn »den ganzen Milton, das meiste von Byron, sehr viel von Shakespeare, große Teile von Tennyson und schließlich Shelley« las. Meine Mutter war eine zeitlang im Bertelsmann-Lesering.[44] Hinter dem Glas des Wohnzimmerschrankes stehen Bücher wie »Geliebt, gejagt und unvergessen« und »Der Mensch lebt nicht vom Brot allein« und »Therese Etienne«, das von der Liebe zwischen einer jungen Frau und dem Sohn ihres schon sehr alten Mannes handelt, wie die beiden gemeinsam den alten Vater mit Gift umbringen, entdeckt werden und erst weißhaarig wieder aus dem Gefängnis kommen, aus dem Zuchthaus, sehr schwülstig und »schön« beschrieben. Wenn Bonanza auf dem Pferd reitet, geht man richtig mit,[45] man reitet dann mit, sagt Rudi Kaske, aber dieses Theater mit den Masken, damit kann ich nichts anfangen,[46] er meint das Stück »Der wahre Anton« vom Industrietheater Rhein-Ruhr. Versuchen die Bürgerlichen herauszubekommen,[47] warum Lehrlinge Groschenliteratur lesen, kriegen sie doch nie raus. Ein Kollege meines Vaters bringt immer Riesenpacken Groschenhefte mit. Ich weiß nicht, wer die alle liest. Ich brachte mal Schillers Stück »Die Räuber«[48] mit nach Haus, wollte, daß meine Mutter es las, sie wollte nicht, ein Buch mit Dialogen, das war ihr zu komisch. . . .

Ein Brief an Jutta. Liebe Jutta. Wir werden bald nach Rehringhausen[49] ziehen. Du fragst mich, was ich glaube was aus dir werden kann. Du hast

---

42 Friedrich Hölderlin (1770–1843), major poet of the early nineteenth century
43 *Euklid* : Euclid, Greek mathematician of the third century B.C., developed the first systematic geometry
44 *Bertelsmann Lesering* : a book club which offers many popular titles such as those that follow in this text, novels of the 1950s
45 *geht man richtig mit* : you really get carried away
46 *damit kann ich nichts anfangen* : it doesn't mean anything to me
47 *Versuchen die Bürgerlichen herauszubekommen* : if the bourgeoisie tries to find out
48 *"Die Räuber"* : play by Friedrich Schiller (1759–1805) which caused a furor in 1782 because of its revolutionary import
49 *Rehringhausen* : small town near Dortmund

einige Jahre Germanistik studiert. Du hast Literatur »studiert«, jedenfalls bruchstückweise, hast daran gerochen. Es ist nicht so, daß[50] du noch nie etwas mit Literatur zu tun gehabt hättest. Egal was für eine lächerliche Motivation dich zum Studium gebracht hat. Deutsch sprechen konntest du ja, konnte ich ja, konnten wir ja, vielleicht war es diese Täuschung. Wahrscheinlich interessierst du dich inzwischen für Literatur. Können wir beide nicht autodidaktisch Literatur studieren? Bei der heutigen Hochschulsituation[51] können *wir* nur autodidaktisch studieren. Wir müssen es versuchen. Ich will ja meine Dissertation zuende schreiben, wenn ich kann. Trotzdem muß ich erst jetzt von der Pike auf Literatur studieren.[52] Vielleicht kannst du, wenn du dich erholt hast, ein Forschungsthema entwickeln und dir irgendein Stipendium für eine Forschungsarbeit ergattern. Du brauchst Ruhe. Man muß nur so auftreten, als wüßte man, was man wollte. Gelder sind ja genug da, für die unsinnigsten und unmenschlichsten Zwecke. Nur das Selbstbewußtsein, Jutta. Bis du soweit bist, kannst du ja von Dietgers Taxifahrgeld leben. Vielleicht können wir beide schreiben. Wie organisieren wir denn unser autodidaktisches Studium? Nicht mehr fixieren auf die Institution Universität. Scheinejagen. Literatur im Zusammenhang von Theorie und Praxis studieren. Nicht weiter in überfüllten Seminaren ständig denken, ich bin dumm. Wenn die Assistenten mit dem Professor philosophische Probleme von Schillers ästhetischen Briefen erörtern, als seien die ästhetischen Briefe mausetot und nur dazu da, um immer wieder als Mumie hervorgeholt und bestaunt zu werden. Wir schaffen uns Kontakte zu Schriftstellern. Zu solchen, die was mit unserer Arbeit für den Sozialismus zu tun haben: zu Christa Wolf, Martin Walser, Erika Runge, Peter Handke[53]... Über die Gegenwartsliteratur nur[54] können wir eine Beziehung zu den »toten Schriftstellern« finden...Ich würde gern Proust, Joyce, Fontane, Storm,[55] Shakespeare... lesen und verstehen, von Anfang an lesen und so verstehen, daß ich nicht alles in einigen Wochen vergessen hätte wie althochdeutsche und gotische Vokabeln, sondern so, daß ich sie assimiliere in mein Denken und Wahrnehmen, mit ihnen zu tun habe wie mit dem täglichen Brot. Erst überhaupt wissen, was Literatur ist...Zuerst begriffen

50 *Es ist nicht so, daß* . . . : it's not as if . . .
51 *Hochschulsituation* : crowded condition of the West German universities
52 *von der Pike auf Literatur studieren* : to study literature from the ground up
53 Christa Wolf (b. 1929), East German writer whose *Nachdenken über Christa T.* is of particular importance to the author
Martin Walser (b. 1927), West German author admired by the German left
Erika Runge (b. 1939), West German author known for her documentary literature on the lives of women and members of the working class
Peter Handke (b. 1942), avant-garde Austrian writer
54 *Über die Gegenwartsliteratur nur* : only by means of contemporary literature
55 Theodor Fontane (1819–1898) and Theodor Storm (1817–1888), important German writers in the realistic tradition of the latter half of the nineteenth century

habe ich etwas, als ich Jan Mukařovskýs[56] »Kapitel aus der Ästhetik«
las...Jens sagt, die jeunesse dorée[57] will auch keine Milch mehr trinken,
wenn sie jahrelang Sahne gefressen hat und sich an der Sahne überfressen
hat, sie schüttet Sekt in die Milch, aber auch diese Sektmilch wird sie bald
satt, sie ist ungeheuer gefräßig. Und wir haben uns nie an Literatur
überfressen können. Für uns ist Literatur wie tägliches Brot, wie Wasser.
Kommt das Leben ohne Brot? Was gehen uns die Parolen der linken Bürgersöhnchen an, Literatur sei Scheiße? Gar nichts. Wissen, was Sprache ist.
Was heißt für *uns*: Literatur studieren? Ohne Phantasie ist der Sozialismus
nichts....Sie gönnen uns die »geistigen Lehrer« nicht, die sie selber
haben, die ihnen selbstverständlich sind. »Er hat bei Bloch[58] gelernt«,
heißt es dann. Und wo lernen *wir*? Der Schlosser geht in die Lehre in einen
Industriebetrieb. Bei wem gehen wir in die Lehre? Wir müssen uns unsere
Lehre selber schaffen. Zwerenz sagt, solche Lehrer wie Bloch, er hat Bloch
als Lehrer gehabt, der Glückspilz, solche gibt es nicht wie Sand am Meer.
Und dann reflektieren, wie es zum Scheitern unseres Studiums kam. Du
sagst, wenn du mit mir sprichst, kriegst du wieder Mut. Aber wenn du ins
Seminar gehst, fällt alles wieder zusammen. Für die ist das Wichtigste,
man muß »ein Examen machen«. Was, Sie sind schon achtundzwanzig
und haben noch kein Examen? Das wollen sie, uns so früh wie möglich
einschleusen in den Produktionsprozeß, uns in die Sielen legen, und hin-
terher soll nichts mehr kommen.

56 Jan Mukařovský, Czech philosopher and aesthetic theorist, a leader in the pioneering
Prague circle of structuralists in the first half of this century
57 *jeunesse dorée* : prosperous young people (French)
58 Ernst Bloch (1885–1977), Marxist philosopher who emigrated from East to West Germany,
known especially for his philosophy of liberation and utopia

"Für mich ist das Verlieren der Kindheit kein natürlicher Verlauf——Natürlich ist Alter und Tod. Die Gesellschaft will nicht, daß man seine Kindheit behält."

(Aus dem Roman Vorabend, *1975)*

GERTRUD LEUTENEGGER

The Swiss writer Gertrud Leutenegger, born in Schwyz in 1948, grew up in the Wilhelm Tell country which forms the background to "Das verlorene Monument." She studied in Zurich and Berlin, worked as a kindergarten teacher while she was writing her first books, but also took jobs on an Italian farm, as a custodian in the house where the famous nineteenth-century philosopher Friedrich Nietzsche spent many summers, and in a psychiatric clinic. Although her literary career began with the writing of poetry, she first gained wide notice in 1975 with the publication of her novel *Vorabend*, which relates the thoughts and memories of a young woman walking through the streets of Zurich on the eve of a political demonstration. In 1977, *Ninive* apeared, a novel inspired by a huge whale she once saw on a railroad car near the train station. Transported as an exhibit to a small Swiss village, the whale evokes powerful memories of the narrator's childhood experiences and assumes symbolic importance as the embodiment of everything which now threatens her. Leutenegger more recently turned her attention to theater, and her first dramatic work, *Lebewohl, Gute Reise*, was published in 1980, followed by *Komm ins Schiff* (1983).

Like her novels, "Das verlorene Monument" evokes memories of Leutenegger's own childhood, including the death of her father in 1967 and a fire which actually did destroy the Lucerne train station. In reading the story, note the way in which the train station is associated with the narrator's happiest memories of her father and the reasons for her subsequent aversion to the structure which replaces it. The old train station, which has become a kind of metaphorical house of childhood, burns — and with it the seemingly unlimited possibilities of childhood. The story must be read very carefully, like a poem, which yields the meaning of its intricate web of images only to the persistent and thoughtful reader. Close attention to the chains of association she sets up between gestures, objects, and colors will reveal the poetic qualities of the text, so rich in suggestive optical images. What is the significance of the swing she associates with her father and of the flaming red underslip associated with her mother? Is it merely coincidental that the mural of the Blausee in the old station has been replaced by a garish blue neon sign advertising the shopping center in the new station, that the lofty cathedral-like quality of the old structure must yield to an efficiently commercial design? Why does she feel betrayed? Careful attention to the language and images of the story will reveal the answers to these questions, which are at least as societal as they are literary in nature. Leutenegger provided a clue as to how her prose must be read in *Vorabend*: "Jedes Wort muß in die Hand genommen werden, als sollte man es aus dem Schutt verrotteter Jahre ausgraben, behutsam muß dies geschehen, denn in den Jahren dieser Verwesung ist ihm nur das geblieben, was nicht sterben kann, und das will angeschaut werden und vor dem Schmerzensblick der Geschichte nochmals sein Dasein erhalten, gefährlich neu und virulent."

Das verlorene Monument

Nein, nicht an der lichterloh flammenden und in sich zusammenberstenden Decke, nein, viel höher, hoch in der Bläue des Himmels ist die Schaukel befestigt gewesen, auf der ich hin und her durch mein brennendes Vaterhaus ritt, über dem in die rauchige Tiefe gestürzten Wohnzimmer, den weißzüngelnden Flammen, die an den stehengebliebenen Wänden emporleckten und die Tapeten kräuselten, bis sie in einzelnen glühenden Fetzen in den Abgrund trieben, wiederholte Male, jede Nacht, bin ich auf der am Himmel befestigten Schaukel durch mein brennendes Vaterhaus geritten, ich war noch ein Kind, sagt mein Vater, ich drücke meinen Reisekoffer an mich und mich selbst näher zu meinem Vater hin,[1] aber jetzt schweigt er, hinter dem vorspringenden Profil seiner Nase werden die gestärkten aufgeregt in die Luft abstehenden Haarmaschen meiner Schwester sichtbar und das zur Bahnhofskuppel hinaufgekehrte, von dort her hellbeschienene Gesicht meiner Mutter. Die Schalterhalle ist voller Stimmen, voller sich überstürzender und verlangsamender Schritte, meine Mutter aber neigt den Kopf immer mehr nach hinten, um nichts anderes mehr als die Kuppelhöhe über ihrem Gesicht zu haben, aus dem nun die letzten Spuren der erhitzten Reisevorbereitungen weichen, die alljährlich hier in die Zentralkuppel des Luzerner[2] Bahnhofes münden, in dieses erlösende Warten auf den Brünigzug,[3] der uns endgültig nach dem aus der Tiefe jedes Sommers immer wieder von neuem lockenden Sarnen[4] entführen wird. Hoch, unbeschreiblich hoch am Himmel war die Schaukel befestigt, wiederholt mein Vater, noch höher als diese Kuppel, frage ich, und mir erscheint sie doch unerreichbar, ich sitze wie in einem niegesehenen Dom, die Altarbilder der Reise[5] auseinandergefaltet um mich, schon vom einfahrenden Zug her der verlassene Blausee[6] an der Stirnseite der Halle, wenn auch ein bräunlich stockendes Blau, doch noch während der Fahrt das hastige Hinunterlassen des Fensters und über den bewegten Köpfen, den langsam zum Stehen kommenden Zügen dieses Winken von Blau, die Reise war ungewiß, bis das Aufscheinen des Blausees sie in die Wirklichkeit führte, in die monumental sich eröffnenden Aussichten im Innern der Halle. Hier traten wir ein, die Gewißheit der sommerlichen

---

1 *ich drücke . . . zu meinem Vater hin* : I move my suitcase close to myself and myself close to my father
2 *Luzerner* : of Lucerne, a city in central Switzerland
3 *Brünigzug* : train to Brünig, about 20 miles south of Lucerne
4 *Sarnen* : a resort town, about 10 miles south of Lucerne (on the Brünig train line)
5 *Altarbilder der Reise* : a triptych of travel pictures, probably referring to the enormous frescoes which decorated the train station
6 *der Blausee* : name which the narrator appears to have given to the lake depicted on the fresco

Versprechungen, das Gesicht meiner Mutter wurde weit unter dem aus der
Kuppelhöhe niederströmenden Licht, ich glaubte alljährlich im darge-
stellten Matterhorn[7] eine unerhörte Übersteigung des Großen Mythen[8]
vorzufinden, und alljährlich konnte mein Vater seine Witze über diese
meine fixe Verliebtheit nicht unterdrücken, gleich beim Eintritt in die
Halle schrie ich gespielt verzückt: der Große Mythen! worauf meine
Schwester kichernd ihre Haarmaschen straffer zog. Meine Mutter aber
übersah, daß ein Endchen ihres Unterrocks aus einer Kofferecke heraus-
hing, sie sah nur die Kuppel über sich und ich nur die weiteren überwälti-
genden Aussichten einer nicht unvertrauten Fremde, in denselben etwas
schwerfällig trüben Farbübergängen gemalt wie die Lesebuchbilder und
wie diese mein erstes Panorama über die Welt. Die dunkle Frage, warum
reisen wir, ausgebrochen oder freiwillig vertrieben, sei es um unsere Unersättlichkeit zu beschwichtigen, sei es um immer neue Versprechen an uns
zu ziehen, leuchtete darin auf ohne Antwort.[9] Mein Vater reitet auf der
Schaukel durch das brennende Vaterhaus, die losen Tapeten flackern
durch die hinuntergestürzten Zimmer, reisend gerät ihm alles in
Bewegung, schon beim Aufbruch kehrte er die unglaublichsten Seiten
hervor,[10] im letzten Moment, da er längst den großen Lederkoffer hätte
zur Bahn bringen sollen, saust er, der seit Jahrzehnten kein Fahrrad mehr
bestiegen hat, strahlend gelaunt auf einem fremden Rad herbei, nimmt
den Koffer, verschwindet und erscheint überhaupt nicht mehr, meine
Mutter verläßt mit uns Kindern bereits ziemlich aufgelöst das Haus, da
braust er sorglos auf dem Hintersitz eines Motorrollers an. Auch mich hat
die süße Panik des Abreisens erregt, während meine Mutter in verzwei-
felter Konzentration alle Grünpflanzen in die Waschküche hinunterträgt
und dort für die Ferienwochen zu einem Gewächshaus versammelt, knie
ich über ihrem gepackten Koffer mit den lachsfarbenen Schlafzimmer-
farben im Innern, ich hebe die eingelegte leichte Stofflade mit dem Bettjäckchen, den gefalteten Nachthemden, vielleicht zweifle ich nun doch
daran, ob sich diese schlafzimmerfarbene Geborgenheit überhaupt in
einen Koffer verstauen läßt, ich spiele am Kofferriemen herum bis er aus
der Halterung rutscht, wenn das noch einmal passiert![11] hat die Mutter
schon letztes Jahr gedroht, müssen wir dableiben. Wir sitzen nun aber
trotzdem in der Bahnhofhalle, je heftiger das Gerenne in den langen

---

7 *Matterhorn* : high peak (14,685 ft) in the Swiss Alps
8 *der Grosse Mythen* : one of a chain of peaks near Schwyz, on the east side of the Lake of
   Lucerne *(Vierwaldstätter See)*
9 *Die dunkle Frage . . . leuchtete darin auf ohne Antwort* : The mysterious question . . .
   flashed into mind there (in her survey of the world beyond Lucerne depicted in the railroad
   station posters) without being answered
10 *schon beim Aufbruch kehrte er die unglaublichsten Seiten hervor* : already at departure
   time he began revealing the most incredible sides of his personality
11 *wenn das noch einmal passiert* : if that happens again . . . (vague threat)

glasüberdachten Passagen wird, desto gelassener verteilt die Kuppel stille Flächen gebrochenen Lichts, das mich untrennbar allen Gesichtern verbindet, als ahnte ich, daß der Bahnhof als Ort flüchtigen Aufgehobenseins einmal immer wichtiger werden könnte und Ausgangspunkt und Ankunft der Reise immer dunkler.[12] Die deutlich vermerkten Klassenabschrankungen in Wartesaal und Buffet erster und zweiter Klasse beeindrucken mich nur durch ihren Unverstand, eine Ordnung in das mich begeisternde Chaos bringen zu wollen, wir halten uns sowieso nur in der Halle auf, wo die Kuppelhöhe und die in ihrer Monumentalität ruhenden Wandbilder alle Bewegung an sich ziehen.[13] Mein Unterrock! ruft meine Mutter plötzlich, blickt auf den Koffer und rührt keine Hand, was gar nicht ihre Gewohnheit ist, wenn er dir nur nicht davon läuft,[14] sagt mein Vater, ja, lacht die Mutter, wie dem Bergler, der einen Fuchs schoß und dort, wo das Tier fiel, statt der Beute den roten Unterrock seiner Frau findet, und als er ihr den seltsamen Pelz bringen will, ist die Frau nicht daheim und sie wird auch nie mehr nach Haus zurückkehren. Doch bald fährt auf dem hintersten, am kürzesten bedachten Perron der Brünigzug ein, er ist am kürzesten bedacht, weil der Ferienhimmel, denke ich mir, bis hierher hereindrängt, blau wie das Winken vom Blausee her, sehr dunkelblau ist auch der unförmige Wagen des Heinrich, der uns in Sarnen abholt und in dessen Wageninnern ich in die Zeitlosigkeit der anhebenden Feriensommertage sinken werde. Die Schaukel aber saust leer durch den Himmel, mein Vater ist gestorben, an einem frühen Morgen im Februar, meine Mutter neigt den Kopf zur Zentralkuppel hinauf, die nur wenig vom Licht des Vorsommertages hinunterläßt. Ich wünschte in einem flammend roten Unterrock aufzustehen, ein Fremder käme und küßte mir die ausgeweinten Augen, aber ich fürchte mich vor meinen Träumen, wenn ich die Schatten auf dem zurückgeneigten Gesicht meiner Mutter sehe, auch die überlebensgroße Frau auf der hellen Wandmalerei Nord und Süd ist ohne Trost, das lichtmüde Gesicht irgendwohin gerichtet, ich kann mich nicht mehr an die Farbe ihres Kleides erinnern, nur an gelblich abgedämpftes Weiß und immer wieder die verschiedensten mit Grau gesättigten Rosatöne, aber ich brauche einen flammend roten Unterrock, liebe Mutter! so muß ich mir ihn vom Vorhang des Himmels herunterreißen. Hier sitzen nur noch Schlafwanderer, lautlos aus dem Riesen-

---

12 *daß der Bahnhof . . . immer dunkler* : that someday the train station would become more and more significant as a place of fleeting refuge and more and more obscure as a point of arrival and departure for trips

13 *wo die Kuppelhöhe . . . an sich ziehen* : where the height of the dome and the murals in all their grandeur attract all the activity

14 *wenn er dir nur nicht davon läuft* : just don't let it (the slip) get away from you

gemälde der Gotthardpaßhöhe[15] herausgefallen, seit kurzem auch der als
überflüssig deklarierte Tell,[16] ein für allemal aus dem gefährlichen Zwielicht des einsamen Mörders verdrängt, auch diesen Tod habe ich nicht verstanden sowenig wie seine Gloriole im Lesebuch, ich hörte ihn immer
nachts die alte Straße zum Gotthard hinaufgehen, ein verschlossener kundiger Säumer, der wußte, warum man den Fremden lang vor der Paßhöhe
die Augen verband, da sie sonst angesichts der finsteren Schluchten
hysterisch zu schreien anfingen, er, der sicher Umgang mit den
Venedigern[17] hatte, blieb den Eigenen fremd, sie duldeten zwar den ver-
brecherischen Aufrührer mit Scheu, aber jetzt hat ihn einer, einer von
hier,[18] der sich in dieser Sache so ausländisch verhält, daß ihm Tell die
Augen verbunden hätte, mit vielgerühmter lakonischer Souveränität von
seinem Zwielicht entlastet, ihm nur unermüdlich reaktionäre Breitbeinigkeit und sture Sommersprossen attestiert, so ist unser Land auch
noch vom letzten beunruhigenden Stachel, von einem Attentäter, einem
Anarchisten gereinigt, gesäubert, nicht einmal mehr das Aufbegehren
eines Einzelnen traut man uns zu, liebe Mutter, einen flammend roten
Unterrock! oder ich muß auswandern. An einem Februarmorgen wälzen
sich gigantische Rauchmassen in die schneeklare Luft, die sogar in den
umliegenden Kantonen[19] gesehen werden. Der Luzerner Bahnhof brennt!
Um 8.30 wird am Kiosk die letzte Zeitung ausgehändigt, dann werden die
Fenster vorgeschoben. Obwohl bereits die Sirene durch die Halle gellt,
wird im Buffet erster Klasse immer noch das Frühstück serviert. Um 8.35
beginnt das Licht zu flackern und erlöscht mit einemmal vollends,
Getuschel beim Servierpersonal, sonst nichts, die unentwegten Zeitungs-
leser an den Frühstückstischen lassen sich nicht stören und suchen die von
außen spärlich hereindringende Helligkeit, indem sie die Stühle etwas
rutschen und die Zeitung höher ans Auge und leicht schräg gegen die
Fensterscheiben halten, hinter denen in immer hektischerem Tempo rote
Feuerwehrautos vorbeirasen, plötzlich tauchen um 8.40 an verschiedenen
Orten im Saal die Kellner gleichzeitig auf und bitten höflich um

---

15 *Gotthardpaßhöhe* : summit of the Gotthard pass, a major route across the Alps to Italy
16 *Tell* : Wilhelm Tell, medieval hero of the Swiss national legend (now discredited as pure
myth), especially well-known as the hero of Schiller's play *Wilhelm Tell* (1804). The following passage refers to the final act of the play in which Tell waits in a gorge for his opportunity
to murder the tyrant Gessler. Leutenegger makes the point that present-day Switzerland
has forgotten its revolutionary democratic tradition and would classify Tell as a terrorist.
17 *Venediger* : the people of Venice
18 *einer von hier* : one of us — an apparent allusion to the famed Swiss writer Max Frisch (born
1911), whose satirical "Wilhelm Tell für die Schule" (1971) attempts to demythologize the
hero of Friedrich Schiller's famous play. Frisch is critical not of Schiller's dream but of its
detrimental effect on the Swiss people, whose idealization of Tell, he feels, has led them to
an erroneous conception of freedom.
19 *Kantonen* : cantons, the individual "states" of the Swiss confederation

Bezahlung, um 8.45 erscheint der Chef de service[20] und fordert, sich entschuldigend, alle Gäste auf, das Buffet augenblicklich zu verlassen, den verwirrt Aufstehenden werden vom Personal die Stühle nun förmlich unter der Sitzfläche weggezogen, die Tische mit halbvollen Silberkaffeekannen, angebissenen Butterkipfeln auf die Passage hinausgestellt, Hüte und Mäntel von der Garderobe nur noch zum Teil überreicht, größenteils aber einfach den Gästen entgegengeworfen, inzwischen dringt beißender Rauch durch die Halle, die letzten das Buffet Verlassenden werden von der Feuerwehr zu den Ausgangstoren gezerrt, die hinter ihnen sogleich zufallen, der Dachstock des Westflügels hat Feuer gefangen, das sich rasch gegen die Kuppel hin ausbreitet, die Frontfenster klirren, unter der Einwirkung der weit über den Bahnhofplatz wahrnehmbaren Hitze brechen ganze Reihen durch, um 8.50 lodern die Flammen mehr krachend als prasselnd aus der Kuppelhöhe, über vierhundert Feuerwehrleute kämpfen sich durch die immer unerträglichere Hitze, Ohnmächtige, Verletzte werden hinausgetragen, in den zahlreichen Blindböden und verwinkelten Gängen des Personaltrakts bricht das Feuer an den unerwartetsten Punkten aus, bereits erfolgen dort überstürzte Rückzüge, das Schlauchmaterial muß in den Flammen zurückgelassen werden, Ziegel fliegen durch die Luft, niederstürzende glühende Balken, gespensterhaftes Aufleuchten von sich krümmenden Eisenteilen, immer aber noch wird der Brand auf klassische Weise von innen bekämpft, dazu schrillt ununterbrochen das außer Kontrolle geratene Alarmhorn, um 9.03 steht die große Uhr an der Frontfassade still, die Kuppelstatik, jetzt ein einziges gleißendes Strahlengerippe, verzerrt sich, um 9.06 bricht unter einem gewaltigen aber fast lautlosen Flammenspeien die Kuppel in sich zusammen. Auf den Perrondächern weht schwarzer Schnee. Über den Trümmern fliegen rote Fetzen. Warum nur muß ich immer an den Pilatusberg[21] denken, sagt die Mutter, langsam über dem Frühstücksteller die von schwarzen Druckerschwärzeflammen gesättigte Zeitung senkend, wie muß das vom Berg her ausgeschaut haben! vielleicht steht er auch nicht mehr lang, wie war das nur, was einer vor Jahrhunderten über den Berg gesagt hat, da versank der Pilatusberg in den Erdboden und offen lag

20 *Chef de service* : headwaiter
21 *Pilatusberg* : Pilatus, a scenic mountain (6994 ft) between Lucerne and Sarnen

die ganze Welt, und es erschien eine große Menge von Leuten und hinter den Leuten erschien die Wahrheit, und alle hatten ihr Antlitz von der Wahrheit abgewendet, und allen erschien am Herzen ein großes Gebresten, wie zwei Fäuste zusammen, und dieses Gebresten war Eigennutz, der irrete die Leute so stark, daß sie nicht hinter sich zu schauen vermochten,[22] sowenig der Mensch Feuerflammen ertragen mag, der Mutter ist die Zeitung auf die Butter gefallen, sie steht jäh auf, ruft: das Ende der Reisen! Am Nachmittag ziehen wir die weggelegte Zeitung doch wieder hervor, die Brandmeldungen nehmen sich zusehends verändert aus, zeigen ein fast allgemeines Aufatmen, einen geradezu euphorischen Zug, noch am Tag des Brandes hat unverzüglich eine Pressekonferenz stattgefunden, an der vom Kreisdirektor festgehalten wird, daß ein neuer Bahnhof sicher keine Kuppel mehr erhalte! man hätte sich ja schon damals, 1896, gefragt, ob eine Kuppel nicht ausschließlich dem Sakralbau vorbehalten bleiben sollte, auch in den Stadtgremien dringt die Meinung durch, daß der Bahnhofbrand nicht nur eine Katastrophe, sondern gleichzeit die reelle Chance einer Neuorientierung bedeute, die Chance nämlich, daß künftig der erste Eindruck des Reisenden von Luzern ein überzeugender, ein eindrucksvoller sei, ein großzügig geplanter Bahnhof, mit einem Bürogebäude für einschlägige Firmen, mit Niederlassungen und Einkaufszentren koordiniert, ein in die Zukunft gerichteter Neubau! der alte Bahnhof, mit seinen verschwenderischen Leerräumen, hat die heutigen Forderungen nach Rationalisierung und bestmöglichster wirtschaftlicher Nutzung des gesamten Areals sowieso längst nicht mehr erfüllt, attraktive Bahnhofideen sind jetzt glitzernder Mittelpunkt der Aktualität. Nach Jahren erst reise ich wieder nach Luzern. Es ist Sommer. Wie aus unverlorener Gewohnheit ziehe ich noch während der Zugeinfahrt das Fenster herunter, obwohl ich im selben Moment weiß, das Winken vom Blausee ist für immer gestorben, ich lehne trotzdem hinaus, eine grellblaue Überschrift, bahnhofshopping, schießt mir entgegen, ich verlasse den Zug, weiß nicht wohin, ein Provisorium, sagen alle, nur ein Provisorium, aber in den Provisorien ist noch immer das Nachfolgende sichtbar geworden, hat sich darin niedergelassen, fest! wenigstens das lichtmüde Gesicht der Frau, irgendwo überlebensgroß in der Höhe der stehengebliebenen Hallenwand möchte ich sehen, aber nichts antwortet meinem

---

22 *dieses Gebresten . . . vermochten* : this weakness was self-interest, which misled the people so, that they were not able to look back (upon the truth which had appeared)

Verlangen, das Wandgemälde ist verdeckt, mit Eternitplatten verrammelt, jenes Gesicht vor den weißgedämpften Wolken blickt ins Dunkel, wie auch der Sinn meiner frühen Sehnsucht nach der Welt dieses Bahnhofs zweifellos im Dunkeln liegt, doch an den Entstellungen ahne ich den Verlust, keine leeren glasüberdachten Passagen mehr lassen Versprechungen aufleben, keine Kuppel bildet das Forum einer zu träumenden Freiheit,[23] so ist Reisen kein Aufbruch mehr, kein Abenteuer und schon gar keine Flucht, Flucht am wenigsten oder am aussichtslosesten, da uns die Schrecken und Überreizungen unseres Zustandes, life is shopping! bis hierher verfolgen, uns hier, am Punkt der Ablösung, sogar am hartnäckigsten überhäufen, ich sause auf der hoch am Himmel befestigten Schaukel, immer schneller, durch die verschwundene Leere der Halle, wer sieht die emporzüngelnden Flammen, die glühenden Tapetenfetzen, oder mottet es nur, unsichtbar, an allen Rändern, mottet bis zum Ersticken,[24] wo kann ich in diesem Land den ersehnten flammend roten Unterrock noch finden, in keiner Stadt und auf keinem Berg, und den ungeheuren Verrat erkenne ich zuerst hier, an diesem Gegenstand meiner Erfahrung, dem verlorenen Luzerner Bahnhof.

23 *keine Kuppel bildet das Forum einer zu träumenden Freiheit* : there is no dome to define a place where one can dream of freedom
24 *mottet bis zum Ersticken* : smolders until it becomes suffocating

Vocabulary

With the exception of obvious cognates and words glossed in the text notes, the following vocabulary is based on all texts included in this anthology. Derivations are grouped alphabetically under the most common form of the word which occurs in the texts. Separable prefixes of verbs are indicated with a hyphen; any vowel change in the second and third person singular of the present tense of strong verbs is given in parentheses as follows: **geben, (i), a, e.** Irregular forms are given in full. Weak masculine nouns are indicated as follows: der **Mensch, -en, -en.**

A

ab-biegen, o, o to turn off
ab-bilden to represent; das Abbild, -er image
ab-binden, a, u to untie, undo
ab-bitten, bat, gebeten to apologize
ab-brechen, (i), a, o to break off, halt
ab-brennen, a, a to burn down
ab-bürsten to brush off, rub down
ab-dämpfen to subdue, tone down
ab-drängen to push away, shove aside
(sich) ab-drehen to turn away
das Abendbrot supper
das Abenteuer, - adventure
abermals once more, over again
ab-fangen, (ä), i, a to get under control
(sich) ab-finden, -a, -u (mit) to resign oneself (to), come to terms (with)
der Abfluß, -üsse drain
die Abgabe, -n duty, tax
jdm. ab-gehen, ging, gegangen to lack, be deprived of
abgekartet fixed (cheating)
abgelegen out-of-the-way, outlying
der Abgrund, ⁻e abyss, depths; abgründig precipitous; unfathomable
abhanden-kommen, kam, gekommen to get lost, disappear; abhandengekommen lost
der Abhang, ⁻e slope, decline
ab-hängen, -i, -a (von) to depend (on)
ab-härten to strengthen, harden; abgehärtet hardened

ab-hauen to chop off
ab-helfen, (i), a, o (w. dative) to remedy
ab-holen to pick up, fetch
das Abitur, -e final comprehensive exam for the Gymnasium
ab-klingen, a, u, to fade away, recede
ab-kommen, kam, gekommen (von) to get away (from)
ab-lassen, (ä), ie, a (von) to let up, refrain, desist (from)
ab-legen to shed, discard
ab-lösen to relieve; detach, loosen; die Ablösung, -en relief, discharge
ab-magern to waste away
sich ab-mühen to toil, exert oneself
die Abneigung, -en aversion, dislike
ab-nutzen to wear out
die Abordnung, -en delegation; abgeordnet delegated
ab-passen to lie in wait for, watch for
ab-rechnen to settle accounts, get even
ab-reißen, i, i to tear down, off; abrißreif ready to be torn down
ab-rücken to move away/off, withdraw
ab-schätzen to assess, appraise
abscheulich atrocious
ab-schieben, o, o to shove off, deport, get rid of
der Abschied departure; Abschied nehmen to take leave
ab-schlagen, (ä), u, a to knock off, cut off
ab-schließen, o, o to conclude

der **Abschnitt, -e** paragraph, section
ab-schreiben, ie, ie to copy, cheat; (fig.) to depreciate, write off
abschütteln to shake off
ab-schwächen to lessen, mitigate, weaken
die **Absicht, -en** intention
ab-sitzen, saß, gesessen (here) to get down
(jdm. etwas) **ab-sprechen, (i), a, o** to deny (someone something)
ab-springen, a, u to jump down, off
der **Abstand, ¨e** distance, interval; **Abstand nehmen (von)** to distance oneself (from)
der **Abstecher, -** short trip, excursion
ab-stehen, stand, gestanden to stick out, stand out
ab-sterben, (i), a, o to atrophy, become numb
ab-stoßen, (ö), ie, o to repulse, disgust
ab-stumpfen to dull, numb
ab-suchen to scour, comb — in search of something
ab-tasten to frisk
ab-teilen to divide, partition; die **Abteilung, -en** department
ab-tun, a, a to dismiss
ab-verlangen (w. dative) to demand of
ab-wechseln to alternate
ab-wehren to ward off, parry, demur
ab-weichen, i, i to deviate; die **Abweichung, -en** deviation
ab-weisen, ie, ie to turn away, to snub; **abweisend** unfriendly
(sich) **ab-wenden, wandte, gewandt** to turn away, fend off
ab-werfen, (i), a, o to throw off
abwesend absent; absent-minded; die **Abwesenheit** absence
ab-ziehen, zog, gezogen to withdraw, depart, go off
ab-zweigen (colloq.) to divert
die **Achsel, -n** shoulder
achten (auf) to pay attention (to); **acht-geben, (i), a, e** to pay attention, to be careful; die **Achtlosigkeit, -en** careless-ness; **achtsam** cautious
der **Achter, -** figure eight; **Achter ziehen** to trace figure eights
ächzen to groan
das **Ackergerät, -e** farming equipment

ahnen to suspect, have a premonition; die **Ahnung, -en** presentiment, mis-giving, suspicion
ähnlich similar; jdm. **ähnlich sehen, (ie), a, e** to resemble someone
die **Akte, -n** file, records (pl.), document (sg.); der **Aktenbeschluß, ¨sse** legal resolution, contractual resolution; die **Aktentasche, -n** briefcase
die **Aktualität, -en** current interest
albern silly; die **Albernheit, -en** silliness
die **Allee, -n** tree-lined avenue
allerdings of course, certainly, admittedly, indeed, nevertheless
allerhand all kinds of, sundry
allerlei various, all kinds of
am **allerwenigsten** least of all
alljährlich annually
allmählich gradually
der **Alltag** everyday life; **alltäglich** every-day, ordinary; der **Alltagssatz, ¨e** banal statement; das **Alltagswort, ¨er** common word
allzu all too
das **Altarbild, -er** altar-piece (paintings)
altmodisch old-fashioned
das **Amt, ¨er** office; **amtlich** official; der **Amtsbruder, ¨er** colleague; **amtshalber** by virtue of one's position
an-bauen to cultivate
an-beißen, i, i to bite into; **angebissen** bitten into, partially eaten
an-bieten, o, o to offer
der **Anblick, -e** view, sight, spectacle
an-brausen to rush up, arrive
an-bringen, brachte, gebracht to bring, fetch
die **Andacht, -en** devotion
an-dauern to last, continue, persist; **andauernd** persistent
andererseits on the other hand
andernfalls or else, otherwise
anderntags the next day
an-deuten to indicate, intimate
an-fahren, (ä), u, a to snap at
der **Anfall, ¨e** attack
an-fechten, (i), o, o to contest; **unan-gefochten** undisputed
an-feuern to animate, cheer on, encourage; der **Anfeuerungsruf, -e** call of encouragement, urging

an-flehen to implore
der Anflug, -̈e flight approach; die
Anflugrichtung, -en (flight) approach
direction
die Anfrage, -n inquiry
sich an-freunden to make friends
an-fügen to attach to
an-führen to lead; to dupe, fool; to cite
die Angabe, -n statement; directions,
data (pl.)
angeblich alleged
die Angelegenheit, -en matter, affair
angenehm pleasant
angeregt excited, agitated
das Angesicht, -er countenance, visage;
von Angesicht zu Angesicht face-to-
face; angesichts in the face of
angewiesen dependent
die Angewohnheit, -en habit
an-greifen, i, i to attack; der Angriff, -e
attack; die Angriffswelle, -n
wave/series of attacks
die Angst, -̈e fear, anxiety; ängstigen to
worry, frighten; ängstlich fearful
an-haben, hat, hatte, gehabt to have on,
wear
an-halten, (ä), ie, a to stop
der Anhaltspunkt, -e clue, lead
der Anhänger, - follower, adherent
die Anhäufung, -en accumulation
an-heben, o, o to begin, commence
anheim-fallen, fällt, fiel, gefallen to fall
to, devolve upon
sich anhören to listen to
der Anker, - anchor; die Ankerkette, -n
anchor chain
an-kommen, kam, gekommen to arrive;
es kommt darauf an that's what
matters; die Ankunft, -̈e arrival
an-kreiden to chalk up; jdm. etwas
ankreiden to hold something against
someone
an-kündigen to announce, proclaim
an-langen to arrive
der Anlaß, -̈sse occasion; reason
an-laufen, (äu), ie, au to flush (with
color)
das Anliegen, - concern
sich an-maßen to presume, pretend (to
be something); anmaßend insolent
an-melden to announce

an-merken to notice; sich etwas anmerken lassen to let on, indicate, betray
(on one's face)
anmutig graceful, charming
die Annäherung, -en approximation
an-nehmen, nimmt, nahm, genommen
to assume; to accept; to adopt; to take
on; annehmbar acceptable
an-regen to animate, inspire
an-richten to cause, occasion; to prepare
die Anrufung, -en invocation
anrüchig disreputable
der Ansatz, -̈e beginning
an-schaun/an-schauen to look at; das
Angeschautwerden being looked at;
vom Anschaun at first sight
sich an-schicken to get ready
an-schieben, o, o to push
der Anschlag (military) firing position;
ein Gewehr im Anschlag gun at the
ready, aimed
jdn. an-schuldigen to accuse someone
an-schwellen, (i), o, o to swell, rise
an-sehen, sieht, sah, gesehen to look at;
das Ansehen reputation; mit an-sehen
to look on, observe; die Ansicht, -en
view
an-setzen to start out
die Anspielung, -en allusion
an-springen, a, u to come jumping;
angesprungen kommen to come
running
der Anspruch, -̈e claim, right; in
Anspruch nehmen to require, claim
anständig decent
an-starren to stare at
an-stellen to arrange, contrive; to employ,
appoint; etwas an-stellen (colloq.) to
do something mischievous; angestellt
employed, salaried
anstößig shocking
an-strengen to exert; die Anstrengung,
-en exertion
die Anteilnahme sympathy
das Antlitz, -e countenance
der Antrag, -̈e proposal; einen Antrag
machen (besser: stellen) to make a
proposal
an-treffen, trifft, traf, getroffen to meet,
find
an-treiben, ie, ie to drive (animals)

an-tun, a, a to inflict (something upon someone); jdm. etwas an-tun to do something to someone

an-wachsen, (ä), u, a to grow, increase in size

das Anwesen, - estate, property

anwesend present; die Anwesenheit presence

das Anzeichen, - indication

an-zeigen to indicate, point out

an-ziehen, zog, gezogen to attract; to pull or start pulling; die Anziehungskraft power of attraction, charisma

an-zünden to ignite, light

apathisch apathetic

die Ära, pl.: Ären era

die Arbeit, -en work; das Arbeiterkindgehirn, -e mind of a working class child; das Arbeitsamt, ⁼er employment office; die Arbeitsklamotten (pl.) work clothes; die Arbeitskraft, ⁼e labor; der Arbeitsplatz, ⁼e (here) desk; der Arbeitsschluß end of work day; die Arbeitsverweigerung, -en refusal to work; die Arbeitsweise, -n work method; das Arbeitszimmer, - study

das Areal, -e area, floor space

arg bad, wicked

der Ärger irritation; ärgern to upset, anger, annoy; sich ärgern to get upset, annoyed, das Ärgernis, -se nuisance

arglos guileless, naive

argwöhnisch suspicious

der Arm, -e arm; der Ärmel, - sleeve; die Armlänge, -n arm's length

arm poor; armselig poor, wretched; die Armut poverty

die Art, -en way, manner

ärztlich medical

der Ast, ⁼er (colloq.) lout, good-fornothing

der Atem breath; atembar breathable; atemberaubend breathtaking; der Atemzug, ⁼e intake of breath; atmen to breathe

atomar atomic

attachieren to attach; attachiert inclined to, attached to

der Attentäter, - assassin

attestieren to attest (to), certify

die Au, -en meadow

auf einmal suddenly

auf und davon off and away; auf und davon gehen to take off, leave, desert

auf-atmen to sigh in relief

sich auf-bäumen to rear (up) rebel

auf-begehren to protest, revolt

auf-bewahren to keep, store

auf-brechen, (i), a, o to break up, depart; der Aufbruch, ⁼e departure

auf-bringen, brachte, gebracht to bring up, raise; to summon up, put forth; den Mund aufbringen to speak out

aufeinander-treffen, trifft, traf, getroffen to clash

auf-erlegen to impose

auf-fahren, (ä), u, a (here fig.) to flare up, lash out, retort

auf-fallen, (ä), ie, a to be noticeable, evident, conspicuous; auffällig noticeable, striking, remarkable

auf-fangen, (ä), i, a to catch

auf-fordern to demand, ask, call upon; die Aufforderung, -en invitation, summons

auf-geben, (i), a, e to give up, relinquish, abandon

aufgeblasen conceited, stuck up

aufgekratzt wrought up

aufgeregt excited

auf-haben, hat, hatte, gehabt to wear on the head

auf-halten, (ä), ie, a to stop, delay, hold up; sich auf-halten to stay (awhile)

sich auf-hängen to hang oneself

auf-heben, o, o to preserve, save, set aside; gut aufgehoben in good hands; das Aufgehobensein state of being protected, secure

das Aufheben fuss; viel Aufhebens von etwas machen to make a to-do, fuss about something

auf-hören to cease, stop

auf-keimen to bud, germinate

aufklärerisch enlightened

auf-knöpfen to unbutton, open

auf-kommen, kam, gekommen to occur, come up; to appear, spring up

auf-leben to revive

die Auflehnung, -en rebellion, resistance

auf-leuchten to flash (up)

auf-lösen to dissolve; to undo; aufgelöst dishevelled, rattled

auf-marschieren to march (up)

aufmerksam attentive; die Aufmerksam-keit, -en attention; aufmerksam machen auf to call attention to
auf-motzen (colloq.) to do up, get up; aufgemotzt overdone
auf-nehmen, nimmt, nahm, genommen to receive, take in
auf-passen to pay attention; auf-passen (auf) to take care (of), watch (over)
auf-polieren to polish up, shine
sich auf-raffen to pull oneself together
aufrecht upright, erect; aufrecht-halten, (ä), ie, a to hold up; aufrecht-erhalten to maintain, preserve
auf-regen to excite, upset, worry; die Aufregung, -en agitation
auf-reißen, i, i to tear, fling open, open violently, open wide
auf-richten to raise, set upright; sich auf-richten to straighten up
der Aufrührer, - rebel
auf-sagen to recite
aufsässig hostile
auf-scheinen, ie, ie to show up, appear suddenly
auf-schlagen, (ä), u, a to open (eyes); to turn to a page, open a book; to strike, bump; das Aufschlagen being bumped, struck
auf-schnappen to snatch, pick up
auf-schreiben, ie, ie to write down
sich auf-schwingen, a, u to swing oneself up, soar
der Aufseher, - overseer, foreman
auf-setzen to put on
auf-sitzen, saß, gesessen to mount
auf-sperren to unlock
auf-spießen to spear, skewer
auf-stecken to pin up
auf-stehen, stand, gestanden to get up; der Aufstand, ⁻e uprising
auf-steigen, ie, ie to climb up
auf-stellen to erect, array; die Aufstel-lung, -en list
auf-stoßen, (ö), ie, o to push open; to come up, as in a belch; es stößt mir auf it gets to me
auf-stülpen (here) to set, perch (on)
auf-suchen (here) to seek out; das Auf-suchen visit
der Auftakt, -e upbeat, prelude
auf-tauchen to appear, turn up, emerge

auf-treten, tritt, trat, getreten to appear, enter; to kick open
auf-trumpfen to assert oneself
auf-tun, a, a to open
auf-wachen to wake up
der Aufwand, ⁻e expenditure (of money or effort)
auf-wölben to arch; aufgewölbt arched
auf-zeichnen to note, write down, record
das Auge, -n eye; Aug(e) in Aug(e) eye-to-eye; der Augapfel, ⁻e eyeball; vor Augen führen to demonstrate; der Augenblick, -e moment; augenblick-lich immediately; der Augentropfen, - eye drop; der Augenwinkel, - corner of the eye
aus-beuten to exploit
aus-blasen, (ä), ie, a to blow out
aus-brechen, (i), a, o to break out; get away; die Tränen brechen mir aus I break out in tears
aus-breiten to spread out
die Ausdehnung, -en extension
der Ausdruck, ⁻e expression; ausdruckslos expressionless
die Ausdünstung, -en perspiration
auseinander-falten to open up, unfold
sich auseinander-setzen to have it out, argue
der Ausflug, ⁻e excursion
aus-fragen to interrogate
aus-fressen, (i), a, e (fig.) to commit a crime, perpetrate
ausführlich thorough, in detail, exten-sive; die Ausführlichkeit, -en detail
aus-füllen to fill out
sich aus-geben, (i), a, e (als) to pass one-self off (as)
aus-gehen, ging, gegangen to go out; to end, turn out; aus-gehen (von)to result (from); to emanate (from); der Aus-gang, ⁻e exit; der Ausgangspunkt, -e point of departure; das Ausgangstor, -e exit
ausgeweint red, swollen from crying (eyes)
aus-halten, (ä), ie, a to endure, persevere
aus-handeln to get by bargaining
aus-händigen to hand over
aus-harren to last, hold out
aus-hecken to hatch (a plot)
aus-kegeln dislocate, rip out of joint

sich **auskennen, kannte, gekannt** to know
one's way around, be well versed
aus-kommen, kam, gekommen to get
along
aus-kratzen to scratch out
die **Auskunft, ⁼e** information
jdn. **aus-lachen** to laugh at someone
ausländisch foreign, "outlandish"
aus-legen to lay out, cover
aus-leihen, ie, ie to lend
etwas (nichts) **aus-machen** to (not)
matter, make a (no) difference
das **Ausmaß, -e** extent
ausnahmsweise by way of exception; for a
change
sich **aus-nehmen, nimmt, nahm, genommen** to look (+ adj.)
aus-nutzen to take advantage of, use
aus-probieren to try out, test
aus-rechnen to figure out
die **Ausrede, -n** excuse, evasion
aus-ruhen to rest
aus-schlafen, (ä), ie, a to sleep until one
is fully refreshed
aus-schlagen, (ä), u, a (here) to kick (of
horses)
aus-schließen, o, o to shut out, exclude;
ausschließlich sole, exclusive
aus-schlürfen to slurp up, clean out
aus-schnaufen to catch one's breath
aus-sehen, (ie), a, e (nach) to look (like)
außerdem besides, other than that
das **Äußere** external appearance
außerehelich extra-marital
äußern to express
äußerst extreme, utmost
die **Aussicht, -en** view, prospect; **aussichtslos** hopeless
aus-sondern to separate, eliminate
sich **aus-sprechen, (i), a, o** to express
oneself, speak one's mind; der **Aus-
spruch, ⁼e** statement
die **Ausstattung, -en** equipment, fur-
nishings
aus-steigen, ie, ie to get out, alight, dis-
embark; beim **Aussteigen** as one is/was
getting out; der **Ausstieg, -e** place to
alight, exit
aus-stoßen, (ö), ie, o to eject, emit; to
utter (from); to ejaculate
aus-strecken to reach out, stretch out

(sich) **aus-suchen** to search for, pick out
(for oneself)
aus-treten, tritt, trat, getreten (regional)
to go to the bathroom
aus-üben to practice, exercise
aus-wandern to emigrate
auswendig by heart
aus-zahlen to pay out, pay off
die **Auszeichnung, -en** distinction
autodidaktisch self-educating
der **Autolärm** noise of cars
die **Avitaminose** vitamin deficiency

B
die **Backe, -n** cheek
der **Backstein, -e** brick; das **Backsteingebäude, -** brick building; **backsteinig**
made of brick
baden to bathe
die **Bagage** (fig.) rabble; (here: old bag)
der **Bahnhof, ⁼e** train station; die **Bahn-
hofshalle, -n** station hall; die
Bahnhofskuppel, -n dome/cupola on
top of train station
der **Balken, -** beam, rafter
der **Ballen, -** ball of foot
das **Band, ⁼er** ribbon, band
bangen (with impersonal subject plus
dative) to fear, be afraid
die **Bank, ⁼e** row of seats, bench
bannen to banish, ban
barmherzig charitable, compassionate
der **Bauch, ⁼e** abdomen; die **Bauchmuskulatur, -en** abdominal muscles
der **Baum, ⁼e** tree; **baumartig** tree-like;
die **Baumkrone, -n** treetop; **baumlang**
lanky
baumeln to dangle
der **Bauplatz, ⁼e** construction site
beachten to pay attention to, follow
beanspruchen to demand, lay claim to
beantragen to apply for
beäugen to eye, look up and down, size
up
bebauen to cultivate
beben to shake, tremble
bedacht roofed over
bedauerlicherweise regrettably
jdn. **bedenken, bedachte, bedacht** (mit
etwas) to bestow (something on
someone)

bedienen to serve (tables); die Bedienerin, -nen female servant
sich etwas (gen.) bedienen to make use of
something
die Bedingung, -en condition
die Bedrohung, -en threat
bedrückt depressed, dejected
das Bedürfnis, -se need, necessity
sich beeilen to hurry
beeindrucken to impress
beeinträchtigen to encroach upon,
threaten
das Beet, -e bed of flowers or vegetables
befallen, (ä), ie, a to attack, infest
befehlen, (ie), a, o to command
befestigen to fasten, attach
sich befinden, a, u (in) to be
found/located (in some place); das
Befinden state of health
beflecken to stain, spot; to defile
beflügeln to quicken, inspire
befreien to free; die Befreiung, -en
release; liberation
befriedigt satisfied
begabt gifted, talented
sich begeben, (i), a, e to betake oneself;
das Begebnis, -se occurence, event
begehen, beging, begangen to commit
(an offense)
begehren to desire
begeistern to fill with enthusiasm
begleichen, i, i to settle, pay up
begleiten to accompany; die Begleitmannschaft, -en escort troop
begnadigen to pardon, grant amnesty to
das Begräbnis, -se burial, funeral
begreifen, begriff, begriffen to understand, comprehend
begründen to prove, give reasons for,
justify; to found
begrüßen to greet
behalten, (ä), ie, a to keep, retain; etwas
für sich behalten to keep something to
oneself; im Auge behalten to keep in
mind
behandeln to treat, deal with
beharrlich persevering, persistent, steady,
stubborn
behaupten to assert, maintain, affirm;
die Behauptung, -en claim, assertion,
allegation
beherrschen to control

die Beherztheit courage, spirit
behilflich helpful
behutsam careful
bei-bringen, brachte, gebracht to
produce; jdm. etwas beibringen to
teach, impart to
das Bein, -e leg
beinahe almost, nearly
beisammen together; das Beisammensein
being together
beiseite aside
beispielsweise for example, by way of
example
beißen, i, i to bite; beißend acrid
der Beistand, ¨e aid, support
das Beistelltischchen, - end table
bei-wohnen to attend
bekannt familiar; die Bekanntschaft, -en
acquaintance
sich beklagen to lament, complain
beklopfen to pat, pound, tap (on someone's back); to examine by this method
(=abklopfen)
sich bekreuzigen to cross oneself, make
the sign of the cross
sich beladen, belädt, u, a (mit) to load
oneself (with)
belasten to burden
beleben to animate; die Belebung ani-
mation, stimulation
belegen (mit etwas) to impose (something) upon, apply (something) to;
here: to overlay, spread (a sandwich)
belehren to instruct, reason with
beleidigen to insult
bellen to bark
belustigen to amuse
bemerken to notice; to remark; die
Bemerkung, -en observation; com-
ment, remark
sich bemühen to take pains, to exert oneself; sich bemühen (um) to strive (for),
to be concerned (about)
sich benehmen, benimmt, benahm,
benommen to behave; das Benehmen
behavior
die Benennung, -en naming,
specification
benommen dazed, taken aback, numb
beobachten to observe
berauben to rob, deprive
der Bereich, -e realm, sphere

bereits already
der Bergler, - mountaineer
berichten to report, tell; der Bericht, -e report
der Beruf, -e profession
sich berufen, ie, u (auf) to refer (to); die Berufung, -en appeal
berühren to touch; die Berührung, -en contract
beschaffen constituted, of such nature
beschäftigen to occupy; to employ
beschämen to shame, make ashamed; die Beschämung, -en shame
der Bescheid, -e answer, information; Bescheid wissen to be in the know
die Bescherung, -en distribution of gifts; eine schöne Bescherung (colloq.) a nice mess
beschissen (vulgar) rotten, "cruddy"
beschlagen, (ä), u, a to overlay with metal, to shoe (a horse)
beschleunigen to accelerate, speed up; der Beschleuniger, - accelerator (physical science)
beschließen, o, o to decide, resolve
beschneiden, beschnitt, beschnitten to clip, trim
beschreiben, ie, ie to describe; to inscribe
beschützen to protect
die Beschwerde, -n complaint, grievance
beschweren to burden, weigh down
beschwichtigen to appease, satisfy
beschwören to implore, entreat
besetzen to occupy
der Besitz, -tümer possession; besitzen, besaß, besessen to own, be in possession of; in Besitz nehmen to take possession
der Besiegte, -n, -n one who has been defeated, vanquished
der Besoffene, -n, -n drunk
besondere especial
besorgen to take care of; die Besorgung, -en purchase
der Bestandteil, -e component
bestaunen to admire
bestecken (mit) to stick full (of)
bestehen, bestand, bestanden to exist, stand; to pass (as in a test); to undergo; bestehen (auf) to insist (on); bestehen (aus) to consist (of)

besteigen, ie, ie to climb up on, to mount
bestellen to send for, order
bestimmen to set, determine; bestimmt definite; certain; specific, specified; certainly (adv.)
bestmöglichst best possible
bestürzen to nonplus, confound; die Bestürzung dismay
sich beteiligen (an) to take part (in), participate
beten to pray
beteuern to aver, affirm
betrachten to look at, contemplate; to consider
betreffen, betrifft, betraf, betroffen to concern; affect
betrügen, o, o to deceive
das Bettjäckchen, - bed jacket
der Bettler, - beggar
(sich) beugen to bend, bow
die Beule, -n lump
beunruhigen to unsettle, disturb
die Beute, -n spoils, prey; booty, loot
bevor-stehen, stand, gestanden to be imminent, to lie ahead
bewaffnen to arm
bewahren to keep, maintain, preserve
sich bewähren to prove oneself, stand the test
bewältigen to overcome, master
bewandeln to pace/tread upon
(sich) bewegen to move; bewegt moved, touched (emot.); die Bewegung, -en motion
beweisen, ie, ie to prove
die Bewerbungsunterlage, -n application documents
bewerkstelligen to bring about, carry out
die Bewilligung, -en permit, allowance
bewirten to entertain
der Bewohner, - occupant, resident
bewundern to admire
(sich) bewußt werden to become aware; das Bewußtsein consciousness
bezeichnen to designate, denote
bezeugen to attest, bear witness
die Beziehung, -en relation, connection; die Beziehungslosigkeit, -en lack of relationships; beziehungsweise respectively; or as the case may be

der **Bezirk**, -e district, precinct; die **Bezirksinspektion**, -en district inspectorate
bezweifeln to doubt, question
bezwingen, a, u to control, conquer
bieder upright, simple, decent
der **Biedermeierspiegel**, - mirror in the simple style of the Biedermeier period (1815-1848)
biegen, o, o to bend
das **Bienenhaus**, ⁼er bee house, apiary
sich **bieten**, o, o to present itself
das **Bild** -er painting; image, picture; die **Bilderkette**, -n chain of association; der **Bildstock**, ⁼e wayside shrine
bilden to form, shape; die **Bildung** education; das **Bildungsmaterial**, -ien educational materials
das **Billett**, -e ticket
binden, a, u to tie, bind
die **Birke**, -n birch tree; der **Birkenwald**, ⁼er birchtree forest; der **Birkenzweig**, -e branch of a birch tree
bisweilen occasionally, sometimes
bitten, **bat**, **gebeten** to ask, request
bitterböse furious
blaß pale; die **Blässe** pallor
das **Blatt**, ⁼er leaf, blade; die **Blattpflanze**, -n foliage plant
die **Bläue** blueness
blaurot livid
bleich pale
das **Bleiglas** lead glass
blenden to blind
der **Blick**, -e gaze, look, view; **blicken** to gaze, look (into, at); das **Blickfeld** field of vision; **blicklos** visionless; **den Blick senken** to lower one's eyes, look down
der **Blindboden**, ⁼ subfloor
blitzschnell quick as lightning
blöde (colloq.) idiotic, stupid; **blödsinnig** idiotic
bloß only, merely
das **Blumengebinde**, - bunch of flowers
die **Blüte**, -n blossom
der **Boden**, ⁼ soil, ground; **bodenlos** bottomless, unmitigated
der **Bogen**, ⁼ curve, arch; die **Bogenlampe**, -n arc-lamp
die **Bohle**, -n plank
die **Bohne**, -n bean

die **Bombe**, -n bomb; das **Bombengetöse** noise of bombs; der **Bomber**, - airplane carrying bombs
der **Bootssteg**, -e pier, dock
das **Bord**, -e rim, ledge
die **Borkenschokolade**, -n chocolate bark (candy)
die **Börse**, -n stock exchange
die **Böschung**, -en slope, embankment
böse bad
boshaft evil, wicked, malicious
die **Bosheit**, -en ill will, wickedness
böswillig malicious
der **Brand**, ⁼e fire; die **Brandmeldung**, -en report of fire; die **Brandspur**, -en burn scars
braten, (ä), ie, a to fry; die **Bratkartoffel**, -n fried potato
brauchen to need; **brauchbar** useful
bräunlich brownish
die **Braut**, ⁼e fiancée, bride
brav good
brechen, (i), a, o to break, split, crack, refract (light); die **Brechkraft** power of refraction
der **Bregen**, - brains (of an animal)
breitbeinig with widely spread legs; die **Breitbeinigkeit** stubbornness
das **Brett**, -er plank, board
das **Brikett**, -s coal briquet (for heating)
die **Brille**, -n eyeglasses; der **Brillenblick**, -e sight through glasses; das **Brillengestell**, -e eyeglass frames; das **Brillenrezept**, -e eyeglass prescription
bringen (**über sich**) to bring (oneself to), to be able to bear
bröckeln to crumble
die **Brotrinde**, -n bread crust
der **Bruch**, ⁼e break, breach; **bruchstücksweise** piecemeal; der **Bruchteil**, -e portion, fraction
die **Brühe**, -n broth
die **Brust**, ⁼e breast
brüten to brood
das **Bücherregal**, -e book shelf
der **Buchrücken**, - back of a book
die **Bucht**, -en bay
(sich) **bücken** (**nach**) to bend (down), stoop (towards)
die **Bude**, -n booth, stall
der **Bund**, ⁼e bond, tie

das **Bündel, -** bundle
bündig concise
bürgen (für) to vouch (for), put up bail
(for)
bürgerlich bourgeois; die **Bürgersfrau,**
-en middle-class woman; das **Bürgersöhnchen, -** bourgeois spoiled boy
bürsten to brush
die **Bushaltestelle, -n** bus stop
die **Butter** butter; der **Butterblock, :e**
huge block of butter; das **Butterbrot,**
-e sandwich; das **Butterkipfel, -** croissant; das **Butterschmalz** spreading lard
(eaten on bread)

C
die **Charakterschwäche, -n** weakness of
character

D
dabei-bleiben, ie, ie to persist, stick to,
abide by (something); **dabei bleibt es**
that's it then
da-bleiben, ie, ie to remain, stay (in
place)
das **Dach, :er** roof; der **Dachstock, :e** roof
framework
die **Dackelhündin, -nen** dachshund
(bitch)
daheim at home
dahin-jagen to drive, chase, pursue
dahin-sagen to mention casually
da-liegen, a, e to lie there
dämmern to dawn, grow light; die **Dämmerung, -en** dusk; dawn; twilight
der **Dämon, -en** demon
der **Dampfersteg, -e** steamboat landing
daneben beside the mark, offset
sich **daran-machen** to set/go to work
daraufhin afterwards
dar-stellen to portray, illustrate
das **Dasein** existence
die **Dauer** duration; **dauernd** continually
davon-kommen, kam, gekommen to get
away
davon-laufen, (äu), ie, au to run away/off
sich **davon-machen** to take off, get away
dazu in addition to
der **Deckel, -** lid, cover; **decken** to cover;
den Tisch decken to set the table
die **Deichsel, -n** shaft
demnächst shortly, soon
die **Demütigung, -en** humiliation

dennoch nevertheless
derart to such an extent; **derartig** so,
such, of that kind
dergleichen such, suchlike
dermaßen to such an extent, so very
derzeit at that time
deuten to point, indicate; to interpret;
der **Deuter, -** interpreter
deutlich clear, distinct
die **Devisen** (pl.) foreign currency; der
Devisenfluß, :sse flow of currency/funds
dicht dense, compact, solid
der **Dieb, -e** thief
dielen to floor; **gedielt** (here) floored
with hardwood
dienen to serve; das **Dienstmädchen, -**
servant (girl); der **Dienstrang, :e** rank,
grade; die **Dienstwohnung, -en** official
residence
das **Ding, -e** thing; **Dinger** colloq. pl.
dirigieren to direct
der **Dom, -e** cathedral
der **Dompteur, -e** animal trainer, tamer
das **Doppelstockbett, -en** bunk-bed
doubeln to duplicate
der **Drache, -n, -n** dragon
die **Drahtbrille, -n** wire-rimmed glasses
drängeln to shove, push; **drängen** to
push, shove, pressure, press; das
Drängen urging
dran-kommen, kam, gekommen to come
up, have one's turn
der **Dreck** filth
drehen to turn, twist
dringen, a, u to penetrate
drin-stecken to stick in; **in sich drinstecken** to be wrapped up in oneself
drohen to threaten; die **Drohung, -en**
threat
dröhnen to hum, roar, throb
drücken to press, depress
drucken to print; der **Drucker, -** printer;
die **Druckerschwärze** printer's ink;
die **Druckerschwärzeflamme, -n**
"printed flames" (pictures of fire)
drunten (= **da unten**) down there
der **Dschungel, -** jungle
ducken to humble; **geduckt** humbled
der **Duft, :e** fragrance
dulden to endure (with patience), to put
up with
dumpf dull, indistinct

die **Dunkelkammer** darkroom
dünnschenklig slender thighed
der **Dunst, ⁼e** haze, mist; **dunstig** hazy,
misty; der **Dunstvorhang, ⁼e** veil of
haze/mist
durchaus quite, entirely, absolutely
durchbluten to circulate blood; **gut**
durchblutet rosy (cheeked)
das **Durcheinander** confusion;
durcheinander-wühlen to mess up,
rummage through
sich **durch-fragen** to ask everyone/every-
where; to find one's way by asking
durch-halten, (ä), ie, a to hold/last out,
endure, stick it out
durch-kämmen to comb through
durchschauen to see through, find out
durch-setzen to carry through
dürftig scanty, miserable
düster gloomy

E
die **Ebbe** low tide
eben just; **ebenfalls** likewise, also
echt genuine
das **Eck** angle (math.), here: die **Ecke** (=
corner)
egal equal, no matter; **es ist mir egal** it's
all the same to me
eh = **ehe** before; **ehemalig** former
die **Ehe, -n** marriage; **ehelichen** to wed,
marry
eher rather
ehern of brass/bronze; monumental,
heavy
die **Ehre, -n** honor, pride; **ehrabschnei-**
derisch disgraceful; der **Ehrgeiz**
ambition; **ehrgeizig** ambitious
der **Eifer** zeal, eagerness; **eifrig** eager(ly)
eigen own; **eigenartig** unique, peculiar;
die **Eigenheit, -en** peculiarity; der
Eigennutz self-interest
die **Eigenständigkeit** independence; der
Eigentümer, - owner; **eigentümlich**
odd, unique
sich **eignen für** to be fit for, suited for
die **Eile** haste, hurry; **eilig** hurried,
urgent; hastily, speedily; **es eilig haben**
to be in a hurry; der **Eilmarsch, ⁼e**
quick march; **im Eilmarsch** on the
double

der **Eimer, -** bucket
ein-biegen, o, o to turn in
sich **ein-bilden** to imagine; die **Einbil-**
dung, -en fancy, delusion
der **Einbrecher, -** burglar
ein-büßen to forfeit, lose
eindeutig unequivocal, clear
ein-dringen, a, u to penetrate, infiltrate;
eindringlich urgent
der **Eindruck, ⁼e** impression
die **Einfachheit** simplicity
die **Einfahrt, -en** entrance
(jdm.) **ein-fallen** to occur (to someone)
einfältig simple
jdm. (etwas) **ein-geben, (i), a, e** to
inspire a person (with something)
ein-gehen, ging, gegangen (here) to
enter (into)
ein-hängen to hang up (the phone), sich
(bei jdm.) einhängen to link arms
(with someone), walk arm-in-arm
(with someone)
einheimisch native
ein-holen to obtain; **Rat einholen** to seek
advice
das **Einkaufszentrum, -zentren** shopping
center
die **Einkünfte** (pl.) income, revenue
sich **(auf etwas) ein-lassen, (ä), ie, a** to
engage in, enter into something
ein-legen to pack, put, lay in
einmalig unique
ein-mummeln to wrap up
(jdn.) **ein-nehmen, nimmt, nahm,**
genommen to take, capture; to engage,
captivate (someone)
ein-nicken to nod off (to sleep)
ein-räumen to concede
(auf jdn.) **ein-reden** to badger (someone), to talk insistently, persuasively
(to someone)
ein-richten to arrange, establish
einsam lonely
ein-schalten to switch on
ein-schenken to pour (into a glass)
ein-schlafen, (ä), ie, a to fall asleep
ein-schlagen, (ä), u, a to strike, hit; das
Einschlaggeräusch, -e sound of a
strike/hit
einschlägig relevant
ein-schleusen to feed into (through gates,
locks)

sich **ein-schließen**, o, o to lock oneself in; **einschließlich** (gen.) inclusive of
ein-setzen to insert, put in
die **Einsicht**, -en insight
einsilbig monosyllabic; taciturn; die **Einsilbigkeit** taciturnity
ein-sinken, a, u to sink in, cave in
ein-sperren to lock in/up
ein-streichen, i, i to pocket
ein-topfen to pot (a plant)
ein-tragen, (ä), u, a to enter, register
ein-treffen, trifft, traf, getroffen to arrive; das **Eintreffen** arrival
ein-treten, tritt, trat, getreten regional to begin, set in; to occur; to join
das **Einvernehmen** agreement; sich ins Einvernehmen setzen (mit) to come to an agreement (with)
die **Einwirkung**, -en effect, influence
der **Einwohner**, - inhabitant; die **Einwohnerversammlung**, -en community meeting
einzelweise one by one, one at a time
ein-ziehen, zog, gezogen to pull in; to draft, conscript; to move in
das **Eis** ice; die **Eisdecke**, -n sheet of ice; der **Eislaufplatz**, ⁻e skating rink/pond; das **Eisstück**, -e piece of ice; der **Eiswürfel**, - ice cube
das **Eisen**, - iron; die **Eisengießerei**, -en foundry; der **Eisenteil**, -e iron component
eitel vain; die **Eitelkeit**, -en vanity
der **Ekel** disgust; **ekelhaft** hideous, disgusting; sich **ekeln** (vor) to be disgusted (by)
elend miserable
empfehlen, (ie), a, o to recommend; es **empfiehlt sich** it's recommended
empfinden, a, u to feel, perceive
empor-lecken to lick upward (of flames)
die **Empörung** outrage
das **Endchen**, - small piece of something, tail end
endgültig final
das **Engelsbild**, -er picture of an angel
entbehren to lack, do without
entdecken to discover; die **Entdeckung**, -en discovery
entfernen to remove; sich **entfernen** to move away; to withdraw, depart; ent-

fernt (adj.) distant; die **Entfernung**, -en distance
entführen to carry off
entgegen toward; **entgegen-drängen** to press toward; **entgegen-strecken** to reach out towards; **entgegen-werfen**, (i), a, o to throw/toss to; **entgegnen** to reply
sich (einer Sache) **enthalten**, (ä), ie, a to abstain (from something)
entlang along
entlassen, (ä), ie, a to dismiss, release
entlasten to exonerate, relieve of
entleihen, ie, ie to borrow
entraten, (ä), ie, a to do without
sich **entscheiden**, ie, ie to decide
sich **entschließen**, o, o to decide
entschlüsseln to decipher
das **Entsetzen** horror; **entsetzlich** horrible, terrible
entspannen to relax
entsprechen, (i), a, o (with dative) to correspond (to); to suit, be appropriate for; die **Entsprechung**, -en analogy
die **Entstellung**, -en defacement, disfiguring
enttäuschen to disappoint
die **Entweihung**, -en desecration
entwickeln to develop; **entwicklungsmäßig** developmental, evolutionary
der **Entwurf**, ⁻e sketch, draft
entziehen, o, o to take away, extricate; sich **entziehen** to extricate oneself, to escape, to withdraw
entzünden to kindle, ignite
das **Erbarmen** pity
erbeuten to take as booty
sich **erbieten**, o, o to volunteer
erbleichen to turn pale
erblicken to discern
erblinden to become blind
erbosen to anger, exacerbate, exasperate
die **Erdbeerplantage**, -n strawberry farm
der **Erdboden** ground
erdenklich imaginable
die **Erdkunde** geography
sich **ereignen** to occur; das **Ereignis**, -se event, occurrance
ererben to inherit
die **Erfahrung**, -en experience
erfassen to comprehend, grasp

erfinden, a, u to invent; die Erfindung,
-en invention
der Erfolg, -e success; erfolgreich successful
erfolgen to happen, occur
erforderlich necessary, required
erfreulich gratifying
erfüllen to fulfill; to fill
ergattern (colloq.) to come up with, get
hold of
ergaunern to get something by swindling
ergeben, (i), a, e to yield, result in, lead
to
ergeben (adj.) devoted
ergrauen to turn grey
ergreifen, i, i to take hold of
erhalten, (ä), ie, a to obtain, receive
erhitzen to get heated, excited
erhöhen to raise
sich erholen to recover
sich erinnern to remember
erkennen, erkannte, erkannt to recognize; die Erkenntnis, -se realization,
knowledge
erkenntlich grateful; sich erkenntlich
zeigen to reciprocate
(sich) erklären to declare (oneself), to
explain; die Erklärung, -en
explanation
erklimmen, o, o to climb (up)
erkoren (adj.) select, chosen
erkranken to become ill
sich erkundigen (nach) to inquire (about)
erlauben to allow, permit
erläutern to illustrate, elucidate
die Erle, -n alder tree
erleben to experience; das Erlebnis, -se
experience; Erlebtes that which one
has experienced
erledigen to attend to, take care of; to
settle, clear up
erledigt done for, washed up, finished
erleichtern to relieve; die Erleichterung,
-en relief; erleichtert relieved
erlernen to learn, acquire
erlöschen to extinguish, go out
erlösen to release, redeem; die Erlösung
release, deliverance
das Ermessen estimation; nach menschlichem Ermessen judging by human
standards
ermutigen encourage

ernsthaft serious(ly)
ernüchtern to sober, disillusion
sich eröffnen to present oneself; die
Eröffnung, -en the opening (of
something)
erörtern to explain, discuss
erpicht (auf) bent (on), dead set (on)
erpressen to blackmail; die Erpressung,
-en blackmail
erraten, (ä), ie, a to guess
erregen to excite, stir up, disturb, provoke; die Erregung, -en (here)
provocation
erreichen to reach; erreichbar attainable
erröten to blush
erscheinen to appear; die Erscheinung,
-en appearance
erschlaffen to tire, grow weary
erschöpfen to exhaust
erschrecken [(i), a, o, only when intransitive] to frighten, scare, shock, startle;
to be startled, shocked, get frightened
ersehnen to long for, yearn for
ersetzen to replace, compensate
ersparen to save, spare
erstarren to grow stiff, numb
erstaunen to amaze; das Erstaunen
amazement; erstaunt amazed
fürs erste at first
ersterben, (i), a, o to die, fade away
ersticken to suffocate; der Erstickungstod
death by suffocation
erstürzen to fall to one's death
ertappen to catch at something; sich
ertappen to catch oneself
ertragen, (ä), u, a to endure; erträglich
bearable
ertrinken, a, u to drown
erwachen to wake up (intr.); to awaken
erwachsen grown-up, adult
erwägen to consider, think over
die Erwähltheit state of being among the
elect, blessed
erwähnen to mention
erwarten to expect; die Erwartung, -en
expectation
sich erweisen, ie, ie (als) to prove, turn
out (to be)
erweitern to expand, extend
erwerben, (i), a, o to acquire, purchase;
der Erwerb, -ungen acquisition
erwidern to reply

erwirken to effect
die Erziehung education, training
erzielen to attain
erzürnen to anger
erzwingen, a, u force
der Esel, - ass, donkey
der Estrich, -e stone floor
eurerseits for your part
ewig eternal; die Ewigkeit eternity
das Extralesestündchen, - extra reading
hour (diminutive form, as if talking to
a child)

F
die Fabrik, -en factory
das Fach, ⁻er subject (of study)
fadenförmig thread-like
fähig capable; die Fähigkeit, -en ability
die Fahndung, -en search, hunt
die Fahne, -n flag
fahren, (ä), u, a to drive, go; in jdn.
fahren to come over, get into someone;
die Fahrerflucht hit and run accident;
das Fahrrad, ⁻er bicycle; die Fahrt, -en
ride, trip; die Fahrzeugkolonne, -n
convoy
der Fall, ⁻e incident, instance, case
fällen to cut, hew down
fällig due; das längst Fällige that which is
long overdue
falls in case
fälschlicherweise falsely
falten to fold; die Falte, -n wrinkle; das
Faltenfeld, -er mass of wrinkles
familiär familial
die Farbe, -n color; der Farbanstrich, -e
coat of (colored) paint; der Farbüber-
gang, ⁻e shading (of color)
das Faß, Fässer tub, cask
fassen to seize, grab, take hold of; faßbar
palpable; ins Auge fassen to fix one's
eyes upon; Mut fassen to gather
courage; sich fassen to compose oneself; fassungslos shaken, disconcerted;
(auf etwas) gefaßt sein to be prepared
(for something)
faul lazy
die Faust, ⁻e fist
das Fegefeuer purgatory
(jdm.) fehlen (an) to be absent, be lacking (in)

feierlich formal, solemn
feil for sale
der Feind, -e enemy; feindlich hostile;
feindselig hostile
die Feinheit, -en delicacy
das Feld, -er field, field of battle; die
Feldpost mail received in a wartime
army; der Feldpostbrief, -e letter
received in a wartime army; der Feld-
zug, ⁻e campaign
das Fenster, - window; der Fensterriegel,
- window bolt; die Fensterritze, -en
crack around window; die Fenster-
scheibe, -n window pane
die Ferien (pl.) vacation; die Ferien-
woche, -n vacation week
fern far (away); fernab far from; die
Ferne, -n distance; (sich) fern-halten,
(ä), ie, a to keep away; der Fernpunkt,
-e distant focal point
fertig finished
fertig-bringen, brachte, gebracht to
manage, bring about; to achieve, get
done
fertig-stellen to finish, complete
fertig-werden, (i), u, o (mit) to deal
(with), handle
fesch (Austrian colloq.) smart, chic
fesseln to confine, hold in bondage
fest solid, firm
sich fest-haken (an) to fix (upon)
fest-halten, (ä), ie, a to keep; fest-halten
an to stick to, abide by
fest-stellen to ascertain
fest-treten, tritt, trat, getreten to pack
down with feet
fest-zurren to tighten
der Fettkloß, ⁻e blob of fat, here:
"dumpling"
der Fetzen, - torn out part of something,
rag; pl.: shreds, tatters
feucht moist, damp
das Feuer, - fire; die Feuerschrift, -en
fiery inscription; feuerspeiend fire-
spitting/breathing; die Feuerwehr fire
department; das Feuerwehrauto, -s fire
engine; die Feuerwehrleute fire-
fighters; das Feuerwerk, -e firework(s)
das Fieber fever; der Fiebertraum, ⁻e
delirium; fiebrig feverish
finster dark, gloomy; grim; die Finsternis, -se darkness, gloom

die **Fischgrätjoppe**, -n herring bone jacket

fisteln to speak with falsetto voice

fix fixed, obsessive

fixieren (auf) to fix (upon), stare (at), focus (on)

flach (here) shallow

die **Fläche**, -n surface; area

flackern to flicker

die **Flamme**, -n flame; **flammend** flaming; das **Flammenspeien** spitting of flames

flauschig fuzzy

der **Fleck/Flecken**, -en/- spot

flehen to implore

das **Fleisch** flesh; meat; der **Fleischerladen**, ⁼ butcher shop; **fleischlich** sensual, carnal

der **Flicken**, - patch

die **Fliege**, -n fly; der **Fliegenfleck**, -en fly speck

fliegen, o, o to fly; der **Flieger**, - pilot; der **Fliegeralarm**, -e air raid alarm

die **Fliese**, -n (here: floor-) tile

die **Flocke**, -n flake

fluchen to swear, curse

die **Flucht** flight, hasty retreat, escape; **flüchten** to flee; **flüchtig** fleeting; der **Flüchtling**, -e figutive, refugee

der **Flügel**, - wing; die **Flügeltür**, -en swinging doors

das **Flugloch**, ⁼er hole in bird or bee house for entry and exit

flüstern to whisper

die **Flut** high tide

der **Föhn** warm, dry wind in Alpine countries; die **Föhnwolke**, -n spring storm cloud

die **Folge**, -n consequence; series

fordern to demand, request; die **Forderung**, -en demand; **eintrittfordernd** demanding entry

förmlich practically, virtually

die **Formsache**, -n formality

das **Formular**, -e printed form

forschen (nach) to research, search (for); **forschend** searchingly; die **Forschung**, -en research; die **Forschungsarbeit**, -en research paper; die **Forschungsstelle**, -n research center; das **Forschungsthema**, -en research topic

fort-gehen, ging, gegangen to go away; der **Fortgang** progress

die **Fortpflanzung**, -en propagation, reproduction

fort-setzen to continue

fraglich questionable

fratzenhaft grotesque

frei free; der **Freibrief**, -e permit, license, privilege; das **Freie** open air, outdoors; **freilich** of course, certainly; indeed; **frei-sprechen**, (i), a, o to acquit; **freiwillig** voluntary

fremd strange, foreign; der **Fremdarbeiter**, - foreign worker; der **Fremde**, -n, -n stranger; die **Fremde** abroad, outside world; der **Fremdling**, -e stranger

frequentabel sociable

fressen, (i), a, e to eat (usually of animals); to devour; **um sich fressen** to fester, rankle

das **Freudenmahl** meal of celebration

der **Freundeskreis**, -e circle of friends

der **Friedhof**, ⁼e cemetery

friedlich peaceful

frisieren to dress someone's hair, coiffure

fromm pious; die **Frömmigkeit** piety

die **Frucht**, ⁼e fruit

das **Frühstück**, -e breakfast; der **Frühstücksteller**, - breakfast plate; der **Frühstückstisch**, -e breakfast table

der **Fuchs**, ⁼e fox

die **Fuge**, -n joint

fühllos unfeeling

die **Fuhr/Fuhre**, -n wagon (load), cart; der **Fuhrmann**, -leute driver, carter; das **Fuhrwerk**, -e wagon

führen (auf) to lead (up to); to conduct, carry on; **an den Mund führen** to raise to one's lips

die **Fülle** abundance

funkeln to glitter

die **Furcht** fear, horror; **furchtbar** awful; **fürchten** to fear, be afraid of; **fürchterlich** fearful, frightful

der **Fürsprecher**, - advocate

der **Fußboden**, ⁼ floor

die **Fußzehe**, -n toe

das **Futter** feed, fodder; der **Futterboden**, ⁼ hay-loft; die **Futterraufe**, -n hayrack, feedrack; der **Futtersack**, ⁼e feed sack

G
die Gabe, -n gift
der Galgen, - gallows; die Galgenfrist
brief respite
die Gamasche, -n legging
der Gang, ⁻e step, stride, gait; walk,
route; corridor; die Ganghöhe travers-
ing altitude
gänzlich total
die Garbe, -n sheaf, burst of fire (military); die MG-Garbe, -n a round of
machine-gunfire
die Garderobe, -n cloakroom, (coat)
checkroom
die Gasse, -n small, side street; die
Gassenschenke, -n streetside tap (a
window onto the street, through which
customers can be served)
der Gast, ⁻e guest
das Gaswerk, -e gas works
der Gatte, -n, -n/die Gattin, -nen spouse
das Gatter, - grate, lattice
der Gaul, ⁻e horse, nag
das Geäst branches
sich geben, (i), a, e to act, behave
das Gebet, -e prayer
gebieten, o, o to command, dictate; to
require, call for; das Gebot, - order,
decree, command, commandment
das Gebiß, -e set of teeth
die Geborgenheit safety, security
gebräuchlich usual, common, "everyday"
das Gebresten, - frailty, infirmity, disease
die Geburt, -en birth
das Gedächtnis, -se memory
der Gedanke, -n thought; gedenken,
gedachte, gedacht to think of,
remember
gedeihen, ie, ie to flourish
die Geduld patience; geduldig patient
geeignet suitable
die Gefahr, -en danger; gefährlich
dangerous
der Gefährte, -n, -n/die Gefährtin, -nen
companion
gefallen (here) killed in action
der Gefallen, - favor; sich gefallen lassen
to allow, put up with
der Gefangene, n prisoner; die Gefangenschaft captivity; das Gefängnis, -se
prison
gefeit (gegen) immune (from)

gefräßig voracious, gluttonous
gefrieren, o, o to freeze; gefroren frozen
die Gegend, -en area, region
der Gegenangriff, -e counter attack
die Gegenmaßnahme, -n counter-
measure
gegenseitig mutual
der Gegenstand, ⁻e object
das Gegenteil, -e the opposite; im
Gegenteil on the contrary
die Gegenwart (here) presence, present;
die Gegenwartsliteratur, -en contemporary literature
das Gehabe(n) manner, behavior
gehässig malicious, spiteful
geheim secret; das Geheimnis, -se secret,
mystery
das Geheul howling, crying
das Gehirn, -e brain
das Gehör hearing; ein geschärftes Gehör
sharp ears
gehorchen to obey; der Gehorsam
obedience
gehören (zu) to belong (to)
der Gehversuch, -e attempt to walk
der Geist intellect, mind; geistig
intellectual
das Gejohle noisy singing
das Geländer, - railing, banister
gelangen (in, an) to attain, reach, arrive
(at)
gelassen relaxed, slow
gelaunt humored, in a (adj.) mood
gelblich yellowish
die Gelegenheit, -en opportunity, occasion; gelegentlich occasional
jdm. gelingen, a, u to succeed, be successful
gellen to shrill
gelten, (i) a, o (als) to be considered (as);
to be worth, count (as); es gilt it is a
matter of
gemein common; die Gemeinde, -n
community; der Gemeine, -n, -n private (soldier); gemeinsam common,
mutual
das Gemurmel murmur
die Gemütsart, -en disposition, nature
gen = gegen towards
genau exact, sharp
geneigt disposed towards
das Genick, -e nape of the neck

150

genießen, o, o to enjoy; der Genuß, ⁻sse
pleasure, enjoyment
der Genosse, -n, -n comrade
genügen to suffice
die Genugtuung, -en satisfaction
gerade exactly, just; direct; geradeheraus
frankly, bluntly, point-blank; geradezu
downright
das Gerät, -e device, tool
geraten, (ä), ie, a (in) to come/get/fall
(into); geraten an to come upon; außer
sich geraten to be beside oneself, go
"off the deep end"; in Bewegung geraten to get into motion
das Geräusch, -e noise, sound
gerecht just, fair
das Gerede talk, gossip
das Gerenne rush, bustle
das Gericht, -e court of justice
gering slight, trifling; die Geringschätzung contempt, disdain; das Geringste
the least
der Geruch, ⁻e aroma, smell, odor
das Gerücht, -e gossip, rumor
das Gerümpel trash
gesamt total
der Gesandte, -n, -n ambassador
der Gesang, ⁻e singing, song
geschäftsmäßig business-like
gescheit intelligent, "bright"
geschickt clever, adept
das Geschlecht, -er sex, gender
das Geschöpf, -e creature
das Geschrei shouting
das Geschütz, -e gun, cannon
geschwind quick
die Geschwister (pl.) siblings
die Gesellschaft, -en society, club
das Gesicht, -er face; der Gesichtszug, ⁻e
facial feature
das Gesinde (sg. only) servants,
domestics
gespensterhaft ghostly, spectral
gespielt pretended, acted
das Gespinst, -e web
gesprächsweise in conversation, conversa-
tionally
das Geständnis, -se confession
die Gestalt, -en figure
gestatten to allow, permit
die Geste, -n gesture
das Gestell, -e frame

der Gestellungsbefehl, -e order to report
for service
gestikulieren gesticulate
gestochen etched
gestreift striped
gesundheitlich having to do with health
das Getöse loud noise, din
das Getuschel whispering
das Gewächshaus, ⁻er greenhouse
gewahr werden to become aware of
die Gewalt, -en power, force, violence
das Gewehr, -e rifle
gewillt willing
das Gewimmer whimpering
gewiß certain; gewissermaßen to some
extent; so to speak; die Gewißheit, -en
certainty
das Gewissen conscience; gewissenhaft
conscientious, scrupulous
das Gewitter, - thunderstorm
sich gewöhnen (an) to accustom oneself;
to get accustomed (to); die Gewohnheit, -en habit; gewohnheitsmäßig
habitual; gewohnt usual, accustomed
(to something); (an etwas) gewöhnt
sein to be used (to something)
gewollt deliberate
gierig greedy
das Gift, -e poison
gipsern made of plaster of Paris
der Glanz brilliance, luster; glänzen to
shine; glänzend brilliant, magnificent
die Glasscherbe, -n shard of glass
glasüberdacht glass-roofed
gläubig believing
gleich (here) right away, immediately
gleichen, i, i to resemble, look alike
gleichgültig indifferent
gleichsam so to speak
gleich-setzen to equalize
gleichzeitig simultaneous; die Gleich-
zeitigkeit, -en simultaneity
gleißen to shimmer, sparkle
gleiten, glitt, geglitten to glide
das Glied, -er limb, member; joint
glitzern to glitter
die Gloriole, -n halo
der Glückspilz, -e (fig., colloq.) lucky
dog
glühen to glow
die Gnade, -n grace, mercy; der
Gnadenakt, -e act of mercy

gönnen to grant, allow
gottbewahre! God forbid!
gottlob! praise God!
gottwohlgefällig pleasing to God
graben, (ä), u, a to dig; das Grab, ⁻er
grave, tomb
gräßlich grisly
das Grauen horror; grauenerregend horrifying; grausam cruel; sich grausen
(vor) to shudder at the thought (of), to
shudder (at)
greifen, griff, gegriffen (nach) to reach
(for); greifbar tangible; der Griff, -e
grasp, grip, reach; (etwas) im Griff
haben to have a knack, touch (with
something)
greis aged; der Greis, -e old man
grell glaring, flashy; grellblau very bright
blue
die Grenze, -n border, boundary; limit
grimmig furious
grinsen to smirk, grin
grob coarse, crude
der Groschen (fig.) penny, ten-pfennig
piece; das Groschenheft, -e dime novel
(cheap paperback); die Groschenliteratur paperback novels, cheap
popular literature
großmütig generous
größenteils for the most part
der Großvetter, -n distant cousin
großzügig grand, bold (in design)
die Grube, -n ditch
der Grund, ⁻e ground, basis, foundation;
bottom, depths; auf Grund von on the
basis of, because of; auf den Grund
gehen to go to the bottom
gründen to found (an organization)
gründlich thorough; die Gründlichkeit
thoroughness
die Grünpflanze, -n house plant
grüßen to greet
die Guckkastenleute peep-show (miniature) people, i.e. model citizens
die Gunst favor, good turn, kindness;
günstig favorable
die Gurke, -n cucumber; saure Gurken
pickles
gurren to coo
das Gut, ⁻er treasure, goods; estate; der
Gutsbesitzer, - estate owner; das Gutshaus, ⁻er manor house; gutsherrlich

manorial; der Gutshof ⁻e estate, manor
das Gutdünken discretion; nach Gutdünken verfahren, (ä), u, a to use
one's discretion
gütig kind, benevolent
gutmütig good-natured, kind

H
das Haar, -e hair; die Haarfranse, -n
bangs; haargenau precise; die Haarmasche, -n braid; der Haarschopf, ⁻e
tuft of hair, crown of the head
die Habilitation, -en post-doctoral thesis
der Hafen, ⁻ harbor, port
haften to cling, stick (to); die Haft custody, imprisonment; die Haftschale, -n
contact lense
der Hagel hail
die Hagerkeit gauntness
häkeln to crochet; der Häkelkragen, ⁻
crocheted collar
der Haken, - hook, clamp
halbherzig half-hearted
die Halbinsel, -n peninsula
der Hals, ⁻e neck, throat; der Halswickel,
- neck scarf
(sich) halten, (ä), ie, a to keep, maintain;
to carry oneself; halten für to consider,
take for; die Halterung, -en catch,
fastener; die Haltestelle, -n bus stop;
die Haltung carriage, bearing
hämisch spiteful, malicious
hamstern to hoard
die Hand, ⁻e hand; händereibend while
rubbing (his/her) hands against each
other; händeschüttelnd with a shaking
of hands; die Handfertigkeit, -en skill;
das Handgelenk, -e wrist; handgreiflich evident; der Handschlag, ⁻e
handshake; der Handteller, - palm of
the hand; der Handwagen, ⁻ hand cart
der Handel deal, bargain
sich (um etwas) handeln to be a matter
(of), a question (of)
die Handlungsweise, -n way of acting,
behavior
hängen-bleiben, blieb, geblieben to be
caught, get stuck, be held up
das Härchen little hair
hartnäckig stubborn
haschen to snatch, grab
der Haß hatred; hassen to hate; häßlich

ugly, hateful; die **Häßlichkeit** ugliness
die **Hast** haste, hurry; **hastig** hasty
die **Haube**, -en hood, cowl
der **Hauch**, -e breath, touch, tinge
der **Haufen**, - pile, heap
häufig frequently, often
hauptsächlich mainly, principally
der **Hauptsatz**, ⁻e main/independent
clause
das **Haus**, ⁻er house; der **Hausfriede(n)**
domestic tranquility; **hausfriedens-
brecherisch** destructive of domestic
tranquility; der **Haushalt**, -e household; der **Hausierer**, - peddler; das
Haustor, -e building entrance
die **Haut**, ⁻e skin; **mit Haut und Haar**
out and out
heben, o, o to lift, raise
die **Hecke**, -n hedge; die **Heckenrose**, -n
hedge roses
heftig violent, vehement, intense, strong,
heavy
der **Heilige**, -n, -n saint; das **Heiligen-
bild**, -er icon, picture of saint; (here,
ironic) saints of science; **heiligen** to
sanctify; **geheiligt** hallowed, sacred
heillos awful, hopeless
die **Heilsgeschichte** New Testament
die **Heimkehr** return home
heimlich secret; die **Heimlichkeit**, -en
secrecy
heim-schicken to send home
die **Heirat**, -en marriage; die **Heiratsan-
nonce**, -n advertisement for marriage
partners
heiser hoarse
hell bright; **hellbeschienen** illuminated;
die **Helligkeit** brightness, light;
hellichter Tag broad daylight; **am
hellichten Tag** in broad daylight
das **Hemmnis**, -se hindrance, obstacle
heran-lassen, (ä), ie, a to let/allow to
approach
herauf-beschwören, o, o to conjure up
herauf-rufen, ie, u to recall
heraus-bekommen, bekam, bekommen
to find out
heraus-fallen, (ä), ie, a to fall out
heraus-finden, a, u to find out; to pick
out
heraus-fordern to challenge
heraus-hängen, i, a to hang out

heraus-heben, o, o (aus) to lift out (of)
heraus-kriegen (colloq.) to get/procure
(out of someone)
heraus-ragen to project, protrude
heraus-schmeißen, i, i to throw out
heraus-schwemmen to wash away, carry
out
heraus-springen, a, u to jump out
herein-brechen, (i), a, o to fall, close in
(as in "dusk falls")
herein-legen to fool, take in
her-geben, (i), a, e to hand over, yield
die **Herkunft**, ⁻e origin, birth, family
Herrgottnochmal! for God's sake!
(hinter jdm.) **her sein** to be "after"/on
the track (of someone)
her-treiben, ie, ie to drive/urge forward
herüber-grüßen to greet, nod a greeting
(from a distance)
herum-fahren, (ä), u, a to wheel around,
whip around
(sich) **herum-hören** to listen to what
people have to say, keep one's ears
open
herum-stöbern to poke around
herum-tappen to grope around
sich **herum-treiben**, ie, ie to hang about,
gad about
herunter-schimpfen to berate (from
above)
herunter-stoßen, (ö), ie, o to dive
hervor-bringen, brachte, gebracht to
produce
hervor-gehen, ging, gegangen (aus) to
follow (from); be shown (by)
hervor-holen to pull out, reveal, produce
hervor-kehren to put forth, show
hervor-rufen, ie, u to bring about
hervor-stoßen, (ö), ie, o to burst out,
speak in bursts
hervor-ziehen, o, o to pull out
die **Herzensbildung** inward culture
das **Heu** hay
die **Heuchelei**, -en hypocrisy
heulen to cry, howl; der **Heulsturzbach**,
⁻e torrent of tears
heutzutage nowadays
die **Hexe**, -n witch
die **Hilfe**, -n help; **hilfsbereit** helpful; die
Hilfskonstruktion, -en analogy; die
Hilfskraft, ⁻e; helper; die **Hilflosigkeit**
helplessness

hin und her off and on; das Hin und
Her chasing back and forth
hin und wieder now and then
hinab-reichen to reach down
hinab-stürzen to stumble down, throw
down
hinab-tauchen to plunge, dip down
hinauf-kehren to turn upwards
hinauf-schieben, o, o to push up
hinaus-lehnen to lean out
hinaus-streben to strive/struggle outwards
hinaus-stürzen to rush out
hin-bringen, brachte, gebracht to pass,
spend; ein Leben hinbringen to spend
one's life
hindurch-sehen, (ie), a, e to look
through
hinein-drängen to penetrate
hinein-fahren, (ä), u, a (in) to strike,
occur (to)
hinein-leben to live idly; in den Tag
hineinleben to live for the moment
hinein-sehen, (ie), a, e (here) to comprehend, understand (vgl. durchblicken)
hinfort from now on
hingebungsvoll devoted
hinken to limp
sich hin-legen to lie down
hin-passen to fit in
hin-reißen, i, i to enchant, carry away
hin-richten to execute, kill; die Hinrichtung, -en execution; die
Hinrichtungsstätte, -n place of
execution
hin-schleudern to sling, fling down
hinsichtlich in respect to
hintenherum from behind
hintergehen, hinterging, hintergangen to
go behind someone's back, deceive
hinterlassen, (ä), ie, a to leave behind
der Hintern, - behind
der Hintersitz, -e back seat, second seat
(motorcycle)
hinunter-finden, a, u to find one's way
down (stairs)
hinunter-lassen, (ä), ie, a to let down; to
open (a train window)
hinunter-stürzen to fall down, collapse
hinunter-tragen, (ä), u, a to carry down
hinzu-fügen to add
das Hirn, -e brain, brains; (here)
forehead

hissen to hoist
die Hitze heat
hlg. = heilig holy, saint
das Hochhaus, ⁼er highrise, skyscraper
hoch-krempeln to roll up (sleeves)
hoch-reißen, i, i to zoom up(ward)
höchstens at most
hoch-ziehen, zog, gezogen to raise
hocken (colloq.) to sit, crouch, squat
der Hof, ⁼e courtyard, court; die Höflichkeit politeness, courtesy; der Hofrat, ⁼e
privy councillor
hohl hollow, concave; die Höhle, -n cave,
den; der Hohlweg, -e narrow pass,
defile
der Hohn scorn, sarcasm; höhnisch scorn-
ful, disdainful
holen to fetch, pick up
die Hölle, -n hell
der Holm, -e crossbeam, bar
das Holz, ⁼er wood, lumber; das Holzbrettchen, - small cutting board
horchen (auf) to eavesdrop, listen (to)
die Horde, -n horde
der Huf, -e hoof
die Hüfte, -n hip; das Hüfteschwenken
hip-swinging
das Huhn, ⁼er hen, chicken; das Hühnerei, -er chicken egg
die Hülle, -n shell
humpeln to limp, hobble
hundsgemein vulgar; mean
hüpfen to hop, skip
die Hürde, -n hurdle
die Hure, -n whore
huschen to dart, glide
hüsteln to cough, clear one's throat; der
Husten, - cough, coughing
die Hut care, custody, protection; auf der
Hut on one's guard, on the lookout;
sich hüten (vor) to guard, protect
(against)
die Hütte, -n cabin, hut

I

der Imbiß, -sse snack
immerfort continually
immerzu endlessly, constantly
imstande capable (of doing)
der Industriebetrieb, -e manufacturing
plant
der Inhalt, -e content(s)

insgeheim secretly
inständig urgent, fervent
die Instanz, -en instance, authority,
  resort
das Institut, -e institute; die Instituts-
  eiche, -n oak tree on institutional
  property; das Institutsgelände, - land
  belonging to institute; der Institutsklatsch office gossip
die Intimsphäre, -n sphere of intimacy
die Invarianz, -en invariance
inwendig inward, inner
inzwischen in the meantime
iranisch Iranian (adj.)
irgendwohin in some direction,
  somewhere
irren (archaic) to lead astray, delude
das Irrenhaus, ⸚er insane asylum, mental
  institution
sich irren to be mistaken; der Irrtum, ⸚er
  error; irrtümlich erroneous

J
jagen to chase, hunt; die Jagd, -en hunt;
  das Jagdgewehr, -e hunting rifle; der
  Jäger, - hunter, (here) fighter plane;
  der Jägerhut, ⸚e hunter's hat
jäh abrupt; jähzornig irascible
das Jahrzehnt, -e decade
jämmerlich miserable, pitiable
jedenfalls in any case
jeglich- every
(von) jeher since time immemorial
jenseits on the other side of, beyond
  (gen.)
jeweilig specific, respective
jeweils each time, at that moment,
  respectively
jubeln to rejoice
die Jugendgefährdung menace to youth
die Jungfer, -n maiden; jungfräulich
  maidenly, virginal

K
das Kabuff, ⸚e cubby-hole
die Kachel, -n tile
der Kaffee, -s coffee; der Kaffeebecher, -
  coffee mug; der Kaffeegeruch, ⸚e smell
  of coffee; die Kaffeekanne, -n coffee
  pot; der Kaffeeschaum froth, foam on
  coffee
kahl barren
kaiserlich imperial

der Kamin, -e hearth, fireplace
die Kammer, -n chamber, room
kampieren to camp (out)
das Kaninchen, - rabbit
die Kanne, -n pot (tea pot); die Silberkaffeekanne, -n silver coffee pot
die Kapelle, -n chapel
das Kapitel, - chapter
karg meager, bleak
kariert checked; großkariert large-
  checked, plaid
kartonhaft paste-board-like,
  cardboard-like
kassieren to collect, take in, pocket (especially money)
der Kaufmannsladen, ⸚ retail shop
kauen to chew; der Kaugummi, -s (chew-
  ing) gum; kaugummimalmend
  gum-chewing
kaum hardly
kehren to turn
keineswegs by no means
der Keller, - cellar, basement; die Kellerfunzel, -n dim cellar light; das
  Kellerloch, ⸚er cellar niche
die Kerbe, -n notch
der Kerl, -e fellow
kerngesund perfectly sound, healthy
die Kerze, -n candle
die Kette, -n chain; an die Kette legen to
  chain, tie up
keuchen to pant, gasp; das Keuchgeräusch, -e gasping noise
die Keuschheit chastity
kichern to giggle
der Kiesel, - pebble; mit Kiesel bestreut
  pebbled
das Kind, -er child; die Kinderlähmung
  infantile paralysis, polio; die Kinder-
  schwester, -n pediatric nurse;
  kinderschwesternartig like a nurse
kippen to tip, spill
der Kittel, - smock, lab coat
kitzeln to tickle, titillate
kläffen to bark, yelp
die Klage, -n complaint, lament; klagen
  to complain, lament; der Kläger, -
  complainant, plaintiff
der Klang, ⸚e sound, tone (of voice)
klar-machen to make clear, clarify
die Klarsichtfolie, -n transparent page
  protector

die Klasse, -n class (as in a train: 1st, 2nd. . .); die Klassenabschrankung, -en class boundaries

(in die Hände) klatschen to clap (one's hands)

die Klausur, -en seclusion

der Kleiderhaken, - clothes hook

kleinlaut subdued, meek

klingen, a, u to sound

klirren to rattle, clink

der Klumpen, - mass

knallen to explode with a bang, crack

knapp close, tight, short, curt

knarren to creak, squeak

der Knecht, -e farmhand, servant

die Kneipe, -n bar

die Knickerbocker knickerbockers

knien to kneel

knistern to crackle

knochig bony

der Knopf, ⁼e button; das Knopfstiefelchen, - high-buttoned shoe

die Knospe, -n bud

die Kochplatte, -n hot plate

der Koffer, - suitcase; die Kofferecke, -n corner of suitcase; der Kofferriemen, - strap of suitcase

die Kohle, -n coal; das Kohlenlager, - stockpile, storehouse of coal

der Kollege, -n colleague

der Komplize, -n, -n accomplice; komplizenhaft like an accomplice

der Komponist, -en composer

der Kondensator, -en condenser

die Konfession, -en religion, faith

die Konkurrenz competition; konkurrenzfähig competitive;

die Konsequenz, -en consistency

die Konservenbüchse, -n can of food

kontern to counter, reply

die Kontrolle, -n check-up

der Konzertsaal, -säle concert hall

der Kopf, ⁼e head; die Kopfdreherei, -en head-twisting; der Kopfhörer, - head phone; das Kopfkissen, - pillow; der Kopfschmerz, -en headache; der Kopfsprung, ⁼e forward/headdive; das Kopftuch, ⁼er headscarf, kerchief

das Korn, ⁼er (whole) grain; körnerreich rich in grain, "high-fiber"

kostbar expensive, precious

der Kothurn, -e shoe with very thick sole (used by actors of classical tragedy)

krachen to crack, thunder, roar, creak, crash

krächzen to croak

die Kraft, ⁼e strength, power; kräftig strong

kränken to offend, hurt

der Kranz, ⁼e wreath

kratzig (colloq.) irritable, scratchy

kräuseln to curl, crisp

die Krawatte, -n necktie

kreiden to write with chalk; kreidefarben chalk-colored

der Kreis, -e circle (pl. social circles); district; der Kreisdirektor, -en district official; die Kreiselbewegung, -en circular motion

das Kreuz, -e the small of the back, cross; das Kreuzworträtsel, - crossword puzzle; die Kreuzung, -en intersection

kriechen, o, o to creep, crawl, (fig.) to be servile, obsequious

der Krieg, -e war; das Kriegserlebnis, -se war experience, war story; das Kriegsgerät, -e war machinery

kriegen to get, receive

die Kröte, -n toad

krumm crooked, curved; sich krümmen to bend, warp, writhe; sich krummlachen to laugh until one is bent over, (fig.) to laugh oneself silly

die Küche, -n kitchen; die Küchenschürze, -n apron; der Küchentisch, -e kitchen table

der Kuchen, - cake

die Kugel, -n ball, marble; bullet

kühn bold, daring

die Kulisse, -n wing, curtain; scenery

kundig well-informed, adept

künftig in the future

das Kunststück, -e trick, feat

die Kuppel, -n cupola, dome; die Kuppelhöhe, -n top of the dome; die Kuppelstatik framework of the dome

der Kurzschluß, ⁼e short circuit

kuscheln to snuggle

die Küste, -n coast

der Kutscher, - coachman; kutschern to drive a carriage

L

das Labor(atorium), -s(-ien) laboratory;
der Laborant, -en, -en lab technician
das Lächeln smile
lächerlich ridiculous
der Lachs, -e salmon; lachsfarben
salmon-colored
der Lack, -e nail polish, lacquer
der Laden, ⁼ store; shutter; die Laden-
ritze, -n opening between the louvers;
die Ladentür, -en shop door
lagern to stock, store
die Lähmung, -en paralysis
der Laie, -n, -n layman
lakonisch laconic
der Landarbeiterjunge, -n, -n young
farmhand
die Landstraße, -n highway
langen (in) to reach (in)
der Langschäfter, - knee-high boots
längst long ago, long since
lasch limp
lässig lackadaisical
die Last, -en burden; lästig troublesome,
bothersome; lästig fallen to become
bothersome; jdm. zur Last fallen to be
a burden on someone; der Lastwagen,
⁼ truck
der Laternenanzünder, - lamplighter
lauern (auf) to be on the look-out, lie in
wait, lurk (for)
läuten to ring; es läutet the bell/phone
rings
lauter pure, unmixed
lautlos silent
das Lavoir, -s wash basin
das Leben, - life; lebensgefährlich
perilous; die Lebenslage, -n situation
in life; der Lebenslauf, ⁼e particulars
about one's life, curriculum vitae
die Lebensverlängerung, -en extension of
life; das Lebenszeichen, - sign of life
die Leberwurst, ⁼e liver sausage; das
Leberwurstbrot, -e liver sausage
sandwich
zu Lebzeiten in one's lifetime
das Leder leather; der Lederkoffer, -
leather suitcase
leer empty; leeren to empty; leergelassen
left empty; der Leerraum, ⁼e empty,
wasted space
lehnen (an) to lean (against)

die Lehre, -n theory, doctrine;
apprenticeship
der Leib, -er body
die Leiche, -n dead body, corpse; die
Leichenhalle, -n morgue; die Leichenrede, -n eulogy; der Leichenwagen, -
hearse; der Leichnam, -e corpse
leicht slight
leiden, litt, gelitten to suffer; die Leidenschaft, -en passion, intensity;
leidenschaftlich passionately
die Leine, -n line, rein
leise low, soft, faint
die Leiste, -n molding
leisten to achieve; die Leistung, -en
achievement
der Leiter, - leader, head
das Leitmotiv, -e leitmotif (a recurrent
theme)
das Lesebuch, ⁼er schoolbook, reader; das
Lesebuchbild, -er pictures in a reader
der Lesering, -e book club
das Leuchten glimmer, light
lichterloh ablaze
lichtmüde faded
lieb dear, endearing, sweet; liebäugeln
(mit) to ogle (at); lieblich sweet,
charming; die Lieblingslektüre favorite
reading matter
der Lieferwagen, - delivery truck
liegen (an jdm.) to be dependent (on
someone); es liegt an ihr it's her fault;
liegen-bleiben, ie, ie to remain,
remain unmoved
lindgrün limegreen
das Lineal, -e ruler, straight-edge
linkisch clumsy, awkward
die Linse, -n lens
loben to praise
das Loch, ⁼er hole
locken to lure, entice
locker loose
lockig curly
der Lodenmantel, ⁼ coat of a sturdy,
water-resistant wool
lodern to blaze, flare, glow
der Lohn, ⁼e compensation; sich lohnen
to be worthwhile
das Lokal, -e restaurant, pub
lose loose; lösen to loosen, untie, free; to
solve, resolve; sich lösen to resolve
itself; gelöst free, loose

los-fahren, (ä), u, a (auf) to let loose (at)
los-schreien, ie, ie to cry out
sich los-wühlen to tear oneself away
die Luft, ⁻e air; der Luftangriff, -e air
raid; die Luftschutzpritsche, -n cot in
an air raid shelter; die Luftwandelei
walking through the air
lügen to lie
die Luke, -n hatch
lümmeln to bum around, loaf
lumpig shabby, measly
die Lutschkelle, -n lollipop

M

sich machen to get on, acquit oneself;
sich machen an to set oneself to doing
something; sich auf den Weg machen
to get underway
der Magen, ⁻ stomach
mager thin, emaciated; lean, poor
das Mahl, -e meal
der Majoran majoram
das Mal, -e time, instance
malen to paint, draw; der Maler, -
painter
der Malzkaffee malt-coffee (substitute)
der Mangel, ⁻ lack
manisch manic
das Märchen, - fairy tale
der Markt, ⁻e market
die Maske, -n mask; der Maskenbildner, -
mask-maker; der Maskenhersteller, -
manufacturer of masks
das Maß, -e measure, extent; in dem
Maße to such a degree, to the extent;
die Maßnahme, -n measure
die Mast fattening feed, mast (for pigs,
geese, etc.)
der Materialismus (socialist) materialism
die Materie, -n matter (physics)
matt feeble, listless
die Mauer, -n wall
das Maul, ⁻er mouth (usually of an
animal); das Maul halten (vulgar) to
shut up
der Maurer, - mason, bricklayer
mausetot dead as a doornail
meckern to grumble
die Medaille, -n medal
das Meer, -e ocean
das Mehl flour; der Mehlreisende, -n, -n
flour salesman

die Mehrzahl majority; plural
meiden, ie, ie to avoid
meinen to intend, mean; die Meinung,
-en opinion
meinesgleichen people like me, my type
melden to report
das Menetekel, - mysterious warning
menschenleer deserted, devoid of people
der Meridian, -e meridian (line of
curvature)
merken to note; to notice; merkwürdig
strange, peculiar; merkwürdigerweise
strangely enough; die Merkwürdigkeit,
-en peculiarity
die Messe, -n mass (liturgy)
messen, (i), a, e to measure; die Zeit
messen to mark time
die Meute, -n pack, horde, mob
das Milchglas, ⁻er frosted glass
mildern to soften
das Minderwertigkeitsgefühl, -e infer-
iority complex
die Mirabelle, -n sweet yellow plum
mißachten to disregard; die Mißachtung
disdain
der Mist manure; der Misthaufen, -
manure pile; das Miststück, -e (vulgar)
turd
mißtrauisch distrustful
die Mitbestimmung "co-determination,"
rank and file share in the decision-
making process
mit-erleben to experience
die Mitgift, -e dowry
mit-machen to go along (with
something)
jdm. mit-spielen to use someone, treat
someone poorly
mit-teilen to inform; die Mitteilung, -en
message, communication
das Mittel, - means; mittels by means of
der Mittelpunkt, -e focus
mittendrin in the midst (of something)
mittlerweile in the meantime
der Mitwisser, - party, accessory (to a
secret)
das Mobiliar furniture; möbilieren to
furnish
modeln to fashion, shape; (here)
smooth-over
der Mops, ⁻e pug (dog)
die Mordlust bloodthirstiness

das **Morgengrauen** daybreak
der **Motorroller**, - motor scooter
die **Motte**, -n moth
motten (Swiss) to smolder, stink
muffig musty, stuffy
die **Mühe**, -n pains, trouble, effort; **sich Mühe geben** to go to trouble, exert oneself; **mühsam** painstaking
die **Mumie**, -n mummy
der **Mund**, ⸚er mouth; **münden** to empty into, flow into, end; **den Mund halten** to keep still; **jdm. nach dem Mund reden** to flatter someone, "butter someone up"; der **Mundwinkel**, - corner of the mouth
mürrisch sulky, grouchy
museal museum-like, antiquated
mustern to inspect, examine, "size up"; das **Muster**, - pattern, decoration; **gemustert** patterned
die **Mütze**, -n cap; das **Mützehochreißen** the tossing of one's cap into the air

N
nach und nach little by little
die **Nachbarschaft**, -en neighborhood
nach-denken, **dachte**, **gedacht** to reflect, think over; **nachdenklich** pensive, wistful
nach-drängen to push/crowd from behind
nach-folgen to follow; das **Nachfolgende** the subsequent state of affairs
nach-forschen to investigate
nach-geben, (**i**), **a**, **e** to give way, give in to
nach-gehen, **ging**, **gegangen** to attend to (with dative)
der **Nachlaß**, ⸚e estate, unpublished works; die **Nachlaßverwaltung**, -en administration of unpublished works
nach-lassen, (**ä**) **ie**, **a** to slacken, diminish, relax; **nachlässig** casual; die **Nachlässigkeit**, -en negligence
nach-rufen, **ie**, **u** to call/yell after
nach-sehen, (**ie**), **a**, **e** to check
der **Nachteil**, -e disadvantage; **zum Nachteil gereichen** to work to one's disadvantage
das **Nachthemd**, -en night shirt, night gown

die **Nachtschicht**, -en night shift
der **Nachtwandler**, - sleepwalker
nach-zeichnen to trace
der **Nacken**, - neck, nape; die **Nackenmuskulatur**, -en musculature, muscles of the neck
nackt naked
der **Nagel**, ⸚ nail
die **Nähe** proximity; **in der Nähe** nearby; **sich nähern** to approach; der **Nahpunkt**, -e near focal point
die **Nahrung**, -en nourishment, food
namens by the name of
nämlich namely, specifically, that is (to say)
die **Narzisse**, -n daffodil
die **Natur**, -en nature, spirit, temperament
nebelhaft unclear, blurry (as if covered with mist)
nebenbei incidentally, by the way, besides
der **Nebensatz**, ⸚e subordinate clause
die **Nebenwirkung**, -en side effect
(etwas) **auf sich nehmen**, **nimmt**, **nahm**, **genommen** to take (something) upon oneself, to assume (a burden)
der **Neid** envy; der **Neider**, - an envious person
neigen to incline
neuerdings lately
die **Neugier** curiosity; **neugierig** curious
neugotisch neo-gothic (architectural style)
der **Nichteinheimische**, -n, -n non-native (person)
nicken to nod
die **Niederlage**, -n defeat
sich nieder-lassen, **ä**, **ie**, **a** to install oneself, set oneself up, settle; die **Niederlassung**, -en branch office
nieder-strömen to flow/stream down
nieder-stürzen to fall/plunge down
niegesehen never seen
nimmermüde tireless
die **Not**, ⸚e necessity; emergency; der **Notarzt**, ⸚e emergency doctor; der **Notdienst** emergency service; **nötig** necessary; **nötig haben** to need; die **Notlösung**, -en emergency solution
notieren to take note of
nüchtern sober

nützen to use, make use of; von Nutzen
useful; die Nutzung use

O

die Oase, -n oasis
obendrein besides, into the bargain
obengenannt above-mentioned
oberflächlich superficial
die Obstplantage, -n orchard
obzwar although
der Ochs, -en ox; der Ochsenwagen, -
oxcart
das Oeuvre, -s (French) total (published)
work of an author
offenbar obvious, apparent
offensichtlich obvious
offen-stehen, stand, gestanden to be
open
öffentlich public
oft often; des öfteren more often than
not
ohnmächtig helpless; unconscious
das Ohr, -en ear; übers Ohr by way of
the ear (through the sense of sound);
die Ohrfeige, -n box on the ear, slap
in the face; die Ohrenklappenmütze,
-n cap with ear flaps
der Opernball, ⁻e gala annual opera ball
opfern to sacrifice
der Ordner, - file, ordering device
der Ort, -e place, locality, town;
das Ortsgespräch, -e local discussion;
der Ortskrug, ⁻e local pub

P

paaren to mate
der Paarlauf, ⁻e running as a couple
packen (an) to seize, grip, grab, grasp
(by); to hold (spellbound)
der Panzer, - tank, armor; die Panzer-
faust, ⁻e bazooka (anti-tank weapon);
der Panzerschrank, ⁻e safe; die Panzer-
spitze, -n advance tank troops
die Papiertüte, -n paper sack, bag
die Pappel, -n poplar
der Papst, ⁻e pope
die Parole, -n motto, slogan; word, order
der Paß, ⁻sse mountain pass; die Paßhöhe, -n summit of a mountain pass
die Passage, -n arcade
passen to fit, suit, be agreeable
der Passierschein, -e pass, entry pass
pauken (slang) to cram, study

das Pauspapier, -e tracing paper
der Pechdraht, ⁻e pitched (waxed) thread
(used by cobblers)
die Pein pain, torment; die Peinigung,
-en torment
die Peitsche, -n whip
der Pelz, -e fur, hide
das Pensum, -en set task
die Peristaltik peristaltics (digestive
system)
das Perlon nylon
der Perron, -s (Swiss) train platform;
das Perrondach, ⁻er roof over train
platform
das Personal personnel; der Personal-
ausweis, -e I.D. card; die Personalien
personal particulars; der Personaltrakt,
-e part of building for employees only
personenkultisch idolatrous
der Pfahl, ⁻e stake, post, pole
pfeifen, pfiff, gepfiffen to whistle
das Pflanzenversteck, -e hiding place
made of plants
pflegen (zu tun) to be used to, be in the
habit of (doing something)
die Pflicht, -en duty
der Pflug, ⁻e plow; pflügen to plow
der Pförtner, - doorman, porter
der Pickel, - pimple
die Pike, -n pike, spear
der Pionier, -e (military) engineer
die Pistolentasche, -n holster
der Platzmangel lack of space
die Pliozänzeit pliocene era (prehistoric)
plötzlich suddenly
plump tactless, blunt, clumsy
der Plunder household goods, "junk"
pochen to knock
der Posten, - post, station; Posten fassen
to take up posts
prallen to bounce, rebound
der Pranger, - pillory
präsentieren to present, offer
prasseln to crackle
preis-geben, (i), a, e to give away
preisgünstig priceworthy, inexpensive
prickeln to tingle
die Primel, -n primrose
die Privatstation, -en private ward
die Probe, -n test, trial, rehearsal; zur
Probe on trial; etwas auf eine Probe

ankommen lassen to put something to the test
das Programm, -e program, schedule; **das Programmheft, -e** program
programmgemäß according to schedule
die Prokura power of attorney
das Provisorium, -ien temporary arrangement
prüfen to examine
das Publikum the public at large
pünktlich punctually, on time

Q
quälen to torment
quer crosswise, traverse; **queren** to cross
quietschen to squeal

R
die Rache revenge; **sich rächen** to avenge oneself; **der Rachefeldzug, ⁼e** campaign of revenge; **das Rachekomplott, -e** conspiracy for revenge; **die Rachsucht** revengefulness; **rachsüchtig** revengeful
das Rad, ⁼er wheel; **das Rädchen, -** small wheel; **radeln** to cycle, ride a bike
raffiniert refined
ragen to loom, tower, protrude
der Rahmen, - (here) limit, bound
der Rand, ⁼er edge, rim
rasch quick, hasty; **rasch zur Hand** quick on the draw, adept
rasen to race, rush
der Rasen lawn
der Rasierspiegel, - shaving mirror
der Rat advice; **raten, (ä), ie, a** to advise; **ratsam** advisable; **der Ratschlag, ⁼e** advice
das Rätsel, - puzzle, riddle, enigma; **rätseln** to puzzle, guess
der Rauch smoke; **rauchig** smokey; **die Rauchmasse, -n** mass of smoke
der Raum, ⁼e room, space; **abgeschlossener Raum** enclosed space; **räumen** to clear out, make room; **räumlich** spatial
die Raupe, -n caterpillar
raus-kriegen (colloq.) = **heraus-kriegen** to find out, get out (of someone)
raus-strecken (colloq.) = **heraus-strecken** to stick out
die Razzia, Razzien police raid
reaktionär reactionary, backward
die Rechenmaschine, -n computer

die Rechenschaft, -en account
rechnen to count; **die Rechnung, -en** bill, account; **die Rechnung begleichen** to settle the account
recht quite
rechtzeitig timely
reden to speak
redlich upright, honest
reell clear, solid
reflektieren to reflect, ponder
die Regel, -n rule; **regelmäßig** regular
regendunstig misty, damp
regieren to govern, rule
das Regiment, -er rule, command; **regiment; Regiment führen** to be in charge, run things
der Regisseur, -e director (of a film or theater production)
regnerisch rainy
das Reh, -e deer
reiben, ie, ie to rub
reichen to suffice; to reach; **(jdm. etwas) reichen** to hand, pass (something to someone); **reichlich** plenty
die Reichsbahn German national railway
die Reihe, -n row
rein pure; **reinigen;** to clean, purify
die Reise, -n trip; **der Reisekoffer, -** suitcase; **die Reiseunterbrechung, -en** interruption in a trip; **die Reisevorbereitung, -en** preparation for a trip **(an sich) reißen, i, i** to grab, snatch, seize
reiten, ritt, geritten to ride
der Reiz, -e stimulation; irritation; attraction
relikthaft like a relic
der Rest, -e remainder, remnant
retten (vor) to save (from); **der Rettungswagen, -** ambulance
das Rezept, -e prescription; **der Rezeptzettel, -** prescription slip
richten to prepare food; to direct (a question)
der Richter, - judge
riechen (nach) to sniff, smell (of)
der Riemen, - strap
der Riese, -n giant; **das Riesengemälde, -** immense painting, panorama; **das Riesenkapitel, -** magnum opus; **der Riesenpacken, -** huge bundle, bale; **riesig** gigantic
das Ringen wrestling, struggle

der **Riß**, -sse tear, rip, fracture
die **Ritze**, -n crack, crevice
röcheln to rattle, gasp
die **Roheit**, -en crudeness, brutality
der **Rolladen**, ⁼ roll-up shutter
die **Rolle**, -n caster, roller
der **Rollmops**, ⁼e rolled herring
der **Rosaton**, ⁼e shade of pink
rösten to grill, roast
rüber (colloq.) = **herüber** across to,
  hither
der **Ruck**, -e jolt, jerk; **rücken** to move,
  shove
der **Rücken**, - back; das **Rückgrat** back-
  bone, spine
der **Rückzug**, ⁼e retreat, withdrawal
die **Rüge**, -n censure, reprimand; **rügen**
  to reprimand
ruhen to rest
(sich) **rühren** to move, stir; **rühren an** to
  touch; **rührend** moving, touching
die **Rumpelkammer**, -n store room
der **Rumpf**, ⁼e body (exclusive of
  extremities), torso
runter-kriegen (colloq.) = **herunter-
  kriegen** to get (something) down,
  swallow
rüstig robust
rutschen to slip, slide, skid

S
der **Saal**, **Säle** hall, auditorium, large
  room
sacht(e) gentle
der **Sachwert**, -e real value; (pl.) real
  assets
die **Sage**, -n saga; **sagenhaft** legendary;
  (colloq.) "incredible"
die **Sahne** cream
sakral sacred; der **Sakralbau**, -ten sacred
  building, church, temple
sammeln collect
der **Sarg**, ⁼e coffin; der **Sargdeckel**, -
  coffin lid
satt satisfied, satiated; **sättigen** to
  permeate
die **Sau**, ⁼e sow, (vulg.) slut, "pig"
säubern to clean, purge
der **Sauerstoff** oxygen; **sauerstoffreich**
  oxygen-rich
saufen, **säuft**, **soff**, **gesoffen** to drink,
  guzzle (alcohol)

der **Säugling**, -e infant
säumen to line, border
der **Säumer**, - drover, mountain guide
sausen to rush, whiz
der **Schaden**, ⁼ damage, injury; der
  Schadenersatz indemnity, compensation; die **Schadenersatzforderung**, -en
  compensation claim; die **Schadenfreude** malicious joy; **schadenfroh**
  malicious; die **Schädigung**, -en injury
schaffen to manage, accomplish; to
  create; die **Schaffenskraft** creative
  power
der **Schal**, -s scarf, shawl
die **Schale**, -n shell, pod; **schälen** to peel
der **Schalter**, - ticket window; die **Schalterhalle**, -n ticket window area
die **Scham** shame
sich **schämen** to be ashamed
die **Schande** shame, disgrace; **schändlich**
  scandalous, disgraceful
der **Scharfblick** clear, sharp sight
der **Scharlach** crimson color
scharren to scrape, paw the ground
der **Schatten**, - shadow
schätzen to value, esteem
schauderhaft horrible, awful
schauerlich horrible
die **Schaukel**, -n swing
der **Schaum**, ⁼e foam, froth; **schäumen**
  to foam, froth
der **Schauplatz**, ⁼e scene
schaurig horrible
die **Scheibe**, -n window pane; discus
die **Scheidung**, -en divorce
der **Schein**, -e certificate; das **Scheinejagen** paperchase (for course
  certificates)
scheinen, **ie**, **ie** to seem
die **Scheiße** (vulg.) "crud," shit
scheitern to fail, miscarry
die **Schenke**, -n bar, pub
der **Schenkel**, - thigh
die **Schere**, -n scissors
scheu shy; die **Scheu** shyness; **scheuen** to
  avoid, dread, shy away from
scheuern to rub, scrub
die **Scheune**, -n barn, shed; das **Scheunentor**, -e barn door
scheußlich dreadful, atrocious
die **Schicht**, -en layer
das **Schicksal**, -e destiny, fate

schieben, o, o to push; das Schiebefenster, - sliding window; der Schieber,
- a horse which pushes blindly with its
forehead
schief slanting, sloping, crooked,
askance, oblique
die Schiene, -n (train) rail; aus den
Schienen springen, a, u to jump the
tracks, derail
schießen, o, o to shoot, shoot forth
die Schikane, -n chicanery, dirty trick
das Schilf, -e reed; das Schilfrohr, -e
(piece of) reed
schimmelgrün moldy green
schimmern to shimmer
schimpfen to scold, abuse, swear
das Schindeldach, -er wood-shingled roof
die Schinderei, -en drudgery
schlachten to butcher
schlaff drooping
der Schlaf sleep; der Schläfer, - sleeper;
schläfrig sleepy; der Schlafwandler, -
sleepwalker
der Schlag, -e blow, strike; schlagen, (ä),
u, a to strike, (here) to kick; schlagend
convincing
schlaksig lanky
schlampig sloppy
die Schlange, -n snake, serpent
schlau sly, clever, smart
der Schlauch, -e hose; das Schlauchmaterial, -ien hose supply
schleichen, i, i to slink, sneak
der Schleier, - haze, veil
die Schleife, -n ribbon, bow
schleifen, schliff, geschliffen to polish,
grind; to drag; geschliffen precision
ground (optical)
schleppen to drag, pull, carry
schleudern to sling, catapult, toss
schließen, o, o to lock
schließlich in the end, after all, finally
der Schlittschuh, -e ice skate; Schlittschuh laufen to ice skate, go skating
das Schloß, -sser lock, latch; der
Schlosser, - locksmith; ins Schloß
fallen to latch shut
schlotternd doddering, tottering
die Schlucht, -en gorge, ravine
schlucken to swallow
schlürfen to slurp
der Schluß, -sse decision, conclusion;

schlüssig resolved, determined
schmähen to revile
schmal narrow; die Schmalseite, -n short
side of a rectangle
schmatzen to smack one's lips
schmecken (nach) to taste (of)
der Schmerz, -en pain; schmerzlich
painful
die Schmiede, -n smithy, blacksmith's
shop; schmieden to forge
sich (an jdn.) schmiegen to snuggle up
(to someone)
die Schminke, -n make-up
der Schmuck, -e decoration, adornment
schnappen to grab, nab
der Schnaps, -e hard liquor
schnauzen to snap
schneeklar snowless
schnitzeln to chip, whittle
schnüffeln to snoop around, sniff
schnuppern to sniff
die Schnur, -e cord, string; schnüren to
lace, tie up; geschnürt taut
die Schokoladenfabrik, -en chocolate
factory
die Scholle, -n ice floe
der Schopf, -e head of hair
schöpfen (aus) to draw (from); schöpferisch creative
der Schoß, -sse womb, lap; im Schoße
(fig.) in the arms, in the bosom (of)
schräg at an angle
der Schrank, -e cabinet
der Schreck, -en fright, shock, terror
die Schreibmaschine, -n typewriter;
schreibmaschinengeschrieben type-
written
schreien, ie, ie (nach) to cry (for)
schriftlich written; der Schriftsatz, -e
court proceedings
der Schritt, -e step, foot-step
schroff gruff
schrumpfen to shrink, shrivel
schüchtern shy, bashful
die Schularbeit, -en homework
die Schuld, -en guilt, debt; das Schuldgefühl, -e feeling of guilt; schuldig
guilty, in debt; sich (einer Sache)
schuldig machen to become guilty (of
something); jdm. etwas schuldig sein
to owe someone something
die Schulter, -n shoulder

schürfen to scratch, scrape
der Schuß, ⁻sse shot
die Schüssel, -n bowl
der Schuster, - shoemaker; der Schustergeselle, -n journeyman shoemaker;
die Schusterschürze, -n shoemaker's
apron
der Schutt rubbish
schütteln to shake; schüttelts = schüttelt
es
schütten to pour, pour out
der Schutz protection, shelter
schwächen to weaken; schwächlich feeble
der Schwager, ⁻ brother-in-law
der Schwamm, ⁻e sponge, (chalkboard)
eraser
schwanken to sway, vacillate, stagger
schwappen (über) to spill (over)
schwarz black; die Schwärze blackness;
schwarzeingelegt inlaid with black
(decoration); schwarzgerahmt framed
in black; schwarzmeliert mixed with
black
schweben to be suspended, hang, hover
schweigen, ie, ie to be silent; schweigsam
taciturn
der Schweiß sweat
schwelen to smolder, burn slowly
schwerfällig dull, clumsy
die Schwiegereltern (pl.) parents-in-law
schwierig difficult; die Schwierigkeit, -en
difficulty
schwindlig dizzy
schwingen, a, u to vacillate, swing,
vibrate; der Schwung, ⁻e swing
schwirren to whir, buzz
schwören, o, o to swear, take an oath,
promise
schwülstig bombastic
die Seele, -n soul; die Seelenruhe peace
of mind, tranquility
der Segelflieger, - glider-pilot
die Segnung, -en blessing
sich sehnen (nach) to yearn (for); die
Sehnsucht, ⁻e longing, yearning; sehn-
süchtig longing, wistful, yearning
die Seide silk; die Seidenbluse, -n silk
blouse
das Seil, -e rope, tight rope
seinetwegen for his sake
der Seitenschlitz,-e side slit
der Seitenweg, -e side lane

seither since then
der Sekt, -e champagne
die Sekte, -n sect; sektenhörig (religious)
fanatic
selbständig independent
selbsttätig automatic
selbstverständlich self-evident, of course,
clear, natural(ly)
die Seligkeit bliss, happiness
selten seldom
seltsam strange
senken to lower
seraphisch seraphic, exalted
das Servierpersonal waiters, waitresses
der Sessel, - armchair
seßhaft settled, established
(auf etwas) setzen to place a bet (on
something)
der Seufzer, - sigh
sezieren to dissect
sicher certain; sicherlich certainly
sichten to sight, view; sichtbar visible
das Sichtrennenmüssen having to part
der Sieger, - victor; das Siegergehabe tri-
umphal air
die Siele, -n harness; in die Sielen legen
to put into harness
das Silber silber; die Silberkaffeekanne,
-n silver coffee pot; silbrig silvery
sinken, a, u to sink
sinnlich sensual, physical
die Sitte, -n custom
sittlich moral; die Sittlichkeit propriety;
sittlichkeitsgefährdend threatening/
dangerous to social morality
der Sitz, -e seat; die Sitzfläche, -n seat,
bottom
die Skizze, -n sketch, skit
so oder so either way, one way or the
other
der Sockel, - pedestal
sogleich immediately
der Sommer, - summer; sommerlich
summery, summer-like; die Sommer-
sprosse, -n freckle
sonderbar strange, odd, peculiar
das Sonnendreieck, -e triangle of
sunlight
der Sonnenstrahl, -en ray of sun
sorgen to take care; sorgen für to care for,
provide for; sorglos carefree
die Sorte, -n type

soundsoviel just so many/much
sowieso anyway
sowohl...als auch both...and
sowohl...wie both...and
spannen (vor) to hitch (to)
die Spannung, -en tension, stress
der Spanner, - (colloq.) look-out;
spannerhaft on the look-out
sparen to spare, save; sparsam thrifty;
spärlich sparing, meager
spaßeshalber in fun; for fun
späterhin later on
der Spatz, -en sparrow
speien to spit
die Sperre, -n blockade, barricade
der Sperrkreis, -e (literally) interference
filter (for radios); (here, fig.) refuge,
protected sphere, restricted sphere
der Spiegel, - mirror; das Spiegelbild, -er
reflection; das Spiegelei, -er fried egg
der Spieltrieb, -e play instinct
der Spitalshof, ⁻e courtyard of a hospital
spitzen to point, sharpen; to purse up
(one's lips); die Ohren spitzen to prick
up one's ears; spitzenbesetzt trimmed
with lace; spitzmündig with pursed
lips
der Splitter, - chip, fragment
der Spott mockery, scorn; spöttisch
mocking
spreizbeinig with legs planted apart/
spread
sprengen to break, burst (open)
das Springseil, -e jumprope
der Spritzer, - splash, squirt, dab
der Spruch, ⁻e saying
sprühen to spray, spit
der Sprung, ⁻e bound, leap
die Spur, -en trace, track
spüren to sense, feel
der Stabilbaukasten, ⁻ building set,
erector set
die Stabsichtigkeit astigmatism
der Stachel, -n sting, thorn
die Stadt, ⁻e town, city; das Stadt-
gremium, -ien city commission;
die Stadtgrenze, -n city limit;
der Stadtvater, ⁻ member of the city
council
der Stahlhelm, -e steel helmet
der Stall, ⁻e stable

stammeln to stammer
der Stammkunde, -n, -n regular
customer
der Stand condition; (marital) status,
station (in life)
das Standardwerk, -e classic
stand-halten, (ä), ie, a to withstand
ständig constant
die Stange, -n stick, (candy) bar
der Stapel, - stack, stock; der Holzstapel,
- woodpile
stärken to strengthen, stiffen
starr fixed; starren to stare, gaze
statt-finden a, u to take place
der Staub dust; staubig dusty
stechen, (i), a, o to sting, pierce, prick
stecken (drin) (colloq.) to exist, be
present, be (in); jdm. stecken (here) to
tell someone secretly; stecken-bleiben,
ie, ie to get stuck
der Steg, -e pier, dock
stehen-bleiben, ie, ie to remain standing
der Stehkragen, - stand-up collar
stehlen, (ie), a, o to steal
steif stiff, rigid
steigen, ie, ie (here) to prance, rear
steigern to heighten, increase;
die Steigerung, -en increase
der Stein, -e stone, weight; das Steinchen, - (toy) block, brick
die Stelle, -n place, spot, position; auf
der Stelle on the spot, right away;
zur Stelle on the scene, present;
die Stellung, -en position
stemmen to brace
die Steppe, -n steppe, an arid grassy
plain
der Sterbliche, -n, -n mortal
der Stern, -e star
stetig steady
steuern to steer, drive
die Stiege, -n flight of steps, staircase
stiften to donate; die Stiftung, -en
foundation
die Stimme, -n voice; stimmen to
temper, dispose someone towards; die
Stimmung, -en atmosphere, mood
der Stipendienantrag, ⁻e stipend
application
die Stirn(e), -en forehead, brow;
die Stirnseite, -n front wall

der Stock, -werke story, floor
stocken to stumble, slip, trip (in speech);
to stop short, hesitate; to turn moldy;
ins Stocken geraten to falter, break
down
der Stoff, -e fabric, cloth; die Stofflade,
-n cloth case, compartment
das Stöhnen groaning
stolpern to stumble
stolz proud; der Stolz pride
stopfen to stuff, cram; to darn, mend
stören disturb, disrupt; störanfällig
vulnerable; gestört abnormal
störrisch stubborn, obstinate
der Stoß, ⁻sse push, shove, hit, blow
(here: short awkward movements);
stoßen, (ö), ie, o to push, shove,
thrust, bump; stoßen an to adjoin, be
next door to; stoßen auf to come
upon, run into; ein Lachen stößt mich
I can't suppress a smile
strafen to punish; straffällig culpable,
punishable
straff tight; sich straffen to straighten up,
stand up straight
der Strahl, -en beam, flash; strahlen to
beam, shine; das Strahlengerippe
glowing skeleton
der Strand, ⁻e beach, shore
die Strapaze, -n exertion, strain
der Straßengraben, ⁻ roadside ditch
der Strauß, ⁻e bouquet
die Strecke, -n distance, stretch; strecken
to stretch, extend; der Streckenwärter,
- trackman
der Streich, -e trick, prank
streichen, i, i to stroke; to paint (an
object)
streicheln to stroke, caress
streifen to graze, touch in passing
der Streifen, - streak, strip
der Streit, -igkeiten fight, quarrel, row;
streiten, stritt, gestritten to argue,
quarrel; streitig at issue, controversial
streng strict
stricken to knit; die Strickjacke, -n cardi-
gan sweater
das Stroh straw
der Stromausfall, ⁻e power outage
der Strudel, - whirlpool, (fig.) maelstrom
der Strumpfhalter, - garter

die Stube, -n room
das Stück, -e bit, piece; aus freien
Stücken of one's own accord,
voluntarily
die Stufe, -n step
die Stulle, -n slice of bread and butter
stumm mute, silent
der Stümper, - bungler
stumpf numb, dull
stünden subjunctive form of stehen
stündlich hourly
stur stubborn
stürzen to upset, overturn; to plunge;
sich stürzen (auf) to fall (upon), throw
oneself (upon); der Sturzbach, ⁻e
torrent
der Summton, ⁻e humming noise, tone
die Sünde, -n sin
die Süßigkeit, -en sweet(s)

T
das Tablett, -e tray
tadellos impeccable
die Tagesschau television news program
der Taglohn/Tagelohn/Tageslohn, ⁻e
daily wage; der Tagelöhner, - day
laborer
die Tapete, -n wallpaper; tapezieren to
wallpaper
tapfer brave, valiant
der Taschendieb, -e pickpocket
das Taschentuch, ⁻er handkerchief
tasten to feel, touch (. . . feel one's way)
tatsächlich actual
die Tatze, -n paw, claw; tatzenfüßig
claw-footed
taub deaf
die Taube, -n dove
tauchen to dive, immerse
taufen to baptize
(sich) täuschen to deceive (oneself), be
wrong; die Täuschung, -en delusion,
deception
das Tauwetter thaw
das Taxifahrgeld, -er taxi fare
teeren to tar
die Teeverteilung, -en tea distribution
teilen to divide
teil-nehmen, nimmt, nahm, genommen
(an w. dative) to take part (in),
participate

telefonisch by telephone, over the phone
die **Theatergarderobe**, -n (here) theatrical
costume room
die **Tiefe**, -n depth; der **Tiefflieger**, -
low-flying plane; **tiefverwurzelt** deep-
rooted, deep-seated
das **Tier**, -e animal
tilgen to eradicate, cancel
toben to rage
der **Tod**, -e death; die **Todesahnung**, -en
premonition of death; der **Todesfeind**,
-e enemy of death; der **Todeskampf**, ⁼e
agony of death; **todesmutig** courageous
in the face of death; **tödlich** deadly
die **Tollwut** rabies; **tollwütig** rabid
der **Ton**, ⁼e tone, tone of voice, sound,
note; das **Tonbandgerät**, -e tape
recorder
das **Tor**, -e gate; der **Torschluß** shutting
of the gates; **kurz vor Torschluß** at the
eleventh hour
töricht foolish, silly
der **Tote**, -n, -n the dead; das **Totenge-
bet**, -e prayer for the dead; die
Totenmaske, -n death mask
die **Tour**, -en trip, excursion
die **Tracht**, -en costume, native habit
trachten (nach) to endeavor, strive (for);
jdm. nach dem Leben trachten to seek
to kill a person
träg(e) lazy, slow; inert
der **Träger**, - carrier, (here) pallbearer
die **Tragfläche**, -n (air plane) wing
die **Trambahn**, -en tram, street car
die **Träne**, -n tear, teardrop; **tränen** to
water, tear; der **Tränenstrom**, ⁼e river
of tears
traun/trauen to trust; **sich trauen** to dare,
venture
die **Trauer** sorrow, affliction, grief;
der **Trauernde**, -n, -n mourner
träumen to dream
der **Treck**, -s column of refugees
treffen, (i), a, o to encounter, strike, hit
treiben, ie, ie to drive, motivate, push; to
drift; to carry on, engage in
trennen to divide, split, part; die
Trennung, -en separation
die **Treppe**, -n stairway; **bei halber
Treppe**, halfway up the stairs
treten, tritt, trat, getreten **(auf)** n, (here)
to run (into), encounter

die **Triebhaftigkeit**, -en compulsion
tropfen to drip; das **Tröpfchen**, - "a
drop" (to drink)
der **Trost** consolation, comfort; **trösten**
to comfort
trottelig idiotic
das **Trottoir**, -s sidewalk
der **Trotz** defiance; **trotzdem** nevertheless
trüb(e) dreary, sad, gloomy; die **Trübnis**
sadness
die **Trümmer** (pl.) ruins
der **Trunk**, ⁼e drink, draught
das **Trüppchen** little troop, gang
das **Tuch**, ⁼er cloth; der **Tuchmantel**, ⁼
cloth coat
tüchtig diligent, efficient
tückisch insidious, maliciously clever
tünchen to whitewash
tuscheln to whisper

U
das **Übel**, - evil
üben to practice; **geübt** practiced,
experienced
über kurz oder lang sooner or later
überarbeitet overworked
der **Überblick** overview, perspective
überbringen, **überbrachte**, **überbracht** to
deliver, hand over
überdem moreover, on top of that
überein-stimmen to agree, concur
überempfindlich over-sensitive
überfahren, (ä), u, a to run/drive over
überflüssig superfluous
sich **überfressen**, (i), a, e to eat too much
überfüllt overcrowded; overflowing
überhand-nehmen, nimmt, nahm,
genommen to increase, spread
überhäufen to swamp, overwhelm
überhaupt at all
überhitzt overheated
überirdisch superterrestrial
überlassen, (ä), ie, a to relinquish;
to entrust
überleben to survive
überlebensgroß larger-than-life
überlegen to think over
überlisten to outwit
der **Übermensch**, -en superman
übermütig exuberant
übernehmen, **übernimmt**, **übernahm**,
übernommen to take upon oneself

überqueren to cross
überraschen to surprise
überreichen to hand over
die Überreizung, -en overstimulation
überschätzen to overestimate
die Überschrift, -en headline, caption
der Überschuß, ⁼sse surplus, profit
überschwemmen to flood, inundate
übersehen, (ie), a, e to overlook
übersetzen to translate
die Übersteigerung, -en exaggeration
sich überstürzen to rush madly
übertäuben to stifle
übertreffen, (i), a, o to excel, outdo,
  surpass
übertreiben, ie, ie to exaggerate
überwältigen to overwhelm
überwinden, a, u to overcome
überzeugen to convince; die Überzeugung, -en conviction
über-ziehen, zog, gezogen to pull on,
  put on
üblich usual
übrig left (over), remaining; übrig-
  bleiben, ie, ie to remain, be left;
  übrigens by the way, besides
das Ufer, - bank, shore
um (einer Sache) willen for the sake of
  (something)
umarmen to embrace, hug
um-bringen, brachte, gebracht to kill,
  murder
um-drehen to turn
der Umfang, ⁼e circumference, perimeter
der Umgang, ⁼e association; um-gehen,
  ging, gegangen (mit) to deal, have to
  do (with)
um-geben, (i), a, e to surround
umgekehrt vice versa, on the contrary
umgreifen, -griff, -griffen to surround,
  hold surrounded
umhegen to treat with loving care
umher-rennen, rannte, gerannt to run
  around
umklammern to cling to
umliegend surrounding
der Umriß, -sse outline
umschlingen, a, u to wind around
sich um-sehen, (ie), a, e to look around
der Umsiedler, - re-settler (someone who
  has moved into a new community)

umsonst in vain
der Umstand, ⁼e circumstance
umstellen to surround
die Umstellung, -en conversion, readjust-
  ment, (here) revaluation
um-stoßen, (ö), ie, o to tip over
der Umtausch exchange
um-wenden, wandte, gewendet o.
  gewandt to turn around
umzingeln to surround
unablässig unceasing
unabschätzbar inestimable
unaktuell passé, out of date
unangemessen inappropriate
unauffällig inconspicuously
unaufgefordert unasked
unaufhaltsam relentless, irresistible
unaufhörlich incessant
unaussprechbar unspeakable
unbeeilt unhurried
das Unbehagen discomfort; unbehaglich
  uncomfortable
unbeholfen helpless, clumsy
unbenutzt unused
unberechenbar unpredictable
unberührt untouched, virgin
unbeschreiblich indescribable
unbezahlt unpaid
die Unbill hardship, vicissitudes
undurchdringlich impenetrable
die Unebenheit, -en unevenness
die Unendlichkeit, -en infinity
unentbehrlich indispensable
unentwegt staunch
unerhört unheard-of
unerklärlich unexplainable
unermeßlich immeasurable
unermüdlich tireless
unerreichbar unreachable, unattainable
die Unersättlichkeit insatiability
unerträglich unendurable
unerwartet unexpected
unfähig incapable
der Unfall, ⁼e accident
unfaßbar incomprehensible
unfehlbar without fail
unförmig enormous
ungeachtet (w. genitive) regardless
die Ungeduld impatience; ungeduldig
  impatient
ungefähr approximately

ungehalten indignant
um-gehen, ging, gegangen (mit) to deal
(with), manage, handle
ungeheuer incredible; terrible, atrocious,
frightful; ungeheuer nett terribly nice
die Ungehörigkeit, -en impropriety
der Ungeist, -er evil spirit
ungelöst pent up
ungerührt unmoved, untouched, cool
ungeschickt awkward
ungeschoren unscathed; ungeschoren
davon-kommen, kam, gekommen to
get off lightly
ungesellig unsociable
ungewiß uncertain
unglaublich unbelievable, incredible
unheilig unholy
unheimlich spooky, uncanny, sinister
der Unhold, -e monster, fiend
unhörbar inaudible
unjenseitig earthy
unkorrigierbar incorrectable
unlösbar indissoluble
unmittelbar direct
unmündig under age, minor
unnötig unnecessary
unreflektiert thoughtless, not reflected
upon
unschlüssig indecisive
die Unschuld innocence; unschuldig
innocent
unsicher unsafe; die Unsicherheit, -en
uncertainty
unsinnig nonsensical
die Unstimmigkeit, -en discordance
die Untat, -en crime
unterbrechen, (i), a, o to interrupt
unter-bringen, brachte, gebracht to
accommodate, house
unterdrücken to suppress; die Unterdrückung, -en oppression
unter-gehen, ging, gegangen to go
under, perish
die Unterhaltung, -en conversation
der Unterlaß pause, intermission; ohne
Unterlaß (only usage of Unterlaß)
without ceasing; unterlassen, (ä), ie, a
to omit, neglect
unternehmen, -nimmt, -nahm,
-nommen to undertake; das Unternehmen, - enterprise

der Unterrock, ⸚e woman's slip;
das Unterrockl (Swiss dim.) slip
unterscheiden, ie, ie to differentiate;
der Unterschied, -e difference
der Unterschlupf, ⸚e shelter, hide-out
unterstützen to support
die Untersuchung, -en examination
untertänig subservient
unter-tauchen to submerge, (fig.)
disappear
unterwegs on the way
unterwerfen, (i), a, o to subordinate
der Unterzeichnete, -n, -n the under-
signed
unträumbar inconceivable
untrennbar inseparable
die Untreue infidelity
ununterbrochen interminable,
uninterrupted
unverbindlich not binding, without obligation; die Unverbindlichkeit, -en lack
of obligation
unvermeidlich inevitable
unvermutet unexpected, unsuspected
unversehens suddenly, inadvertently,
unaware
der Unverstand lack of judgment,
stupidity; unverständlich incomprehensible
unvertraut unfamiliar
unverwechselbar not like any other,
unique
unverzüglich without delay
die Unvollkommenheit, -en imperfection
unvorgedacht unforeseen
unvorsichtig not cautious, careless
unwillig indignant, displeased
unwillkürlich involuntary
die Unzeit, -en (here) ages ago
unzumutbar not to be expected/
demanded of . . . (someone)
uralt ancient
die Urlaubssperre, -n denial of furlough
ursprünglich original
das Urteil, -e sentence, judgment

V
varietéhaft theatrical, burlesque
das Vaterunser, - the Lord's Prayer
die Vene, -n vein; venenfreundlich good
for the veins

verabreden to agree upon, to make an
appointment
verabsäumen to neglect
die Verächtlichkeit contemptibility
(sich) verändern to change; die Veränderung, -en change
veranlassen to cause, motivate; die Veranlassung, -en occasion
die Veranstaltung, -en affair, event
verarbeiten to process
verärgern to annoy, anger
verbeißen, i, i to suppress, stifle
verbergen, (i), a, o to hide
verbessern to improve
verbiegen, o, o to bend, warp, twist
verbinden, a, u to bind, tie, bandage;
die Augen verbinden to blindfold; verbindlich binding; die Verbindung, -en
connection, union; eine Verbindung
eingehen to join, bond together; (sich)
in Verbindung setzen to communicate,
get in touch
verbissen grim, dogged; verbissen sein in
stick doggedly to
das Verbrechen, - crime; die Verbrechens-
geschichte, -n account of crime; der
Verbrecher, - criminal; verbrecherisch
criminal
verbrennen, verbrannte, verbrannt
to burn
verbringen, verbrachte, verbracht
to spend (time)
der Verdacht suspicion; verdächtigen
to suspect; die Verdächtigung, -en
suspicion
verdammen to damn, condemn
(jdm. etwas) verdanken to owe, be
indebted (to someone for something)
verdecken to cover up, hide
verderben, (i), a, o to ruin
sich verdichten to solidify, intensify
verdienen to earn
sich verdingen (bei) to go into service
(with), hire out (to)
vedrängen to oust; die Verdrängung, -en
suppression
verdüstern to darken, make gloomy
veredeln to ennoble
der Verein, -e club, society
vereinbaren to agree upon, arrange
vereisen to freeze, ice up; vereist icy
verenden to perish, die

verewigen to perpetuate, immortalize
verfallen, (ä), ie, a (in) to lapse (into);
auf etwas verfallen, (ä), ie, a to come
upon, come up with
das Verfahren, - legal procedure,
proceedings
verfärben to discolor, fade
verfluchen to curse; die/der Verfluchte,
-n, -n the accursed
sich verflüchtigen to take off, disappear
verfolgen to pursue, follow
verfügen (über etwas) to have (something) at one's disposal; die Verfügung
disposition, disposal; (jdm.) zur Verfügung stehen, stand, gestanden to be
at the disposal (of)
verfüttern to overfeed
die Vergangenheit the past
vergeben, (i), a, e to forgive
vergebens in vain
vergegenwärtigen to bring to mind
vergehen, verging, vergangen to go away,
pass, fade
vergeßlich forgetful; die Vergeßlichkeit
forgetfulness
vergiften to poison
vergnügen to amuse, delight; das Vergnügen pleasure; vergnügt pleased,
cheerful
vergraben, (ä), u, a to bury
vergrößern to enlarge, increase
sich verhalten, (ä), ie, a to behave, act;
das Verhältnis, -se relation; proportion
verhangen overcast; verhängen to cover
with hangings
die Verheerung, -en devastation
verheiraten to marry
verheißen, ie, ei to promise
verhindern to prevent, delay
die Verhütung (better: das Verhütungs-
mittel, -) birth control device
der Verkehr traffic; die Verkehrssicherheit
traffic safety; die Verkehrsverbindung,
-en commuting connection; der Verkehrsverein, -e tourist office;
verkehrsungünstig inconvenient for
transportation; die Verkehrsunsicherheit danger to traffic
verkehrt wrong, backwards
verklagen to accuse, sue
verkleinern to diminish, reduce
verkrüppeln to cripple, become crippled

verlangen to desire, demand; das Verlangen desire
verlangsamen to slow down
verlassen, (ä), ie, a to leave (behind)
verlästern to slander
der Verlauf, ⁓e process
verlegen to misplace; verlegen (adj.) embarrassed; die Verlegenheit, -en embarrassment
verleiden to spoil
verlernen to unlearn, forget
verletzen to wound, injure; die Verletzung, -en injury, violation
verleumden to slander; die Verleumdung, -en slander, libel
(sich) verlieben to fall in love; die Verliebtheit, -en infatuation
verlieren, o, o to lose; der Verlust, -e loss
der Verlobte, -n, -n betrothed, fiancé; die Verlobung, -en engagement
verloren lost
vermachen to bequeath, leave; (here) to credit to
vermaledeit cursed
vermeiden, ie, ie to avoid
vermeinen to suppose, presume
vermerken to note, record
vermindern to reduce, minimize
vermissen to miss
vermögen, vermag, vermochte, vermocht to be capable of
vermuten to assume, presume, suppose; to conjecture; to suspect; vermutlich probably; die Vermutung, -en assumption
vernichten to destroy, annihilate; die Vernichtung, -en destruction, annihilation
vernünftig sensible, reasonable
die Vernutzung misuse
verpatzen to botch, mess up
verpflichten to oblige, engage; sich verpflichten to commit oneself; die Verpflichtung, -en obligation
verrammeln to barricade
der Verrat betrayal; verraten, (ä), ie, a to betray; to reveal
verrecken to die, (slang) croak
verrotten rotten, antiquated
verrückt crazy, insane
der Verruf ill repute
das Versagen, - failure

versammeln to collect, gather; die Versammlung, -en assembly, meeting
versäumen to miss
verschaffen to obtain, procure; sich Klarheit verschaffen to get things straight
verschenken to give away
verschieben, o, o to shift, push aside; to postpone
verschließen, o, o to shut, lock; verschlossen reserved, withdrawn
verschlingen, a, u to devour
sich verschlucken to swallow wrong, go down the wrong way
verschmort (here) overheated
verschonen to spare, preserve
verschrecken to terrify
verschulden to cause, be guilty of
verschweigen, ie, ie to keep secret/silent, conceal; verschwiegen secret; die Verschwiegenheit discretion, secrecy
verschwenden to waste; verschwenderisch wasteful; die Verschwendung, -en waste
verschwinden, a, u to disappear
verschwommen blurred
die Verschwörung, -en conspiracy
versehen, (ie), a, e (mit) to provide (with)
versehentlich unintentional
(jdm.) versichern to assure, reassure (someone); to insure, secure; versichern (w. genitive) to assure (of); doppelt versichert double-locked
versinken, a, u to sink
versorgen to look after, care for, provide for; die Versorgungskolonne, -n food convoy
die Verspätung, -en delay
verspielen to lose (at play), gamble away
versprechen, (i), a, o to promise; das Versprechen, - promise; die Versprechung, -en promise
verstärken to strengthen, intensify
verstauen to stow away, stuff
das Versteck, -e hiding-place; verstecken to hide, conceal
versteinern to become petrified
verstellen to obstruct, disguise
verstimmen to put out of humor
verstockt stubborn

verstorben deceased
verstört upset, disturbed
verströmen to emit, exude
verstummen to grow silent
verstünde subjunctive of verstehen
die Versuchung, -en temptation
vertauschen to exchange, substitute
verteidigen to defend
verteilen to distribute; der Verteilerschlüssel, - distribution list
sich vertragen, (ä), u, a to agree, be
compatible
vertrauen to trust; vertrauensselig
trusting, confident; vertrauensvoll
trusting, confident; vertraut (mit)
accustomed (to), familiar with
vertreiben, ie, ie to drive away/out
vertreten, vertritt, vertrat, vertreten
to hold, take; to represent; jdm. den
Weg vertreten to stand in someone's
way; der Vertreter, - the representative
verwahren to preserve
verwahrlosen to become neglected; verwahrlost overgrown, uncared for
verwaist orphaned
verwalten to administer; die Verwaltung,
-en administration, management; das
Verwaltungsgebäude, - administration
building
verwandeln to change, transform;
die Verwandlung, -en transformation,
metamorphosis
der Verwandte, -n, -n relative, relation
verwechseln to confuse, mistake, change
by mistake
verweigern to refuse
sich verwenden (für) to intercede (on
behalf of)
die Verwesung decay
verwinkelt tortuous
verwirren to confuse
verwöhnen to spoil
verwundern to astonish; sich verwundern
to be surprised, amazed
die Verwünschung, -en malediction,
curse
verzagen to despair, give up hope, lose
heart
verzehren to consume, devour
(sich) verzerren to distort, contort
verzichten auf to do without, renounce
verziehen, verzog, verzogen to distort

die Verzögerung, -en delay
verzückt ecstatic
verzweifeln to despair; verzweifelt
desperate
vielbändig "many volumed," voluminous
vielgerühmt much praised
die Villa, Villen large private residence
der Vogel, ⁼ bird
vögeln (vulg.) to "screw"
die Vokabel, -n word
die Volksbücherei, -en public library
vollends quite, altogether, totally, completely
voller full of
vollführen to execute, carry out
völlig total, complete
das Vollkornbrot, -e whole grain bread;
der Vollkornbrotbrösel, - crumb of
such bread; die Vollkornschnitte, -n
slice of whole grain bread
voll-stopfen to stuff, cram
vor sich gehen, ging, gegangen
to happen, occur
der Vorarbeiter, - foreman
(sich) vorbehalten, (ä), ie, a to reserve;
der Vorbehalt, -e reservation
vorbei-flitschen to flit/dart past
vorbei-kommen, kam, gekommen (an)
to pass (by)
vorbei-rasen to race past
vorbereiten to prepare; die Vorbereitung,
-en preparation
vor-bringen, brachte, gebracht
to produce, bring forth, express
vordem previously
der Vorderfuß, ⁼e forehoof
vorderhand for the time being
(sich) vor-drängen to press forward, be
obtrusive
vorerst first of all
vor-finden, a, u to find, encounter
der Vorgang, ⁼e process; occurrence
der Vorgarten, ⁼ front lawn/garden
vor-geben, (i), a, e to pretend
vorgezeichnet indicated, marked
vor-haben, hat, hatte, gehabt to have in
mind, plan, intend; das Vorhaben, -
purpose, intention
(jdm.) vor-halten, (ä), ie, a to reproach
someone, remonstrate with someone
der Vorhang, ⁼e curtain
vorhin before, a short time ago; just now

(jdm.) **vor-kommen, kam, gekommen**
to seem (to someone); to occur,
happen; (sich) **vor-kommen** to seem to
oneself; das **Vorkommnis, -se** occurrence, event
vor-lagern to extend (in front of)
vorläufig provisional, temporary
vor-lesen to read aloud (to someone);
die **Vorlesung, -en** lecture
vor-liegen, a, e to present itself, come up
vormals previously
vor-nehmen, nimmt, nahm, genommen
to take up, undertake; **sich vor-
nehmen** to take upon oneself, take in
hand; to intend, plan
der **Vorplatz, ⁼e** entryway
der **Vorrat, ⁼e** stock, (pl.) supplies
vor-schieben, o, o to push shut
vor-schlagen, (ä), u, a to suggest
die **Vorschrift, -en** order, direction
vor-schützen to pretend
(jdm.) **vor-schweben** to have in mind, be
conscious of
(sich) **vor-sehn/vor-sehen (ie), a, e** to take
care, be careful
vor-setzen to put forward
vorsichtig cautious, careful
der **Vorsommer, -** early summer; der **Vor-
sommertag, -e** early summer day
vorsorglich as a precaution
(jdm. etwas) **vor-spielen** to play (something for someone), (fig.) put on an
act
vor-springen, a, u to protrude
die **Vorstadt, ⁼e** suburb; das **Vorstadtgeschäft, -e** shop on the edge of town
vor-stellen to stand for, pose as; **sich vor-
stellen** to imagine; die **Vorstellung, -en**
performance
vor-stoßen, (ö), ie, o to push forward; to
protrude, stick out
vor-täuschen to pretend
der **Vorteil, -e** advantage
vorübergehend temporary
der **Vorwand, ⁼e** pretension, excuse,
pretext; **unter einem Vorwand** on a
pretext
vor-warnen to alert
**vorweg-nehmen, nimmt, nahm,
genommen** to anticipate
(jdm.) **vor-werfen, (i), a, o** to reproach
(someone); der **Vorwurf, ⁼e** reproach

vor-wölben to arch forward, out
die **Vorzeit, -en** ancient times
vor-ziehen, o, o to prefer; der **Vorzug, ⁼e**
advantage, virtue; **vorzüglich** superior;
vorzugsweise preferably, by choice
der **Voyeur, -e** (French) voyeur

W
wach awake; die **Wache, -n** watch, guard
das **Wachs** wax; der **Wachstuchtisch, -e**
oilcloth-covered table
wachsen, (ä), u, a to grow
die **Wade, -n** calf (of leg); die **Wadenpumpe, -n** pumping type of exercise
die **Waffe, -n** weapon
wagen to dare
der **Wagen, -** wagon, cart; das **Wagendach, ⁼er** roof of a wagon or car; die
Wagenrunge, -n wagon support
wählen to choose
der **Wahn** folly, madness
währen to last, continue
wahrhaftig indeed, truly
**wahr-nehmen, nimmt, nahm,
genommen** to notice, realize, to make
use of (an opportunity); **wahrnehmbar**
perceivable
die **Währung, -en** currency; die **Währungsumstellung, -en** currency
revaluation
der **Wald, ⁼er** woods, forest; der **Waldrand, ⁼er** edge of woods/forest;
das **Waldstück, -e** woods, wooded tract
der **Wallfahrtsort, -e** place of pilgrimage
(sich) **wälzen** to roll
die **Wand, ⁼e** wall; das **Wandbild, -er**
mural; die **Wandtafel, -n** blackboard
wandeln to wander
die **Wange, -n** cheek
die **Wankelmütigkeit** fickleness
der **Wartesaal, -säle** waiting room
das **Waschbecken, -** wash basin
die **Waschküche, -n** laundry room
das **Wasser, -** water; der **Wasserhahn, ⁼e**
faucet; **wasserhell** limpid; **wässerig**
watery
waten to wade
wechseln to change, exchange; die **Wechselfälle** (pl.) vicissitudes (of life); das
Wechselgeld change (money)
weg-kriegen to get out, get rid of
weg-lassen, (ä), ie, a to omit

weg-scheuchen to scare away
wehen to waft, blow; to drift
die **Wehr** defense; das **Wehrbezirks-
kommando, -s** defense district
command staff; die **Wehrmacht** armed
forces; die **Wehrmachtseinheit, -en**
military unit (of troops)
weich soft
weichen, i, i (aus) to drop away (from)
sich **weigern** to refuse, to be unwilling
der **Weiher, -** pond
auf eine **Weile** for a while
die **Weise, -n** way, manner
jdm. etwas **weis-machen** to tell a person
stories
weißhaarig white-haired
weißzüngelnd flickering with white heat
(flames)
weit wide, broad; **weiten** to widen,
stretch; **weiträumig** roomy, spacious;
weitschweifig verbose, rambling; **weit-
verzweigt** extensive, complex
weiter further; **weiter-machen** to continue, go on
weithin far off
welk withered, wilted
die **Welle, -n** wave; wavelength
die **Welt, -en** world; die **Weltanschauung, -en** ideology, world view,
"Weltanschauung"; das **Welträtsel, -**
riddle of world importance and consequence; der **Weltuntergang** end of the
world
(sich) **wenden (an)** to turn (to); sich
wenden gegen to turn against
der **Werbeslogan, -s** advertising slogan
werfen, (i), a, o to throw, cast
die **Werkstatt, ̈en** work shop
werktags on working days
der **Wert, -e** value; **werten** to assess,
evaluate
das **Wesen, -** being, creature; essence
der **Westflügel, -** west wing (of a
building)
wichtig important; **wichtigtuerisch**
officious; **wichtig tun** to act important
wickeln to wrap
wider-hallen to echo
widerlegen to refute; **widerlegbar**
refutable
widerlich repulsive, sickening
widerrufen, ie, u to revoke, retract

(sich) **widersetzen** to oppose, resist
(jdm.) **widersprechen, (i), a, o** to contra-
dict (someone)
der **Widerstand** resistance, opposition;
widerstehen, widerstand, widerstanden
to resist
widerwärtig repugnant, nasty
widerwillig unwilling(ly)
widmen to dedicate
wiederholen to repeat; **wiederholt**
repeatedly
das **Wiegenlied, -er** lullaby
wiehern to whinny
die **Wiese, -n** meadow, field
wieso why
wiewohl although
wildfremd completely strange
die **Windel, -n** diaper
winden, a, u to bind, weave
der **Winkel, -** corner; der **Winkelmesser,
-** protractor
winken to wave, signal; das **Winken**
waving, signalling
winzig tiny
der **Wipfel, -** treetop
wirken to be effective, effect; to have the
effect, appear, seem
die **Wirkungsstätte, -n** scene of activity
wirr tangled, confused; die **Wirrnis, -se**
confusion
die **Wirtschaft, -en** inn, tavern; economy;
wirtschaftlich economical
wischen to wipe
wittern to scent, smell, sniff the air; to
suspect
der **Witz, -e** joke
wöchentlich weekly
wohlbekannt well-known
das **Wohlergehen** well-being, prosperity
der **Wohlstand** prosperity
wohnlich cozy, liveable
womöglich possibly, if possible, perhaps
wörtlich literal
wühlen to stir up, churn up; **es wühlt in
mir** I am agitated, worked up
das **Wunder, -** miracle; sich **wundern
(über)** to be amazed (about), be surprised (about)
der **Wunsch, ̈e** wish, desire; **nach
Wunsch** according to wish, as desired;
das **Wunschbild, -er** (here) requested
picture

würgen to choke
die Wurzelhürde, -n tree roots
obstructing the path
die Wut rage, fury, madness

Z

zaghaft hesitant
zäh tough; die Zähigkeit toughness
die Zahl, -en number, figure; zählen
to count; zählen zu to count as, be
part of; das Zählerwerk, -e counting
mechanism, register; zahlreich
numerous
zahlen to pay
der Zahn, ⁻e tooth; die Zahnbürste, -n
tooth brush; zahnlos toothless
zart tender, gentle; das Zartgefühl, -e
tenderness, gentleness; zärtlich tender;
die Zärtlichkeit, -en tenderness, caress
der Zauber, - spell, charm, magic; der
Zauberer, - magician
der Zaun, ⁻e fence
das Zeichen, - sign, signal; zeichnen
to sign (with one's name)
zeigen (auf) to point (to); der Zeige-
finger, - index finger
die Zeit, -en time; zeitgenössisch contemporary; eine Zeitlang for some
time; zeitlich temporal; die Zeitlosigkeit timelessness; zeitsparend
time-saving; zeitweise intermittent
die Zeltplane, -n (canvas) tarpaulin
zerbrechen, (i), a, o to break to pieces
zerlumpt ragged, tattered
zermürben to wear down
zerreißen, i, i to rip, tear up
zerren to drag, pull; die Zerrsichtigkeit
astigmatism
zerschellen to be wrecked
zerschmettern to dash to pieces
zerschneiden, -schnitt, -schnitten
to mince
zerstören to destroy
zerstreuen to scatter; to distract; zerstreut
(adj.) distracted; die Zerstreuung, -en
distraction; die Zerstreuungslinse, -n
concave lens (which disperses light
rays)
zerteilen to separate, divide
zerwühlen to rumple
das Zeug junk, stuff

der Zeuge, -n, -n witness; das Zeugnis,
-se evidence, proof
der Ziegel, - brick, roof tile
ziehn/ziehen, zog, gezogen to move,
migrate, go; an sich ziehen, zog,
gezogen to collect, attract
zielstrebig purposeful
ziemlich fairly, rather
die Zier(de), -n ornament, (fig.) credit
die Ziffer, -n figure, numeral
der Zigeuner, - gypsy
zipfen/zipfeln (colloq.) to hang unevenly
zittern to tremble, shake, shiver
zögern to hesitate
der Zopf, ⁻e braid
der Zorn anger, rage
das Zuchthaus, ⁻er penitentiary
zucken to twitch, shrug (shoulders)
zu-decken to cover up, tuck in
zu-drücken to close shut
der Zufall, ⁻e chance, coincidence;
zufällig by chance, coincidental
zu-fallen, (ä), ie, a to (slam) shut; jdm.
zu-fallen to fall to someone's lot/share
zu-fliegen, o, o (auf) to fly, run (towards)
zufrieden content, satisfied; zufriedenstellen to satisfy
der Zug, ⁻e characteristic, feature (of
face); procession, retinue; train; die
Zugeinfahrt, -en arrival of the train
zu-geben, (i), a, e to admit
(auf jdn.) zu-gehen, ging, gegangen to
go up (to someone), to go towards,
approach (someone); der Zugang, ⁻e
access
der Zügel, - reins, bridle
zugleich simultaneously, at the same
time
zu-halten, (ä), ie, a to hold shut
zu-kehren to turn to
die Zukunft future
zu-lassen, (ä), ie, a to allow
zu-legen to put together; sich etwas
zu-legen to get oneself something
zuletzt at last, finally
zunächst first, above all
zu-nehmen, nimmt, nahm, genommen
to gain (weight)
die Zuneigung liking (for), inclination,
affection
zu-nicken to nod to

(sich) zurecht-finden, a, u to find one's way

zurecht-kommen, kam, gekommen (mit) to manage, get on well, come to terms (with)

zurecht-rücken to adjust, push/pull into place

(auf etwas) zurück-gehen, ging, gegangen to go/refer back (to something)

zurück-halten, (ä), ie, a to retain; zurückhaltend reserved; die Zurückhaltung reticence

zurück-holen to call back, retrieve

zurück-kehren to return

zurück-neigen to lean back

(sich) zurück-rufen, ie, u to recall

zurück-schrecken to start back, scare off, deter

zurück-weichen, i, i to recede, give ground, draw back

zurück-ziehen, zog, gezogen to pull back; sich zurück-ziehen to withdraw

(jdm.) zu-rufen, ie, u to call to (someone)

zusammen-beißen, i, i to grit (one's) teeth

zusammen-bersten, barst, geborsten to collapse, implode

zusammen-brauen to brew up

zusammen-brechen, (i), a, o to collapse

zusammen-fallen, (ä), ie, a to collapse

der Zusammenhang, ⁻e context; zusammenhängend coherent; zusammenhanglos without context, incoherent(ly)

zusammen-kauern to crouch, cower

die Zusammenkunft, ⁻e meeting

der Zusammenprall, -e collision

zusammen-sacken to collapse

zusammen-schrauben to screw together

der Zusammenstoß, ⁻sse collision

zusammen-treffen, trifft, traf, getroffen to meet

(sich) zusammen-ziehen, zog, gezogen to concentrate

zusätzlich in addition, additional

zu-schauen to watch

zu-schieben, o, o to blame, attribute to

zu-schlagen, (ä), u, a to slam shut

zusehends visibly

(jdm.) zu-sichern to assure (someone)

(jdm.) zu-spielen to pass (the ball, the conversation to someone)

zu-sprechen, (i), a, o to give comfort, strength, support; to award

der Zustand, ⁻e condition

zustande-bringen, brachte, gebracht to bring about

die Zustimmung, -en consent, approval, agreement

das Zutrauen confidence; jdm. zutrauen to give someone credit (for something), believe someone capable of

zu-treiben, ie, ie to drift/drive towards

die Zuversicht confidence

zu-wachsen, (ä), u, a to grow, accrue

zuweilen sometimes

zu-weisen, ie, ie to assign

zu-wenden, wandte, gewandt to turn towards

zu-ziehen, zog, gezogen to catch, contract (a disease for example)

der Zwang, ⁻e coercion, force, pressure; zwanglos unconstrained

zwar even though, indeed, to be sure

der Zweck, -e purpose; zweckentfremdet improper

der Zweifel, - doubt; zweifellos doubtless; zweifeln (an etwas) to doubt (something)

der Zweig, -e branch

zweistöckig two-storied

zweitnächst next but one

der Zwerg, -e dwarf

zwicken to pinch, nip, twitch

die Zwiebel, -n onion

das Zwielicht twilight, dubiousness

zwingen, a, u to force, compel; zwingend convincing, persuasive

zwinkern to blink

Acknowledgments

Das Schilfrohr
From *Die Kraft der Schwachen*, ©1966 by Hermann Luchterhand Verlag, Darmstadt and Neuwied, FRG.

Das Pferd und die Jungfer
From *Gesammelte Werke* Vol. 3, ©1972 by Suhrkamp Verlag, Frankfurt am Main, FRG.

Das dicke Kind
From *Erzählungen*, © 1952 by Scherpe Verlag, Krefeld, FRG.

Spiegelgeschichte
From *Der Gefesselte*, ©1954 by S. Fischer Verlag, Frankfurt am Main, FRG.

Ihr glücklichen Augen
From *Simultan*, ©1972 by R. Piper & Co. Verlag, Munich, FRG.

Blickwechsel
From *Gesammelte Erzählungen*, ©1980 by Hermann Luchterhand Verlag, Darmstadt and Neuwied, FRG.

Abschied von Lukas Belwanger
From *Paarlauf*, ©1979 by Hermann Luchterhand Verlag, Darmstadt and Neuwied, FRG.

Das Seil
From *Leben und Abenteuer der Trobadora Beatriz nach Zeugnissen ihrer Spielfrau Laura*, ©1974 by Aufbau Verlag, Berlin and Weimar, GDR.

Die Anstandsstunde
From *Die Klosterschule*, © by Residenz Verlag, Salzburg, Austria.

Klassenliebe
From *Klassenliebe*, ©1973 by Suhrkamp Verlag, Frankfurt am Main, FRG.

Das verlorene Monument
From *Im Jahrhundert der Frau*, ©1980 by Suhrkamp Verlag, Frankfurt am Main, FRG.

Photographs

Anna Seghers: courtesy of Hermann Luchterhand Verlag, Darmstadt and Neuwied, FRG.

Marieluise Fleißer: courtesy of Suhrkamp Verlag, Frankfurt am Main, FRG.

Marie Luise Kaschnitz: photograph by Karin Voigt.

Ilse Aichinger: photograph by Hilde Zeemann, courtesy of S. Fischer Verlag, Frankfurt am Main, FRG.

Ingeborg Bachmann: courtesy of Suhrkamp Verlag, Frankfurt am Main, FRG.

Christa Wolf: photograph by Isolde Ohlbaum.

Gabriele Wohmann: courtesy of Hermann Luchterhand Verlag, Darmstadt and Neuwied, FRG.

Irmtraud Morgner: courtesy of Aufbau Verlag, Berlin and Weimar, GDR.

Barbara Frischmuth: photograph by Gabriela Brandenstein, courtesy of Residenz Verlag, Salzburg, Austria.

Karin Struck: photograph by Isolde Ohlbaum.

Gertrud Leutenegger: photograph by Isolde Ohlbaum.